四何问题与高阶思维

沈 铭◎著

本书系福建省教育科学"十四五"规划2022年度"协同创新"专项课题
《基于大数据分析下的小学数学结构化教学实践研究》
（课题编号：Fjxczx22-346）暨思明区"名师工作室"课题
《以四何问题为导向培养高阶思维的实践研究》（课题编号：GZSZX2025M310）研究成果

东北师范大学出版社
NORTHEAST NORMAL UNIVERSITY PRESS

图书在版编目（CIP）数据

四何问题与高阶思维 / 沈铭著. -- 长春：东北师范大学出版社，2025.3. -- ISBN 978-7-5771-2382-0

Ⅰ.G623.502

中国国家版本馆CIP数据核字第2025K52A65号

SIHE WENTI YU GAOJIE SIWEI
四何问题与高阶思维

责任编辑：包瑞峰　　封面设计：吴思萍
责任校对：刘　洋　　责任印制：许　冰

东北师范大学出版社出版发行
长春净月经济开发区金宝街118号（邮政编码：130117）
电话：0431-84568126
网址：http://www.nenup.com
武汉市盛宏源印务有限公司制版
武汉市盛宏源印务有限公司印装
湖北省武汉市硚口区古田三路古乐路特1号
2025年3月第1版　2025年3月第1版第1次印刷
幅面尺寸：170mm×238mm　印张：19　字数：272千字

定价：68.00元

（版权所有，盗版必究）

前　言

自20世纪末"深化教育改革，全面推进素质教育"的目标任务提出以来，我国的教学改革已经走过了二十多个年头。在这二十多年中，我们取得了很多成绩，也经历很多坎坷。审视小学数学教育领域，课程目标已经实现从夯实双基到强化四基再到发展核心素养的根本性变革。从2014年的《关于全面深化课程改革落实立德树人根本任务的意见》到2022年的《义务教育数学课程标准（2022年版）》，"核心素养""数学思维"都是其中多次提及的关键词。

经济全球化快速发展，信息技术突飞猛进，时代和社会发展迫切需要进一步提高国民的综合素质，培养创新人才。而在数学教育领域中，培养学生的高阶思维已经成为当前提高学生数学素养的重要抓手。课堂提问作为实现课堂有效教学的核心，对于引导学生深入思考，引领学生由低阶思维向高阶思维发展和转变，都具有重要作用。因此，本研究重点关注培养学生高阶思维导向下的小学数学课堂提问，同时，为了便于将课堂提问与学生思维层次对应，本研究以"四何"问题对课堂提问进行归类概括，即对"四何"问题背景下的小学数学高阶思维培养路径进行深入探讨，希望能够为小学数学教育领域培养学生高阶思维的实践探索提供有价值的参考。

本研究共分为七部分。第一章主要梳理了研究的背景与缘由、目的与意义、理论基础，旨在理清学生高阶思维培养的来路与归途，明确教育教学实践探索的基础和目标。第二章是高阶思维的概念及表现，从概念、特征和表现形式等方面对数学高阶思维进行了梳理。第三章是"四何"问题的概念及价值，以"四何"问题的概念和特点为出发点，探讨了"四何"问题在小学数学教学中的重要作用，及其对小学数学高阶思维培养的支持。第四章是"四何"问题的设计与实施，分析了设计"四何"问题的基本原则、思路，及其实施与理答的策略。第五章是"四何"问题的教学应用，重点探讨了"四何"问题在小学数学概念教学、问题解决教学和复习教学中的具体应用，并在此基础上梳理了"四何"问题的效果评价和设计经验。第六章是"四何"问题的困境与应对，从整体上归纳了基于学生高阶思维培养的"四何"问题存在的不足及原因，并提出了有针对性的优化措施。第七章是多维视角下的小学数学课堂提问，思考和梳理了深度学习、学科本质、"双减"等多维视角下的小学数学课堂提问，以期为本研究提供更广阔的视野和思路。

  本书写作过程中参考了众多专家学者的研究成果，在此特别表示感谢。同时，由于作者自身水平有限，本书中还存在很多不足之处，希望专家学者不吝赐教，指正批评，使我们的研究更加完善。

目录

第一章　绪论　001
第一节　研究背景与缘由……001
第二节　研究目的与意义……007
第三节　研究的理论基础……016

第二章　高阶思维的概念及表现　023
第一节　小学数学高阶思维的概念……023
第二节　小学数学高阶思维的特征和表现形式……032

第三章　"四何"问题的概念及价值　040
第一节　"四何"问题的概念……040
第二节　"四何"问题的价值……053
第三节　"四何"问题的支持……056

第四章　"四何"问题的设计与实施　067
第一节　"四何"问题设计的基本原则……067
第二节　"四何"问题的设计思路……071
第三节　"四何"问题的实施策略……078

第五章　"四何"问题的教学应用　105
第一节　在概念教学中的应用……105
第二节　在问题解决教学中的应用……141

第三节	在复习课中的应用	174
第四节	"四何"问题的应用评价	194
第五节	"四何"问题的应用经验	208

第六章 "四何"问题的困境与应对   222

第一节	现实困境	222
第二节	原因分析	226
第三节	应对策略	230

第七章 他山之石：多维视角下的小学数学课堂提问   240

第一节	深度学习视角下的课堂提问	240
第二节	学科本质视角下的课堂提问	257
第三节	"双减"视角下的课堂提问	282

参考文献   289

第一章 绪论

第一节 研究背景与缘由

为了更加深刻地理解学生高阶思维,以及课堂提问尤其是"四何"问题之于高阶思维培养的积极作用,我们有必要了解我国基础教育的发展历程与现状,清楚国家人才培养的目标和社会发展对人才提出的需求及其特点,从而更深刻地认识当前小学数学教学中的问题,并积极思考解决问题的办法,从而明确我们研究"四何"问题与高阶思维培养这一主题的背景与缘由。

一、溯源:我国基础教育改革的启帷与全面推进

1999年6月中旬,我国改革开放以来的第三次全国教育工作会议在北京召开。这次会议以"深化教育改革,全面推进素质教育"为主题,拉开了我国全面推进素质教育的序幕,也为我国基础教育的改革和发展开启了新的航程。伴随着这次会议的召开,6月13日,中共中央、国务院颁布《关于深化教育改革全面推进素质教育的决定》(以下简称《决定》),这是中共中央、国务院为加快实施科教兴国战略做出的重大决策,《决定》明确了教育在提升我国综合国力进程中的基础地位,并从全面推进素质教育、深化教育改革、建设高质量教师队伍、加强党的领导等方面,对

我国进一步深化教育改革、全面推进素质教育进行了战略部署。此后，全国教育工作会议、2018年全国教育大会、全国基础教育教研工作会议等，一系列针对教育改革与发展的会议相继召开；《教育部关于加强基础教育办学管理若干问题的通知》《国家中长期教育改革和发展规划纲要（2010—2020年）》《中国教育现代化2035》《加快推进教育现代化实施方案（2018—2022年）》《基础教育课程改革纲要（试行）》《教育部关于印发义务教育课程方案和课程标准（2022年版）的通知》等关于教育发展与改革的文件相继发布。同时，伴随着全国各地各级各类教育一线掀起的各种改革实践，从宏观到微观，从整体到细节，我国教育改革的宏伟画卷徐徐展开，而随着教育改革实践的不断探索和推进，这幅画卷也正逐渐变得清晰、生动。

回望来路，我国的教学改革已经走过了二十多个年头。在这二十多年中，我们取得很多成绩，也走过很多坎坷，如今的教学改革已然步伐稳健且步履不停，虽然正向着更加艰难的深水区推进，但我们充满信心，改革的路程也越走越宽。仔细审视数学教学领域的改革进程不难发现，如今数学课程目标已经实现了从夯实双基到强化四基再到发展核心素养的根本性变革。[1]

2012年，党的十八大报告中首次提出"把立德树人作为教育的根本任务"。一年之后，在2013年11月召开的十八届三中全会上通过的《中共中央关于全面深化改革若干重大问题的决定》中，再次强调"全面贯彻党的教育方针，坚持立德树人，加强社会主义核心价值体系教育"。教育部的工作紧跟其上，于2014年印发《教育部关于全面深化课程改革落实立德树人根本任务的意见》。随后，"中国学生发展核心素养"应运而生，确立了以人文底蕴、科学精神、学会学习、健康生活、责任担当、实践创新六个方面为基本内涵的学生核心素养基本框架，同时，又将这六个方面细化

---

[1] 黄翔，童莉，李明振，等. 从"四基""四能"到"三会"：一条培养学生数学核心素养的主线 [J]. 数学教育学报，2019（5）：37-40.

为十八种具体表现，如人文积淀、人文情怀、理性思维、批判质疑、乐学善学、勤于反思、社会责任、国家认同等，其中，理性思维、批判质疑、勇于探究等都属于高阶思维的范畴。因此，高阶思维与学生发展核心素养在一定程度上具有一致性。

《义务教育数学课程标准（2022年版）》中明确指出，义务教育阶段的课程目标以学生发展为本，以核心素养为导向，进一步强调学生获得数学基础知识、基本技能、基本思想和基本活动经验（简称"四基"），发展运用数学知识与方法发现、提出、分析和解决问题的能力（简称"四能"）。同时，指出小学阶段核心素养的主要表现为数感、量感、符号意识、运算能力、几何直观、空间观念、推理意识、数据意识、模型意识、应用意识、创新意识十一个方面，以期学生通过数学学习，能够逐步达到"三会"，即会用数学的眼光观察现实世界，会用数学的思维思考现实世界，会用数学的语言表达现实世界。

可见，无论是学生发展核心素养还是义务教育阶段数学课程标准，都对学生的高阶思维提出了明确要求。发展核心素养要求学生具备较高水准的认知和思维能力，而小学数学高阶思维便是符合这种要求的高阶认知和思维能力，其能够对知识进行有效理解和加工，促进知识实现更高效地内化，从而形成个体的核心素养。因此，在小学数学教学中注重培养学生的高阶思维，是当前基础教育有效落实核心素养培养目标，更好地实现立德树人根本任务的重要途径；也是在小学数学课堂教学中，将学科核心素养培养目标落到实处的重要抓手；更是在落实党中央、国务院"双减"政策要求的同时，实现高效小学数学课堂教学的必然要求。[①]

二、审视：小学数学教学中存在的问题

回望教育发展史，或者更具体一些，我们审视现代学校教育的诞生

[①] 孙宏志，解月光，张于. 核心素养指向下高阶思维发展的表现性评价设计[J]. 电化教育研究，2021（9）：91-98.

和发展过程，不难发现，"知识本位"在课堂教学中长期占据着主导地位。小学阶段的数学教学内容难度较小，因此，在课堂教学中教师往往通过机械重复教学以及让学生机械重复的练习，来降低学生"做题"时的错误率，而缺乏对学生进行数学思维训练。在"填鸭式""灌输式"的小学数学课堂教学中，学生如同学舌的鹦鹉，将教师传授的知识印刻到自己的头脑中，思维僵化，且一直徘徊在低阶水平，缺乏运用知识解决问题的能力，更谈不上创新意识。而数学教学评价标准的简单化，也使得学生的数学成绩所表现的主要是学生对数学基础知识、数学运算技能等的掌握程度，学生数学高阶思维的匮乏则被忽略甚至漠视了。

当然，造成小学数学教学中忽视学生高阶思维培养的原因是多方面的。一是教育政策导向的问题。长久以来，在应试教育体制的影响下，各种教育政策过于注重学生的考试成绩，强调学生对知识的记忆和对应试技巧的掌握，而忽略了培养学生的创新思维和批判性思维。在这种背景下，政府和学校也将教学重点放在知识的简单传授和应试技巧的训练上，忽视了培养学生的思维能力和解决实际问题的能力。二是教师角色的困境。一直以来，小学数学教师都面临着教学内容繁多、教学时间紧迫的挑战，尤其是"双减"政策之后，这种问题更加突出。教师需要按照教学大纲和考试要求安排教学，很难有足够的时间和精力去思考如何培养学生的高阶思维能力。另外，一些小学数学教师自身对高阶思维的理解和掌握也存在一定的不足，导致无法有效地引导学生锻炼高阶思维。三是教材和评价体系的问题。当前的小学数学教材以基础知识的传授为主，可用于培养学生高阶思维能力的内容相对较少，这也在一定程度上导致了小学数学教师在教学时缺乏培养学生高阶思维的有效教学素材和抓手。同时，现阶段小学数学教学的评价体系也往往以各种有关数学基础知识的测评成绩为主要标准，忽视了对小学生创新能力、批判思维等高阶思维的考查和评价。这也是导致小学数学教师在教学中不够注重培养学生高阶思维能力的原因之一。

从本质上看，缺乏高阶思维活动的小学数学课堂，教学活动实际上便成为数学资料和知识的堆积过程,其所调动的也只是学生低阶水平的思维活动,无法从更大程度上激发学生学习的兴趣,难以更好地提高学生课堂学习的参与度。同时,我们也应该注意,在小学数学课堂教学中,并非高阶思维活动越多越好,更不应该只有高阶思维活动。进行数学高阶思维活动的前提是掌握一定的数学基础知识和技能,具备一定的数学思想,而小学阶段的数学教学目标以培养学生的数感、量感、符号意识、运算能力等数学基础知识和能力为主,因此,小学数学课堂教学中的高阶思维活动要与基础知识教学相配合,并以其为基础,如果课堂上只有高阶思维活动,则很可能导致学生接受不了、思考不深、理解不透。正如孔子所言:"学而不思则罔,思而不学则殆。"在小学数学教学中,需要将高阶思维活动和基础知识、技能教学进行有机结合和均衡配置,使其共同构成多样化、递进式的核心任务群,使学生在学习数学知识和技能的基础上,进行一定的推理、创新、批判等高阶思维锻炼,才能帮助学生实现思维的递进式、渐进式发展,促进他们高阶思维的发展。①

三、思考:如何走出缺乏高阶思维活动的教学困境

纵观小学数学教学实际,课堂教学中缺乏高阶思维活动、学生的数学思维徘徊在低阶水平等,已经是长期存在且不可否认的事实。在小学数学教学中,学生以被动学习、机械学习和浅层次的学习为主,缺乏深度思考和高阶思维活动,这不仅严重影响了数学课堂教学的效率和效果,难以真正实现对学生素质教育和核心素养的培养,更不利于学生数学能力和思维的发展。

虽然,新课改实施以来,尤其是近年来学生核心素养培养目标的不断明确,以及相关研究的不断深入,很多小学教师正在逐渐改变以往传统数学课堂教学的思路和方式,开始重视对学生高阶思维的培养,力求采用更

---

① 何晓玲.基于核心素养的小学数学多样化解决问题的策略探究[J].考试周刊,2021(94):76-78.

为科学有效的教学方式，更好地帮助和指引学生实现知识的建构，锻炼主动思考、逻辑推理、批判创新等数学高阶思维，但由于各种现实问题，当前小学数学课堂教学中对学生高阶思维的培养和锻炼效果并不理想，存在很多不足之处。

从整体上看，当前小学课堂未能真正实现高阶思维的教学，所导致的问题主要表现在两个方面。一方面，学生对所学习的数学知识缺乏结构性、系统性的认识，或者说，学生头脑中的数学知识是以片段化、模块化的样态存在的，这种状态不仅使学生难以综合运用所学的数学知识解决实际问题，更容易导致学生难以牢固掌握所学习的数学知识，容易产生知识的遗忘，造成知识结构的残缺。另一方面，学生在学习、思考、运用数学知识的时候，缺乏创新思维、批判思维和决策能力，在学习数学知识的过程中，思维始终停留在表层记忆，并在很大程度上形成了这种通过表层思维学习、掌握数学知识的学习思维和习惯，如此导致学生对数学知识的理解呈现浅层化特点，难以实现数学知识的建构。

小学阶段的学生具有旺盛的好奇心、求知欲和探索欲，对很多事物充满兴趣，思维活跃，且正处于由直观形象思维向抽象思维发展的过程中。因此，小学数学教师应该充分了解学生的思维特点，并采取适合小学生学习和发展特点的方式，培养和发展学生的高阶思维。

《义务教育数学课程标准（2022年版）》的"教学建议"板块中指出，应"重视设计合理问题。在真实情境中提出能引发学生思考的数学问题，也可以引导学生提出合理问题"。在小学数学教学中，"问题"是推动学生持续有效思考的重要抓手，不仅能够激发学生的求知欲，活跃课堂气氛，还有助于引导学生逐步深化对知识的理解和认识，促进小学数学课堂教学的关联性和建构性，帮助学生发展高阶思维。

与其他学科相比，数学学科具有较强的抽象性，而小学阶段的学生以形象思维为主，其抽象思维正处于不断发展成熟的阶段，因此，数学教师在课堂教学中不仅要注重创设直观、形象的情境，将数学知识和思维融入其中，还要借助提问的方式，引发学生思考和探索数学知识，形成数学思维，最终运用数学知识和思维解决实际问题。可见，为了更好地实现小学数学教学目标，教师需要科学、合理地设置各种问题，增强课堂教学的趣味性和探究性，激发学生学习数学的热情和自信，从而推动数学抽象思维、逻辑思维等高阶思维的发展，使学生掌握数学知识，形成数学眼光。

但根据笔者的教学实践经验以及对小学数学教学现状的调查和分析发现，在数学教学改革的持续推进下，虽然当前的小学数学教学已经逐渐摆脱了传统灌输式、填鸭式的教学方式，但很多教师在教学实践中并没有注意到问题设置的重要性，课堂教学中的提问大多具有随意性、单一性、低效性等特点。这种情况不仅容易导致小学数学课堂教学内容的浅表性和碎片化，而且不利于学生实现数学知识和意义的建构，无法从根本上提高小学数学教学的实效，也不利于学生数学高阶思维的养成和数学素养的提高。

因此，本研究着眼于"四何"问题在小学数学教学中的运用，以小学数学教学的理论基础、高阶思维的概念与特征、"四何"问题之于小学数学高阶思维培养的作用等问题为起点，以"四何"问题的设计原则和方法，以及"四何"问题在小学数学教学中的具体应用、效果评价、优化改进等具体问题为着眼点，分析研究"四何"问题背景下小学数学高阶思维培养的路径，希望能够为小学数学教学实践提供有价值的参考。

第二节 研究目的与意义

从学术研究的角度来看，在明晰了问题研究的背景和缘由之后，需要进一步明确研究的目的与意义，以便更好地把控问题研究的过程和目标，避免研究过程的盲目、混乱，缺乏针对性。在此，我们在梳理和概括以往有关小学数学课堂提问研究的基础上，明确研究目的，并从理论与实践两个层面，分析本研究的重要意义。

一、有关小学数学课堂提问的研究综述

（一）研究概况

得益于持续多年的基础教育改革工作，如今我国教育领域已经基本摒弃了传统灌输式的教育教学思想和方式。学生是教学活动的主体，教学活动需要师生共同参与、交往互动、共同开展等现代教育思想已经深入人心，教师开始关注建构主义、元认知理论、最近发展区理论等心理学或教育学理论，并将其运用于教育教学实践中。在教学过程中，教师开始注重启发式教学和因材施教，通过各种方式激发学生的求知欲和学习兴趣，而各种课堂提问便成为实现这些目标的重要途径。

教育部发布的《义务教育数学课程标准（2022年版）》中指出，义务教育数学课程致力于"使得人人都能获得良好的数学教育，不同的人在数学上得到不同的发展，逐步形成适应终身发展需要的核心素养"。可见，小学数学教学应该注重面向全体学生，即教学过程的设计和实施应尽量适合不同学情的学生，使他们都能在数学上得到一定的发展。而在这种背景下研究小学数学的课堂提问，就要考虑多方面的问题，例如，小学数学课堂教学实践中的提问存在哪些问题，造成这些问题的原因是什么，应该针对哪些内容设置问题，运用何种提问方式，等等。对于这些问题的思考直接关系到小学数学课堂提问的效率，当然也直接影响着小学数学课堂教学的氛围和效果。同时，核心素养培养目标的要求又促使小学数学教学必须注重培养学生的逻辑思维、批判思维、创新思维等高阶思维，这些要求也使得教师必须更加细致地研究课堂提问的内容、层次、难度，以及提问的时机、语气等问题，以切实优化课堂提问的效果，从而通过课堂提问激发学生的学习兴趣，引导学生在思考和回答问题的过程中巩固知识，发展思维，促进高阶思维的形成。

如今，我国有关小学数学课堂提问的研究和实践都已经取得了显著的进展。在过去的几十年中，许多学者在这一领域进行了深入的探索和研究。对这些研究成果进行梳理和总结，不仅有助于我们理清小学数学课堂

提问研究发展的脉络，也有助于我们在前人已有成果的基础上，进行更加深入、细致的研究，从而进一步丰富小学数学课堂提问的研究内容，更好地指导教育教学实践，不断提高小学数学教学质量。

（二）研究类型

通过分析整理大量文献资料，发现当前有关小学数学课堂提问的研究主要涉及以下几个方面。

1.有关小学数学课堂提问存在问题的研究

要想发现小学数学课堂教学课堂提问存在的问题，则不可避免地需要对小学数学课堂提问的现状进行全面研究，并从中发现问题，进而探索解决问题的方法。因此，有关小学数学课堂提问存在问题的研究，并非直接描述或概括具体问题，而是在对现状进行较为深入研究的基础上总结其中存在的问题，并有针对性地提出相应的解决办法。但即便如此，对小学数学课堂提问现状及存在问题的研究也各有侧重点，如课堂提问内容、提问次数、问题形式、提问的语言、对学生回答的反馈等，各类研究的深度、广度多有不同。综合整理这些研究成果，有助于我们更加深入全面地了解当前我国小学数学课堂提问的现状。通过分析相关研究资料，可以发现当前小学数学课堂提问存在的问题可以主要概括为以下几个方面。

一是小学数学课堂提问存在表述不清的现象，即教师在课堂提问时的语言表述存在模糊性，导致学生对老师的提问表现出"不明白""没听懂"。吴娜通过课堂观察和问卷调查的方式，对某小学五年级数学教师的课堂提问情况进行调查，发现对于数学教师提出的问题，有52.4%的学生表示有时无法理解问题的意思。[①]任忠雪通过调查研究发现，小学数学教师的课堂提问有时使用的语言不够简洁明了或不够准确，导致无法清晰地表达含义，使学生难以理解。另外，数学教师的课堂提问有时还存在语言

[①] 吴娜. 小学数学教师课堂提问的现状研究：以包头市A小学五年级为例[D]. 包头：内蒙古科技大学包头师范学院，2022.

过于口语化，缺乏数学语言的运用，或者问题表述中已经包含了答案信息等现象。①周丹指出，小学数学教师的课堂提问存在指向模糊的问题，导致学生无法按照数学的角度去思考问题，浪费了课堂教学时间。②

二是小学数学课堂提问的内容不合理。例如，常代代通过问卷调查、课堂观察等方式调查发现，小学数学课堂的提问中，涉及数学基础知识和基本技能的内容较多，而有关数学基本思想以及创造性思维等高阶提问较少。③常海霞认为，当前小学数学教师课堂提问的内容质量不高，课堂问题忽视了对小学生创造性思维的培养，为了加快课堂教学进度，对学生的提问往往流于形式，提出一些无关紧要的问题，不仅浪费了课堂教学时间，而且导致小学生对数学学习感到厌倦。④

三是小学数学课堂提问缺乏均衡性和互动性。例如，黄恒山认为小学数学教师在课堂上提出问题后，学习能力不同的学生回答问题的机会存在明显差异，通常优等生回答问题的机会较多，而学困生在课堂上几乎没有回答问题的机会。程金华指出，小学数学教师在课堂上提出问题后，往往直接点名让学生回答，没有给予学生充分思考的时间，导致学生对课堂回答问题产生抗拒性，失去了课堂问题应有的互动性，也使学生没有充分的时间对问题进行深思。⑤

四是小学数学教师对课堂提问的反思和研讨不足。例如，任忠雪通过对小学数学教师进行访谈发现，教师在课后对课堂提问的反思不够深入、

---

① 任忠雪. 小学数学课堂有效提问的现状和策略研究 [D]. 哈尔滨：哈尔滨师范大学，2023.

② 周丹. 新课改下小学数学课堂提问的现状与思考 [J]. 数学教学通讯，2022（31）：43-44.

③ 常代代. 小学数学教师课堂提问的现状调查研究 [D]. 石家庄：河北师范大学，2020.

④ 常海霞. 预设越精心，提问越有效：小学数学课堂提问的有效性分析 [J]. 试题与研究，2023（10）：153-155.

⑤ 程金华. 小学数学课堂提问的现状与思考 [J]. 数学教学通讯，2022（13）：65-66.

反思角度不够全面。教师对课堂提问的反思主要着眼于提问的难度、学生发言情况、学生学习效果等方面,对于提问对象的均衡程度、提问是否具有启发性、趣味性等问题的反思不够。[①]周娜通过对小学生进行问卷调查以及对小学数学教师进行访谈发现,小学数学教师缺乏对课堂提问的总结和反思,同时,对课堂提问的作用认识比较肤浅,导致无法更加深入地思考和探究课堂提问的深层功能,无法有效运用课堂提问提高教学实效。[②]

2.有关小学数学课堂提问类型的研究

与小学数学课堂提问存在问题的研究类似,有关小学数学课堂提问类型的研究大多也不仅仅是研究提问的类型,而是以提问类型研究为基础,发现不同类型的问题在课堂教学中的作用,并据此探索更有效的课堂提问策略。例如,林淑芳指出,小学数学课堂提问的类型分为低认知水平的问题和高认知水平的问题,其中,低认知水平的问题又可以分为回忆型、理解型、运用型问题;高认知水平的问题又可分为分析型、综合型、评价型问题。进而她指出不同类型的问题在小学数学课堂教学中的作用是不同的,教师要根据学生心理特点、年龄特征、教学内容等各种相关因素,选择适宜的问题类型。[③]王小清认为,课堂提问是小学数学教师调动学生学习兴趣、引发学生思维、检验学生学习情况的重要手段,小学数学教师应该深入研究课堂提问艺术,丰富提问类型,进而深入分析猜测型、比较型、启发型、突破型等四种类型课堂提问的特点及运用思路。[④]赵占国、潘劲秀在对新手型和专家型小学数学教师的课堂提问的有效性进行综合研究的基础上,总结出小学数学课堂提问应该注意提问类型的多样化,一方

---

① 任忠雪.小学数学课堂有效提问的现状和策略研究[D].哈尔滨:哈尔滨师范大学,2023.

② 周娜.小学数学课堂提问现状调查研究:以T市S小学为例[D].天水:天水师范学院,2022.

③ 林淑芳.小学数学课堂提问的多维分析与教学建议[J].课程教育研究,2018(18):142.

④ 王小清.小学数学课堂提问类型探究[J].数学大世界(上旬),2020(12):26.

面要注意提问的梯度，设置链条式提问，从而引导学生进行有层次、有逻辑的思考；另一方面要注意提问不仅要有深度，还要有广度，注意扩大域限式提问。①不难发现，由于分类标准的不同，小学数学课堂提问的类型也各有不同。不仅在小学数学领域，其他学科领域对课堂提问类型的研究也具有丰富的多样性，研究者从不同视角对课堂提问类型进行划分，并没有形成统一的分类标准。

3.有关提高小学数学课堂提问有效性策略的研究

如何有效运用课堂提问提高小学数学课堂教学质量，一直以来都是研究的热点问题，许多学者针对这一主题进行了广泛而深入的研究，为提高小学数学课堂教学实效做出了重要贡献。例如，戴盈红从趣、情、需、疑四个角度，即从关注学生的兴趣点、最近发展区、思维困境、质疑问难四个方面入手，分析了如何巧妙设置课堂提问激发学生的求知欲，提高课堂教学效率。②刘芳苹首先分析了当前小学数学课堂提问中存在的问题，主要包括对课堂提问不重视、问题设计不合理、课堂提问评价机制不完善，进而针对这些具体问题提出了相应的解决策略，即教师要深化课堂提问理念、优化课堂提问设计、完善课堂提问评价机制。③吴张骅细致地分析了不同类型提问的特点及其适用的教学环节，如探究型提问可以引导学生对知识或问题进行比较、想象、推理等思维活动，激发学生的创新意识，可以用在新课开始环节，以快速集中学生注意力，激发学生的学习兴趣；创造型提问有助于引导学生进行多维度的思考，可用于课堂中间部分，此时学生思维正处于最活跃的时段，创造型的问题可以引导学生充分调动思维和知识，进行多维度思考，同时，通过学生对创造型问题的回答，教师可

---

① 赵占国，潘劲秀．新手型、专家型小学数学教师课堂提问有效性研究[J]．云南教育（小学教师），2022（5）：4-5．

② 戴盈红．妙问善导，追求高效：浅谈小学数学课堂提问策略[J]．数学教学通讯，2022（25）：76-77．

③ 刘芳苹．提升小学数学课堂提问效率的策略探究[J]．天天爱科学（教学研究），2023（2）：102-104．

以及时了解学生对知识的掌握情况，发现学生在知识结构上的漏洞，并有针对性地进行教学内容的调整；总结型提问有助于促进学生将所学知识进行系统化归纳，有助于培养学生的数学综合能力，可以用于临近课堂结束时，引导学生对所学知识进行组织、归纳、概括，有助于学生深化对本节课所学内容的理解和掌握，巩固知识的构建。[①]

课堂提问是小学数学教学中不可或缺的环节，也是优化课堂教学效果的重要途径，因此，多年来有关小学数学课堂提问的研究十分丰富，研究的主题、角度、涉及的领域也各有侧重，在此仅列举以上比较有代表性的几个研究方向，其他相关研究对于我们优化小学数学课堂提问也十分具有启发意义，值得学习和借鉴。

二、本研究的目的

近年来，随着对核心素养概念和内涵研究的不断深入，2022年基础教育新课程标准的发布更加凸显了国家对培养学生核心素养的重视，加之"双减"政策的实施，在一定程度上压缩了小学数学课堂教学的时间，使得小学数学课堂教学改革的重要性和紧迫性更加显著。虽然小学数学课堂教学的理念、模式等也在不断更新，但纵观教学实践，依然存在很多亟待改善的关键问题。因此，在小学数学教学改革持续了几十年后的今天，我们所面临的改革任务依然艰巨，正踏入改革深水区的我们，需要放眼全局，更需要关注细节，既要在总体方向上坚持核心素养培养目标，又要在每一个教学细节上加强研究和探索，不断完善教学过程。因此，本研究着眼于小学数学课堂教学中的教师提问这一关键内容，并以"四何"问题为研究重点，希望通过透彻分析"四何"问题在小学数学课堂教学中的设计、应用、评价等各个方面的问题，为小学数学课堂教学中有效运用"四何"问题提供具有实践指导价值的思路和策略，真正提高小学数学课堂提

[①] 吴张骅. 优化小学数学课堂提问策略的实践研究 [J]. 新课程研究，2022（6）：101-103.

问的有效性。

三、本研究的意义

（一）理论意义

通过对搜集到的大量文献进行阅读和整理，发现近年来对小学数学高阶思维的研究逐渐增多，如小学数学教学中高阶思维能力的培养、深度学习背景下的小学数学高阶思维培养策略、小学数学单元整体教学视域下的学生高阶思维培养、基于概念教学培养学生高阶思维的策略等。但从整体上看，当前有关小学数学高阶思维的研究普遍比较宽泛。同时，有关"四何"问题的研究更是寥寥无几。当然，由宏观到微观、由总体到局部是普遍的研究规律，当人们对某个事物整体性、规律性的研究达到一定深度的时候，将必然走向对事物本质、细节等微观层面的研究。因此，本研究在收集和整理大量有关小学数学高阶思维研究成果的基础上，对小学数学课堂提问进行更加细致的研究，将"四何"问题提问方式与小学生数学高阶思维培养结合起来，在一定程度上对小学数学课堂提问和高阶思维培养的研究进行补充。具体而言，本研究立足于小学数学课堂教学，以培养小学生的数学高阶思维为锚点，将"四何"问题视为培养小学生数学高阶思维的重要手段，系统性地研究"四何"问题在小学数学课堂教学中的应用策略，并总结教学实践中可能存在的问题，提出相应的改进策略，期望可以为小学数学课堂教学实践提供有价值的参考，也期待本研究能够抛砖引玉，激发更多一线教师和教育研究者的思考，推动"四何"问题和小学数学高阶思维培养研究的深入发展。

（二）实践意义

美国数学家保罗·哈尔莫斯说："问题是数学的心脏。"[①] 在小学数学

---

① 保罗·哈尔莫斯. 我要作数学家[M]. 马元德, 沈永欢, 胡作玄, 赵慧琪, 译. 南昌：江西教育出版社，1999：310.

课堂教学中，教师常常通过课堂提问来衔接各个教学环节，推动教学内容的展开，同时，通过学生对问题的回答情况，教师可以了解学生是否理解了相应的数学知识，以及学生对数学知识、理念等的掌握情况。可以说，师生问答是小学数学课堂教学中不可或缺的重要环节，也是小学数学课堂教学有效开展的重要推动力。概括来说，本研究的实践意义主要体现在以下两个方面。

一方面，本研究能够帮助小学数学教师更全面地了解"四何"问题的概念、作用、理论基础、设计原则和方法等基本知识，也能在一定程度上增强教师对课堂提问设计与实施的重视程度。同时，有关"四何"问题在小学数学中的应用策略是本研究的重点内容，这些内容可以为小学数学教师实施课堂提问给予切实可行的思路和方法指导，有助于小学数学教师优化课堂提问的效果，提高课堂教学实效。另外，本研究中有关"四何"问题设计原则、方法、实施策略等方面的内容，不断突出强调课堂提问的设计和实施中对学生主体的关注，在设计、提问、评价等环节都要综合考虑学生的数学思维、学习特点、学习需求等各方面的特点，这也提醒教师要注重保障学生在课堂教学中的主体地位，根据学生对课堂提问的反馈不断优化问题内容、侧重点，以及提问的语言、时机等，不断优化课堂提问。

另一方面，本研究的目的在于帮助小学数学教师提高课堂提问的技巧，通过更适合学生学习和发展特点的课堂提问引导学生自主探索、发散思维、深入思考，不断提高批判、创新等高阶思维。因此，从学生的角度来看，本研究通过为小学数学教师提供课堂提问的策略，从而促进小学生高阶思维的发展，并有助于增强学生在教学中的主体地位，促使学生积极主动地学习数学知识，发挥主观能动性，积极思考，广泛探索，锻炼数学高阶思维能力。

第三节 研究的理论基础

理论是实践的基础，是保障实践探索具有一定科学性和有效性的必要条件，从广义上看，与高阶思维和"四何"问题相关的理论有很多，在此仅对其中关联性较强的几种理论进行阐述，如最近发展区理论、认知发展理论、建构主义学习理论、元认知理论、布卢姆教育目标分类理论等。

一、最近发展区理论

俄国著名心理学家维果茨基（1896—1934）被誉为"心理学中的莫扎特"，他在儿童发展与教育心理方面的研究成果卓著。维果茨基在其著作《高级心理机能》中提出了"高级心理机能"这一概念，他认为人的高级心理机能是在与周围人的交往中产生和发展起来的，是受人类的文化历史所制约的。[①]在高级心理机能的理论基础上，维果茨基又提出了最近发展区理论，并将其引入儿童心理学的研究领域。最近发展区理论指出，从整体上看，儿童的发展可以分为两个水平，一是儿童现有的发展水平，也就是儿童在完全独立地活动时依据现有的能力所能解决问题的水平；二是在教师或者其他能力较高的人的帮助指导下，儿童所能达到的解决问题的水平。而处于以上两种水平之间的区域就是"最近发展区"。[②]可见，最近发展区是儿童在当前能力水平上比较容易达到的能力区域，而达到最近发展区能力水平的前提是教师或者其他能力较高的人的帮助，所以，人们也常用"跳一跳，摘桃子"来形象地表述最近发展区这一概念。从教学的角度来看，教学的重要任务就是了解儿童当前的能力水平，并找到其最近发

---

① 维果茨基. 维果茨基全集（第2卷）·高级心理机能的社会起源理论[M]. 龚浩然，王永，黄秀兰，译. 合肥：安徽教育出版社，2016：70-75.
② 陈乌日汉. 维果茨基社会文化理论对数学教育的启示[J]. 数学之友，2023（2）：8-10.

展区，进而帮助儿童在已有知识、能力的基础上掌握未知，从而达到"最近发展区"。在一定意义上说，教学的过程就是教师帮助学生不断将最近发展区变为转化为新的知识和能力的循环过程。而课堂提问则是教师促进这种循环模式不断运行的重要手段，即教师通过课堂提问在学生的已有知识、能力和未知知识、能力之间建立连接，并帮助学生在已有能力的基础上实现能力的跨越和提高，达到"最近发展区"。

从最近发展区理论的角度思考小学数学课堂提问可以帮助我们理清问题设计和实施的基本思路，即教师在课前设计问题和课堂提出问题、引导学生回答问题等环节，都应该首先了解学生的最近发展区，如此才能更有效地帮助学生在原有知识和能力的基础上实现真正的提高。首先，教师需要对学生的思维特点、学习特点、学习习惯、知识和能力水平等具体情况有充分的了解，在对这些因素与教学内容进行综合考虑的基础上设计课堂问题；其次，了解学生的最近发展区，并结合对学生最近发展区的考虑进一步优化课堂问题的设计，设计出一系列不同难度的问题，比如围绕所要教授的知识点，设计"四何"问题；再次，全面审视所设计的课堂问题，检验其难度水平，既要避免问题过于简单失去了教学价值，又要避免问题难度过大学生无法解决。特别需要注意的是，所设计的一系列课堂问题应该具有激发学生学习兴趣、了解学生对知识的掌握情况、促进学生思考和探索并最终获得答案等特点，这样的问题才有助于激发学生的潜能，锻炼学生的思维，帮助学生达到最近发展区，实现高阶思维的发展。

二、认知发展理论

与维果茨基同时期的瑞士儿童心理学家让·皮亚杰（1896—1980）的很多心理学研究成果，也为其后来的教育教学研究和实践提供了坚实的理论基础。在皮亚杰的众多研究中，"认知发展理论"被公认为20世纪发展心理学领域最权威的理论。该理论以发展的眼光审视个体思维与能力的变化过程，认为个体在成长过程中也在不断地适应各种环境的变化，而个体对事物的认知、面对问题时的思维方式和能力表现也会随着年龄的增长而不断地向高级阶段发展。所以，认知发展理论根据儿童的年龄来划分其心理发展阶段，主要分为四个阶段。

一是感知运动阶段（0至2岁左右），这个阶段的儿童主要通过感知运动图式（图式理论即围绕某个主题组织起来的知识的表征和贮存方式为基础的理论。皮亚杰认为，图式是指动作的结构或组织），来协调感知的输入，并做出相应的动作反应。二是前运算阶段（2岁至6、7岁），这个阶段的儿童能够将感知到的动作内化为相应的表象，并在头脑中建立相应的符号，进而依靠心理符号进行思维。三是具体运算阶段（6、7岁至11、12岁），这个阶段儿童的认知结构在前运算阶段表象图式的基础上发展为运算图式，其思维方式变得更加复杂，具有一定的稳定性、客观性和可逆性。需要注意的是，虽然"运算"具有抽象性，但这个阶段的儿童以形象思维为主，即其运算过程需要借助具体内容而进行。四是形式运算阶段（11、12岁及以后），这个阶段的儿童思维水平进一步发展，开始具备抽象的逻辑推理能力。[1]

依据皮亚杰的认知发展理论，小学阶段的学生正处于第三阶段——具体运算阶段。这一阶段的学生以形象思维为主，特别是小学中、低年级的学生，他们对数学知识的学习和理解都需要依据实际生活中的事物，如小学低年级的学生需要借助足球、桃子、铅笔等具体的物品来理解数量、重量以及进行简单的数学运算。所以，针对小学中、低年级的学生设计的课堂提问，要充分考虑学生思维特点，结合具体事物设计问题内容，尽量避免抽象性的描述；而针对小学高年级的学生设计的课堂提问，则可以适当增加一些具有假设、推理色彩的题目，以促进学生抽象思维的发展，帮助学生发展高阶思维。

---

[1] 陈珊. 小学生STEAM素养测评模型构建研究[D]. 重庆：西南大学，2021.

三、建构主义学习理论

建构主义是由皮亚杰认知发展理论发展而来的一个分支理论。建构主义强调学习过程中学习者的主动性，认为学习是学习者在自身已有的知识经验基础上生成意义、建构理解的过程，而不是被动接受的过程。而根据认知发展理论，学习者这种生成意义、建构理解的过程是在与社会文化的互动中进行的。具体来说，当学习者面对新知识或新环境时，会主动用自己已有的知识基础和认知方式去理解、解释所面临的新事物，并会对自己的理解、解释过程进行反思。可见，学习者学习知识的过程离不开自身主动的理解、建构，也离不开外界环境的影响，在内外两种因素的影响和作用下，学习者完成对知识的理解和建构。概括而言，情境、协作、会话和意义建构是建构主义学习理论的四大要素，在个体学习过程中发挥着至关重要的作用。有学者对建构主义学习理论进行深入研究后总结出了创建建构主义学习环境的六个基本要素，即创设情境、提出问题、搭建桥梁、组织协作、展示成果、反思过程。

在强调学习者的主体能动作用的同时，建构主义学习理论还强调学习者已有的知识和能力基础，即学习者并不是一张白纸，其在学习某个知识或技能之前就已经具有一定的经验，可以运用已有的经验去理解和内化新事物，乃至在学习中提出问题和解决问题。因此，小学数学教师在设计课堂提问时要关注学生的原有知识和经验，并以其为基点结合学生的最近发展区来设计问题，促进学生对新知识的理解和掌握。同时，教师还应该注重情境的创设，在适当的情境下提出问题，以学生为中心，保护学生学习的自主性，在课堂教学中为学生的协作、交流和意义建构创造机会，让学生在思考问题、讨论问题的过程中实现最近发展区的跨越，获得知识、思维等方面素养的提升。

在了解了最近发展区理论和建构主义学习理论之后，不得不提的另一个理论就是"支架式教学理论"，它是将最近发展区理论和建构主义学习理论结合在一起所形成的理论，对教学具有更直接的指导作用。根据支架式教学理论，教师在实施课堂教学前，应该对学生的基础知识、基础能力、认知能力、最近发展区等进行全面了解，并在此基础上将教学目标分解为多个维度的小目标。在教学过程中，教师需要为学生跨越不同维度的学习目标时提供"支架"，帮助学生逐步实现更高层次的问题解决和知识、能力的建构。[①]根据支架式教学理论，小学数学教师在设计课堂问题时可以将问题视为链接不同层级教学目标的支架，让每个问题都能有效发挥驱动作用，不同的问题构成具有逻辑性和层次性的动力系统，促进学生数学思维的逐步发展。

四、元认知理论

20世纪70年代，认知领域出现了一个新的概念——元认知。这一概念由美国心理学家弗拉维尔提出，主要是指个体对自身认知活动的认识、监控和调节，简单来说，就是个体对自身认知的认知。通过元认知理论的概念不难发现，个体对自身认知的认知可以分为两个层面：一是对自己的认知过程、认识方式等方面的认识；二是对自己认知行为或过程及结果的管理、控制、调节。[②]我国的研究者比较倾向于将元认知的要素分为三类，即元认知知识、元认知体验和元认知监控。其中，元认知知识又包括认知主体、认知任务和认知策略三个方面，它是个体根据经验形成的关于认知活动的一般性认识，如对认知活动的因素、各因素之间的相互作用及作用结果等方面的认识。元认知体验是指个体在从事认知活动时所产生的认知和情感体验。元认知监控是指个体对自己的认知活动进行积极自觉地监控、调节。[③]可见，元认知就是个体对自己的认知活动的认识和控制。在

[①] 刘丽霞. 支架式教学设计及其应用研究：以七年级数学上册为例[D]. 赣州：赣南师范大学，2021.

[②] 刘敏. 元认知策略在小学数学课堂中的应用[J]. 数学学习与研究，2022（21）：77-79.

[③] 陈英和. 认知发展心理学[M]. 北京：北京师范大学出版社，2013：302.

小学数学课堂教学中，教师可以通过设置合理的课堂提问来激发和引导学生的元认知，从而帮助学生学会反观、调控自己的学习过程，在学习中发挥主动性和积极性，实现思维的高阶发展。

五、布卢姆教育目标分类理论

20世纪40年代末至50年代初，美国教育家围绕课程设计和考试的本质等话题举行了一系列会议。其中一些研究教育目标分类法的教育工作者组成了委员会，由美国学者本杰明·布卢姆担任委员会的主席。1956年，布卢姆根据教育工作者的研究和讨论成果编写成了一本手册，即《教育目标分类法——教育目标分类指导手册（一）：认知领域》。[①]根据这本手册中的"教育目标分类法"，人们可以将认知领域的目标由低到高分为六个层次，即知识、领会、应用、分析、综合、评价，后来人们将这种分类称为布卢姆教育目标分类。正是因为有了这些分类，教育目标变得具有层次结构，也具有了可检测性。因此，布卢姆教育目标分类受到了广大教育者的青睐，在教育领域产生了很大影响。

但布卢姆等教育工作者对于教育目标分类的研究并未就此止步，因为随着教育领域研究的不断深入，人们逐渐发现这种分类理论在实践中似乎并没有很好的适用性。于是，教育领域对进一步改进布卢姆教育分类目标的呼声越来越强烈。实际上，布卢姆一直都未曾停止对教育分类目标的研究。经过许多教育工作者几十年的不断研究、实践和补充完善，21世纪初期，安德森出版了一部名为《学习、教学和评估的分类学：布卢姆教育目标分类学修订版》的著作。这部书中对教育目标的分类采用了"二维框架"的形式，并用能够体现学生认知过程的动词来描述认知过程的维度，将原有分类中的"综合"改为"创造"，体现了对学生创造能力的培养。完善后的布卢姆教育分类目标依然保持了六个层次，由低到高分别为记

---

① 麦克·格尔森. 如何在课堂中使用布卢姆教育目标分类法[M]. 汪然，译. 北京：中国青年出版社，2019：3-4.

忆、理解、应用、分析、评价、创造。其中，记忆、理解和应用属于低阶思维能力，分析、评价、创造属于高阶思维能力。同时，在这六种目标的基础上又细化出了十九个亚类别，使得教育目标的分类更加具体、细化，便于在实践中应用。六个层次的目标和十九个亚类目标共同构成了"二维框架"式的布卢姆教育目标分类。①

本研究在对小学数学课堂提问进行分类时，主要参考布卢姆教育目标分类，将课堂提问按照记忆型、理解型、应用型、分析型、评价型、创造型的标准分为六种类型，并将其中的记忆型提问、理解型提问、应用型提问归为低阶问题，将分析型提问、评价型提问和创造型提问归为高阶问题。

需要指出的是，本研究所讨论的小学数学课堂提问与学生高阶思维培养是一个十分复杂的问题，所涉及的教育学、心理学等领域的理论研究十分广泛，除以上几种外，还涉及三元对话理论、多元智能理论、问题教学理论等，以上列举的仅为本研究所依据的较为重要的几种理论。

---

① 安德森. 学习、教学和评估的分类学：布卢姆教育目标分类学修订版[M]. 皮连生，译. 上海：华东师范大学出版社，2007：117-120.

第二章 高阶思维的概念及表现

第一节 小学数学高阶思维的概念

当前的学术领域，对于高阶思维的概念并没有形成统一的认识，这一方面源于其"外来词汇"的特殊身份，另一方面也在于国内外理论和实践领域对其概念一直存在分歧，不同学者由于自身研究的出发点和侧重点不同而对其有不同的解释。因此，我们首先梳理了当前比较具有代表性的高阶思维的概念，然后结合本研究的侧重点，对高阶思维和小学数学高阶思维的概念进行了特别界定，以明确基础概念，避免在随后的理论研究和实践探索中出现不必要的偏差。

一、高阶思维

"高阶思维"是一个外来词，由英文词组Higher-order thinking翻译而来。实际上，学界对于这个英文词组有多种不同的翻译，比较常见的有三种，即高阶思维、高层次思维和高水平思维。在相关研究和讨论中，学者们使用最多的翻译是"高阶思维"，所以本研究中也采用这种比较普遍的译法。不同翻译也在一定程度上反映了人们对高阶思维这一概念的不同理解，其实，无论国内还是国外，很多学者对高阶思维内涵的界定都不尽相同。

四何问题与高阶思维

（一）有关高阶思维的概念

通过整理和分析有关高阶思维的资料，我们发现了数百种有关高阶思维的不同界定，通过进一步对这些不同界定进行研究，发现主要的观点有三种。

一是将高阶思维定义为一种"高阶能力"。持这种观点的学者认为高阶思维是与低阶能力不同的一种高阶能力，例如，有学者认为高阶思维包括分析、综合、评估三种思维能力，这是与记忆、理解、应用等低阶能力不同的一种高层次的能力；也有学者认为高阶思维并不是每个人都拥有的能力，在学生群体中，只有少数思维表现优异的学生才具备高阶能力。钟志贤是我国较早对高阶能力开展研究的学者，他早在2004年就系统性地对高阶能力进行了描述，他指出对学习者进行高阶能力的培养，是顺应知识时代对人才素质要求的必然措施。同时，他提出了知识时代人才应该具备的九大关键能力，如协作、创新、批判、决策等，他认为高阶能力是一种能够综合运用分析性、创造性、实践性思维的能力，是包括高阶思维在内且以高阶思维为核心的一种高水平的认知能力。[①]

二是将高阶思维定义为一种"认知过程"。这种观点将高阶思维视为一种动态的过程，从动态发展的视角审视高阶思维运作的过程。例如，有学者认为高阶思维是一种变化发展的心理过程，在这个过程中包含了反思、表达、证明、互动、讨论、提问等心理状态；有学者认为高阶思维是人们在解决问题时可能会产生的一种思维过程，这种思维过程具有其独特的表现，如解决问题的决策具有多样性、以创造性的思路和方式解决问题、决策方式具有内隐性、解决问题的过程具有一定的标准性和可迁移性。[②]将高阶思维视为一种认知过程的学者认为，当个体面临非常规的问

[①] 张晓君，丁雪梅，程宣霖，等．我国高阶能力培养研究热点与内容聚焦[J]．长春师范大学学报，2020（2）：182-186．

[②] 宁依敏．深度学习与数学高阶思维的关系：问卷编制与调查研究[D]．桂林：广西师范大学，2023．

题时，需要将问题中所蕴含的新信息与调动头脑中已有的相关旧信息建立联系，并将新旧信息进行排列、扩展等思维操作，从而解决问题。2000年，美国数学教师协会（NCTM）明确提出了学校数学的五个过程标准，即问题解决、推理与证明、交流、联系、表征，而这五个过程标准也被视为高阶思维。[①]后来，更多的学者开始从认知过程的视角研究高阶思维并对其内涵进行界定。

三是将高阶思维定义为一种"综合体"。持这种观点的学者认为高阶思维并不是一种单纯的思维或能力，而是多种思维能力或品质的综合体。例如，有学者认为高阶思维是推理思维、批判思维、审思思维、创新思维的综合；有学者通过大量地观察、研究课堂教学过程中的学生表现，将高阶思维概括为学生成功解决全新的、具有挑战性的问题所应该具备的知识、技能和品质的综合体，同时，还对低阶思维和高阶思维的差异进行了描述，即低阶思维是个体对自身已经具备的知识和技能进行常规、机械的应用，而具备高阶思维的个体能够解释、分析或操纵信息。

与三种有关高阶思维的观点相对应，学者们在对高阶思维进行深入研究的过程中也建立起了三种不同的高阶思维结构模型。一是层次结构模型。认为高阶思维是一种高阶能力的学者大多认可这种层次结构模型，这种模型能够凸显高阶思维的"高阶"特点，能够比较清晰地表达思维的递进关系。例如，安德森对布卢姆的教育目标分类进行修订之后建立的教育目标分类框架，实际上就是一种思维结构模型，由低到高层次分明地展示出了低阶思维与高阶思维，其中一到三层（记忆、理解、应用）属于低阶思维，三到六层（分析、评价、创造）属于高阶思维。二是静态结构模型。认为高阶思维是一种综合体的学者大多认同这种静态结构模型，这种模型虽然能够呈现出高阶思维所包含的主要思维、品质，可这种简单的呈现本质上只是对关键词汇进行空间上的堆叠，并没有太大的实践意义。三

---

① 李美芳. 促进教师评估与支持幼儿数学过程性能力的行动研究[D]. 上海：华东师范大学，2022.

是动态结构模型。这种模型是将高阶思维视作认知过程的学者总结出来的，这些学者关注高阶思维的动态性，希望用模型的方式来更好地呈现这一特点，但由于动态性本就难以把握，这种动态结构模型也具有很大的扩散性和不确定性，模型中各要素的边界或内涵缺乏清晰的界定，因此也缺乏足够的实践意义。

（二）不同视角下高阶思维的内涵

仅仅着眼于从定义或概念上去理解高阶思维似乎总有管中窥豹的感觉，因此，我们尝试从不同研究领域的视角去审视高阶思维，希望能够更清晰地把握其内涵。

一是哲学视角下的高阶思维。哲学领域与高阶思维有关的记载估计要追溯到东方的孔子时代和西方的苏格拉底时代了。相传孔子有弟子三千，而孔子教育弟子的方式正是通过提问来启发他们进行广泛而深入的思考，正所谓"不愤不启，不悱不发，举一隅不以三隅反，则不复也"，孔子通常采用问答式教学法，注重让学生自己思考、探索，要能够举一反三，学会迁移运用知识，而教师的作用则是适时地对学生加以引导。这正是培养学生高阶思维的思路和方法。西方的苏格拉底也擅长运用问答的方式来帮助学生获得新知，他认为一切知识都是从疑难中产生的，一个人越追求进步，他所遇到的疑难问题就越多，遇到的疑难问题越多，他的进步也就越大。苏格拉底有自己独特的教学方法，这种方法后来被人们称为"苏格拉底方法"，他教授知识始终是以问答的形式进行的，即使学生回答错误，他也不会直接指出或批评对方的错误，而是针对错误提出新的问题，引导学生一步步修正自己的认识，最终探索出正确的结论。苏格拉底的这种教学方法影响了后世很多学者有关教学方法的研究。后来，有学者总结早期哲学家的教育方式指出，哲学家推广一种方法，该方法旨在训练思维，并防止人类接受谬误论证后得出不适当结论的倾向。路易斯和史密斯对高阶思维的发展过程进行研究时指出，高阶思维可能发生在个体获取新信息和存储信息的过程中，也可能发生在个体遇到问题并探索问题答案的过程之中。[①]可见，哲学视角下的高阶思维主要突出了对逻辑推理和批判性思维的研究。

二是心理学视角下的高阶思维。哲学是一种关于世界观的理论体系，侧重于研究世界与人类的基本和普遍问题，关注事物之间的联系，因此，哲学视角下的高阶思维突出推理逻辑和批判性思维。而心理学主要研究人类的心理现象，以及在这些心理现象影响下的精神功能和行为活动，因此，心理学视角下的高阶思维更加关注思维的过程，并探索这种思维过程是如何发生的，以便帮助人们更加透彻地理解自身。简单来说，心理学视角下的高阶思维关注的是个体如何解决问题。美国心理学家爱德华·李·桑代克（1874—1949）是西方心理学主要流派之一行为主义学派的代表人物，他在研究过程中关注到了人类更高层次的思维过程，基于在学习心理学方面的研究，他将这种高层次的思维过程简化为"联结"。虽然他的研究具有一定的缺陷，但在很大程度上促进了教育心理学的发展，他的研究强调学习的特殊性以及对所学技能和知识的直接经验。此外，以研究人的高级心理过程的认知心理学对记忆、理解和问题解决之间的关系进行了解释，图式理论试图描述个体如何将所得的知识进行组织和表示，以及这种认知结构如何促进个体对知识的运用。20世纪美国心理学家和认知学家斯滕伯格认为，良好的思维方式应当包括一系列发达的思维和学习技巧，个体在学习和日常生活中通过这种思维和技巧来解决可能遇到的问题。[②]遗憾的是，无论是行为主义还是认知主义都没有对高阶思维的内涵做出明确的界定，不过可以明确的是，他们对高阶思维的认识都集中在思维技能方面，关注学习者的问题解决、决策和元认知能力等。

三是教育学视角下的高阶思维。不同于哲学关注高阶思维的逻辑性、

---

① 纪世元. 指向小学生高阶思维发展的课堂问答行为观察研究[D]. 宁波：宁波大学，2021.

② 罗伯特·斯滕伯格，路易斯·斯皮尔－史渥林. 思维教学：培养聪明的学习者[M]. 赵海燕，译. 北京：中国轻工业出版社，2008：17.

批判性特点以及心理学关注高阶思维的思维过程，教育学领域对高阶思维的研究则更加侧重其层级性，教育学将思维区分为了高阶思维和低阶思维。更确切地说，教育目标分类的出现让人们开始关注思维的高低之分。如前所述，20世纪50年代，以布卢姆为代表的一批教育工作者着手研究认知、情感、心理动作等领域的教育目标分类，打开了教育目标分类研究的大门。这些研究者经过探索，最终依据区分学生行为、合乎逻辑并保持内在一致性、与心理相一致、纯粹描述性体系等分类学指导原则，将教育目标由简单到复杂进行分类排列，最终归纳出了六个层级的认知水平，即知识、领会、应用、分析、综合、评价。在布卢姆教育分类目标问世之后，更多学者开始关注和研究教育目标分类，这些研究在很大程度上丰富了对学生思维水平的认识。在这些研究中，安德森对布卢姆教育目标分类所做的修订被后来的研究者和教育工作者广泛接受，成为应用较广的教育目标分类标准。安德森修订后的教育目标分类依然保持六个层级，但与布卢姆的分类相比，更加关注个体的思维或认知过程，这六个层级包括记忆、理解、应用、分析、评价和创造。不难发现，经过修订后的教育目标分类所呈现的是一个具有层次性的连续统一体系，即"理解"的认知程度或者说思维程度比"记忆"更加复杂，"应用"的认知程度或者说思维程度又比"理解"的认知过程更加复杂，以此类推。

（三）本研究对高阶思维的界定

虽然以上有关高阶思维概念的论述大多来自国外学者的研究，但近年来我国学者尤其是教育领域的工作者对高阶思维的关注和研究也在不断增加。例如，苏锡永认为高阶思维在教育过程中主要体现为分类、总结、判断和创新，同时，他指出高阶思维具有严谨性、深刻性、批判性、独创性、敏捷性等特征，教师应该根据高阶思维的特点来思考采用何种教学策略，以促进学生高阶思维的发展。[1]任松华、傅海伦着眼于数学学科领域，认为数学高阶思维是在数学情境中发生的，具有较高认知水平的、为达到某种特定目标或完成某项人物而付诸努力的一种综合性能力，具体包括分析解决能力、数学知识应用能力、创造力和批判性思维等。[2]孙天山认为应该从知识、能力、学习、思维等多个维度来认知高阶思维，高阶知识、高阶能力、高阶学习和高阶思维之间具有相互渗透、相互重叠的关系。[3]汪茂华认为，高阶思维应当包括高阶思维能力和高阶思维倾向两部分，其中，高阶思维能力包括理解、应用、分析、评价和创造能力，高阶思维倾向包括好奇心、毅力等情感态度。[4]

纵观国内外学者对于高阶思维的认识不难发现，虽然人们所处的领域和时代背景，以及研究的视角和侧重点不同，对高阶思维的阐述方式也不尽相同，但这些不同的观点中存在很多共性，比如，学者们普遍认为高阶思维是一种更高层次的思维形式，同时，与高阶思维相对应的是高水平的认知。

在对中外学者有关高阶思维的论述进行综合分析的基础上，结合本研究所着眼的小学数学教学领域，本研究对于高阶思维的界定借用钟志贤先生的观点，即高阶思维是指发生在较高认知水平上的一种能力，它具有综合性、任务真实性、自我反思性、调控性等多种特点，主要表现为问题求解、决策、批判性思维、创造型思维四大能力。[5]

---

[1] 苏锡永. 浅谈数学教学与高阶思维能力培养[J]. 考试周刊，2023（12）：69-72.

[2] 任松华，傅海伦. 思维三元理论指导下的数学高阶思维及培养[J]. 中小学教师培训，2012（12）：46-47.

[3] 孙天山. 基于"问题"的高阶思维课堂教学架构研究[J]. 中学化学教学参考，2016（9）：1-5.

[4] 汪茂华. 高阶思维能力评价研究[D]. 上海：华东师范大学，2018.

[5] 钟志贤. 教学设计的宗旨：促进学习者高阶能力发展[J]. 电化教育研究，2004（11）：13-19.

二、小学数学高阶思维

(一) 小学生的高阶思维

教育领域相关的理论研究通常会涉及教育学、心理学等多个学科的内容，这一点在前文中有关高阶思维的论述中也不难看出。因此，我们对小学数学高阶思维概念的界定也要从教育学和心理学两个学科领域着手。一方面，要根据心理学的相关研究来把握小学生认知发展的特点和规律；另一方面，要根据教育目标分类的相关理论来了解小学生认知发展的层次性。

布卢姆教育目标分类理论的最大特点在于比较清晰地对高阶思维和低阶思维进行了划分，具有较强的实用性，因此，教育领域关于高阶思维的理解和界定受布卢姆教育目标分类理论的影响较大，即通常认为记忆、理解和应用属于低阶思维，分析、评价和创造属于高阶思维。但从心理学的角度来看，个体的认知是具有发展性的，思维水平从一个阶段发展到另一个阶段不是通过一次性跃迁实现的，而是一个从量变到质变的过程。因此，对不同学段学生的高阶思维不能一概而论。根据皮亚杰的认知发展理论，儿童的认知发展可以分为四个阶段，即感知运动阶段、前运算阶段、具体运算阶段和形式运算阶段。小学生正处于具体运算阶段，他们的认知发展正在不断地形成概念经验，由具体思维逐渐向抽象思维发展，对事物的理解通常要借助具体情境。根据小学生的这些实际特点再审视布卢姆教育目标分类，我们就不能简单地说"对小学生来说记忆、理解、应用是低阶思维，分析、评价、创造是高阶思维"了。我们可以将"理解"视作小学生的高阶思维在认知层面的起点层级，那么，对于小学生来说，理解、应用、分析、评价、创造所描述的便是他们怎样做以及做到什么程度的高阶思维的过程。[1]据此，我们可以将小学生的高阶思维定义为小学生在学

---

[1] 纪世元. 指向小学生高阶思维发展的课堂问答行为观察研究[D]. 宁波：宁波大学，2021.

习知识、技能或解决问题的过程中，所表现出来的理解、应用、分析、评价和创造思维，这是一系列超越了感觉、知觉、记忆等基本的思维的高水平思维。

（二）小学数学高阶思维

虽然目前学术界对于数学高阶思维这一概念并没有形成统一的认识，但从已有的相关研究和数学教学实际来看，我们可以将数学高阶思维概括理解为是个体在进行数学活动时所具有的一种较高层次的思维方式和认知倾向，它是高阶思维在数学这种特定情境中的一种特殊表现，我们可以将其视为高阶思维的下位概念或高阶思维的一种类型，是高阶思维和数学思维的融合体。

虽然以上有关数学高阶思维的界定很容易让人理解，但它实际上具有很强的模糊性，在数学教学实践中缺乏实用性。很多学者在研究中都遇到了这一难题，即由于思维的复杂性，对思维进行清晰而全面的界定便成了一件比较困难的事。为了解决这一问题，学者雷斯尼克另辟蹊径，他发现虽然准确概括高阶思维比较困难，但高阶思维所表现出的特点却容易被识别，因此，他通过概括高阶思维的突出特点来界定高阶思维，为高阶思维的概念界定和其他相关研究开辟了一条新路。雷斯尼克总结的高阶思维的特征包括复杂性、不确定性、自我调控性、多准则应用性、不可预测性等九个方面。[1]周超在综合分析国内外有关数学高阶思维的研究的基础上，从思维品质的角度对数学高阶思维进行了界定，认为数学高阶思维具有深刻性、灵活性、独创性、批判性、敏捷性等五个方面的特征，同时，他指出这五个方面的特征并不是完全分离、相互独立的，它们是一种互相渗透、互相联系的统一体。[2]

---

[1] 张敏．培养小学生高层次数学思维的研究［D］．苏州：苏州大学，2020．
[2] 周超．数学高层次思维的界定及评价研究［D］．苏州：苏州大学，2003．

第二节 小学数学高阶思维的特征和表现形式

把握特点是研究事物的重要方式。思维、高阶思维都具有较强的抽象性，为了提高对抽象性事物的认识和理解，更加有效的方式是抓住其突出特点，进而研究其具体表现，从具象到抽象来加深对事物的理解。因此，我们在总结理论研究和实践经验的基础上将小学数学高阶思维的特征归纳为主动性、深刻性、灵活性、批判性、独创性等五个方面。同时，从实践的角度出发，将小学数学高阶思维的表现形式总结为应用能力、分析能力、评价能力、创造能力等四个方面。

一、小学数学高阶思维的特征

如前所述，有些学者在研究数学高阶思维概念时，为了避开"思维"这一概念复杂、难界定的问题，通过分析数学高阶思维的特点来界定数学高阶思维。因此，本研究借鉴了瑞思尼克等学者有关数学高阶思维特点的研究，并结合教育教学实践，总结出小学数学高阶思维的显著特征主要包括主动性、深刻性、灵活性、批判性和独创性等五个方面。

（一）小学数学高阶思维的主动性

从本质上看，高阶思维的内涵包括两个方面，一是高阶思维倾向，二是高阶思维能力。其中，高阶思维倾向是指高阶思维的情感态度，如对知识的好奇心、对探求真相的渴望、持之以恒的态度、即使面对挫折仍坚持不懈的品质等。这些情感态度从根本上来说具有强烈的个体主观能动性，因此，我们将其概括为主动性。小学数学高阶思维的主动性则主要是指学生在高阶思维的驱动下，能够积极主动地发挥自己的潜力进行思维活动，对数学知识和问题进行自主思考和探索。

主动性是学生内在的情感态度，这种情感态度映射在行为上则有很多不同的表现。例如，学生表现出对数学知识充满好奇心，能在学习数学的过程中感到快乐、满足；积极主动地学习数学知识、探索数学问题，在数学课堂上能够认真听讲，能够自觉积极地参与课堂讨论与合作；对数学学习充满主动性，能够自主建构知识，而不是被动地接受知识；对数学问题充满兴趣，热爱探究数学问题，即使遇到困难或挫折也能够坚定地探索和思考；能够自主地运用数学眼光和思维去看待事物，善于发现生活中的数学元素，善于发现数学在现实生活中的价值和意义。

（二）小学数学高阶思维的深刻性

数学是人类对事物的抽象结构与模式进行严格描述、推导的一种通用手段。可以说，数学是对现实世界的抽象，这种抽象是对现实表象内部规律的总结，而对这种抽象进行理解和研究就需要具备超越基础直觉思维的更高级的思维，即数学高阶思维。学生运用数学高阶思维对数学知识和问题展开数学活动，进行深层次的理解和感悟，透过数学情境的表象，去发现问题的本质。

概括而言，学生数学高阶思维的深刻性体现在数学情境和数学活动中，并最终应用于社会生活中。[1]例如，学生能够运用数学基础知识对数学概念、定理、问题等进行深层次的分析和理解；在数学活动中能够对比较复杂的数学问题、现象进行深入理解，能够通过思维活动理清问题的内在逻辑；能够随着学习进程的持续推进而不断深化自己的数学认知体系，对数学知识产生更深刻的认识；能够由具象到抽象，看到数学情境等表象背后所蕴含的数学本质问题。

（三）小学数学高阶思维的灵活性

具备数学高阶思维的小学生应当具有这样的表现，即当他们面对数学问题时，能够多角度、多层次地观察现象并分析问题，以此来全面把握解决实际问题所需的数学知识理论，同时，还能够运用正向、逆向思维对问

---

[1] 王胜楠，唐笑敏，王罗那. 基于数学抽象素养的思维深刻性培养策略研究[J]. 中小学数学（高中版），2022（11）：1-4.

题进行多角度地研究与分析。例如，学生在数学学习活动中，能够准确地选择和应用数学知识，打破单纯的机械记忆和简单迁移应用的低级思维；能够多角度、多层次地系统性地分析数学问题，从而在思考和解决数学问题时，更全面地对问题进行理解、把握；既能够运用正向思维来理解数学对象，又能够运用逆向思维来反思数学问题，从而形成更加全面、客观的数学认知；能够从多种解题思路和方法中洞察问题本质，以此不断提升思维层次。

（四）小学数学高阶思维的批判性

数学高阶思维得到发展的小学生，并非被动地理解和接受数学相关事物，而是能够在数学高阶思维的影响下，以批判性的眼光去审视数学信息以及蕴含数学元素的事物，能够对观察和理解的对象提出不同的看法，并且当发现所谓权威知识或观点可能存在瑕疵时，敢于对其提出质疑和批判。例如，在数学学习中，学生展现出一种积极而理性的学习态度，他们主动审视教师传授的知识，避免无条件地接受，而是采取一种客观分析的态度；同时，他们勇于表达个人见解，不轻易被权威所束缚，展现出独立思考的精神。对于数学活动的过程，学生以批判性思维进行审视，通过反思来洞察潜在的问题与不足，这一过程促进了他们的深度理解。此外，学生还具备良好的自我反思能力，他们会定期回顾自己的数学学习过程，诚实地评估自己的表现，识别出自身的薄弱点，并以此为契机，积极吸取经验教训，致力于自我提升。在寻求解决方案时，学生展现出灵活的思维，能够比较并权衡多种思路和方法，旨在找到最适合自己且最高效的解题路径，这种能力对于培养创新思维和解决问题的能力至关重要。

（五）小学数学高阶思维的独创性

在数学高阶思维的引导下，小学生能够独立地实现对个人数学知识体系的构建，并能够根据自身特点有选择性地吸收和内化外界信息，并在此过程中不断建立起独具特色的数学思维品质。例如，学生勇于超越传统思维的桎梏，积极开拓思维边界，寻找并实践解决问题的独特路径与方法。

他们拒绝盲目跟从，而是基于个人理解和实际情况，自主构建个性化的数学知识结构与认知网络。在面对问题时，学生展现出非凡的创造力，能够独辟蹊径，从新颖且富有洞察力的角度审视，融合实际生活案例或其他学科领域的智慧，以跨界思维激活数学知识的应用潜力。这种不拘一格的探索精神，正是他们积极创新意识的具体体现，促使他们在数学的广阔天地中不断突破，实现知识与思维的双重飞跃。

二、小学数学高阶思维的表现形式

思维是一种精神或智力活动，是个体大脑对客观事物的反应过程，具有内在性和复杂性。因此，我们无法通过直观地方式对思维进行观察和研究，而需要通过思维所对应的具象化、可观察的外在表现来对其进行研究。具体来说，小学数学高阶思维的表现形式主要包括以下几个方面。

（一）应用能力

小学数学高阶思维视域下的应用能力是指学生能够对数学知识进行深层次地掌握，可以灵活地运用所学的数学知识（如数学概念、定理、公式等）去解决具有一定难度的数学问题。需要注意的是，并非所有运用数学知识解决数学问题的能力都属于小学数学高阶思维视域中的应用能力，对数学知识的简单套用或简单的运算能力等，并不属于小学数学高阶思维概念下的应用能力。这里的应用能力更侧重于指学生在对数学知识实现深度理解的基础上，运用相应的数学知识去解决问题。可见，作为小学数学高阶思维表现形式之一的应用能力，在一定意义上可以称为问题解决能力。

问题解决是学生学习的高级阶段，也是小学数学教育立足学生核心素养发展的教学总目标之一。《义务教育数学课程标准（2022年版）》中指出，义务教育阶段的数学教学应使学生"运用数学和其他学科的知识与方法分析问题和解决问题"。虽然在字面意义上这不难理解问题解决能力的内涵，但在小学数学教学实践中，判定学生所表现出来的能力是否为数学高阶思维概念下的问题解决能力并不是一个简单的问题。

学界有关"问题解决"的研究和讨论也非常丰富，纵观已有的相关理论和观点，结合本研究所着眼的小学数学高阶思维这一特殊领域，笔者将学界有关"问题解决"的观点主要归纳为三种。一是将数学问题解决看作一套由思维程序驱动的、有条理的技能。二是将数学问题解决视为个体大脑中所运行的一个智力过程，确切地说是个体大脑对问题情境的一种反应过程，这个过程一般包括理解、计划、实施、检验四个环节。三是认为数学问题解决是一种复杂的心理活动，在这种心理活动中包含着多种技能，如理解、联想、推理、抽象、分析、综合等。

本研究倾向于将问题解决视为一种能力，且这种能力表现出来时需要经历某些认知过程，如表征、推理、反思等。例如，通过对条形统计图的深入学习和理解，学生具备了运用条形统计图解决实际问题的能力（即高阶思维概念下的应用能力）。此时，教师可相机引导学生运用条形统计图的相关知识来解决班级营养餐的分配问题，学生首先需要将所面临的问题在头脑中进行理解，这个过程可以视为"表征"；随后，需要对问题的具体内容进行细致的分析、推理，然后结合自己所掌握的数学知识解决问题。如此过程便是学生数学高阶思维中应用能力的体现。

（二）分析能力

根据布卢姆、安德森等人有关教育目标分类学的研究，高阶思维概念下的分析能力只能够将知识进行分解和判断，即将整体结构分解成多个组成部分，并判断每个部分的价值，明确不同部分之间的联系，并能把握各个部分与整体之间的联系。[1]与应用能力一样，小学数学高阶思维概念下的分析能力也是一种认知过程。从思维层面审视分析能力运行的过程可以发现，分析能力一般包括三个环节，即区别、组织和归因。因此，我们可以通过研究这三个环节来深入了解分析能力。

---

[1] 安德森，等．学习、教学和评估的分类学：布卢姆教育目标分类学修订版[M]．皮连生，译．上海：华东师范大学出版社，2007：108．

首先，区别环节。区别是指能够将所面临的知识或信息中的重要部分辨别出来，或者能将其中符合一定标准或需要的部分与其他内容区别开来。从微观上看，区别也是一种思维过程，它通常发生在分析知识或信息的初始阶段，是对知识和信息的初步处理。在区别的过程中，个体需要对知识或信息进行整体把握，并对其各个组成部分进行分类，发现各个部分的异同和联系，挑选出其中联系最为密切和重要的部分，同时剔除其中重要程度较弱的部分，以便更好地把握知识或信息的核心，为后续的思维环节做准备。

其次，组织环节。个体通过组织环节的思维过程，将区别环节中获得的重要信息之间按照一定的逻辑建立内在的联系。组织环节是分析能力的关键环节，也是最为复杂的环节，通过这个环节，个体可以更深入地了解所面对的知识或信息；可以提炼或概括出知识或信息的核心内容；可以将区别环节所获得的重要信息串联起来。

最后，归因环节。归因是一种思维过程，也是一种能力，是个体通过对知识或信息进行区别和组织之后，找出知识或信息中隐含的目的、价值、观点、倾向等内容的能力。归因是对信息之间的关系进行因果解释或推论的过程。虽然从概念上看归因似乎就是"解释"，但二者之间存在着根本上的不同，归因的前提是对信息进行深入的分析、思考、结构，进而发现各种信息之间的关系；而解释通常是对信息之间的逻辑关系进行直接分析。所以，归因比解释的难度更大。在整个分析思维过程中，归因是最后一个环节，也是获得关键信息的一环。

例如，在面对问题"每个笔记本3.5元，妈妈给了小涵和姐姐15元钱，她们每人想买2本笔记本，这些钱够吗？"的时候，学生需要通过区别环节将问题中的重要信息每个笔记本3.5元、共有15元、每人2本等挑选出来，然后通过组织环节理清这些信息之间的关系，最后运用乘法、除法等数学规则逐步分析，最后得出结论。

（三）评价能力

小学数学高阶思维概念下的评价能力是指根据一定的准则和标准对数学相关的内容进行判断，或进行批判性的审视和思考，并给出科学合理的解释或说明。在很多数学认知过程中都可能存在判断，但并不是所有的判断都属于小学数学高阶思维概念下的评价。例如，"1是整数"是一种判断，但这只是对某具体事物是否符合某明确标准所进行的评判，并不涉及高阶思维。小学数学高阶思维概念下的判断或评价，是在对事物进行深入分析的基础上，根据清晰定义的标准对其进行评估。例如，有关乘车方案的设计问题，最后提问是这几种乘车方案，哪种方案更省钱？对于这个问题的思考和解答就属于评价性判断。小学数学高阶思维概念下的评价思维一般包括两个认知环节。第一个环节是核查。核查是一个比较复杂的思维过程，是指能够判断一项执行流程与得到的产品之间，是存在内部一致性，还是存在矛盾或谬误。[1]例如，在学习简易方程时，学生解方程之后需要对得到的结果进行检验，就属于核查。第二个环节是评判。评判是指基于外部准则和标准对一项执行流程或者得到的产品进行判断。[2]沏茶问题、赛马问题等类似问题的解决过程中都需要有评判环节。需要注意的是，这里所说的外部准则和标准既可以是已经规定好的，也可以是学生自己确定的准则或标准。

（四）创造能力

一般意义上的创造能力是指在已有的条件或预设目标下，创造出有价值的、新颖的产品的能力。小学数学高阶思维概念下的创造能力主要是指学生在数学知识的学习或数学问题的解决过程中，能够从多个角度进行分析，通

---

[1] 安德森，等．学习、教学和评估的分类学：布卢姆教育目标分类学修订版[M]．皮连生，译．上海：华东师范大学出版社，2007：163．
[2] 安德森，等．学习、教学和评估的分类学：布卢姆教育目标分类学修订版[M]．皮连生，译．上海：华东师范大学出版社，2007：164．

过适当地改变或增加条件从而生成新的问题。从思维运行层面上看，创造能力的思维过程包括发散、聚合、生成三个环节。布卢姆教育目标分类中将这三个环节对应的能力分别界定为产生能力、计划能力和生成能力。

其中，产生能力是指个体将数学知识或信息呈现在头脑中时，为了解决问题而提出各种可能的问题解答，其中既包括符合标准的或者说正确的假设和问题解决方案，也可能包括不正确的假设和解决方案。在这个环节中，发散思维发挥了主要作用，在其影响下，个体可能会提出超出已有知识或理论的假设与问题解决方案。产生能力或者说思维发散环节是创造能力的基础环节，也是关键环节。

计划能力是指为了分析上一个环节中提出的假设和解决方案是否合理，而形成的解题步骤和规划能力。计划能力是聚合思维环节不可或缺的，在它的主要作用下，聚合思维环节将相关假设和解决方案转化成可执行的思维计划。由计划能力做主要支撑的过程主要包括两种，一是目标分解过程，即将假设的目标分解成多个子目标。二是任务分解过程，即将假设的任务分解成多个子任务。需要注意的是，个体在运用计划能力时并非一定要将计划明确地出来，在头脑中抽象地拟定计划内容就可以。

生成能力是指在执行计划之后，且满足了某种规定的前提下，形成结论的能力。[1]生成环节是在前两个环节基础上运行的，是前两个环节的"水到渠成"，或者可以说是在前两个环节之后的建构环节，所以，生成环节所对应的生成能力并不需要一定具备独特性。

如前所述，小学数学高阶思维是一个复杂的概念，其具体表现形式也并不只有以上几种，以上所列举的只是对于小学数学教学和小学生思维发展比较重要的几个方面。另外需要注意的是，小学数学高阶思维概念下的应用、分析、评价、创造等思维之间并不是完全割裂的，而是相互依存、相互影响的。

---

[1] 郭靖文. 在小学数学概念教学中培养学生高阶思维能力的研究 [D]. 厦门：集美大学, 2022.

第三章 "四何"问题的概念及价值

第一节 "四何"问题的概念

在梳理清晰了高阶思维、小学数学高阶思维等本研究的基础概念后,本节将对课堂提问、"四何"问题等本研究相关的核心概念进行透彻分析,以进一步明确相关基本概念,为后续的理论分析,以及未来课堂教学中的实践和探索奠定基础。

一、课堂提问

在第一章第二节中,我们对我国有关课堂提问的研究概况和主要内容进行了概括性梳理,了解了当前我国课堂提问的研究的基本情况,在此我们进一步对国外有关课堂提问的研究进行了解,以更加全面地把握课堂提问相关研究的发展脉络。外国学者对课堂提问的研究开展得较早,相关研究成果也比较丰富,在查阅和分析国外有关课堂提问的研究资料的基础上,将其中对本研究比较具有借鉴意义的几个方面的研究总结如下。

(一)有关课堂提问功能的研究

国外学者最初对课堂提问的研究比较笼统,研究的方式也颇具"粗放性"。例如,1912年,美国教育家史蒂文斯开始对教师在课堂上的提问行为进行研究，最初他关注的问题是"在一节课中教师要提问多少次"，在对课堂教学进行了长达四年的深入研究之后，史蒂文斯对四年来收集到的大量数据进行研究发现，小学教师在课堂教学中提问的数量十分惊人，平均80%的课堂时间都用于提问、等待回答和理答，并且教师提问的质量参差不齐。在此基础上，他通过进一步调查研究发现课堂教学有固定的问答循环，提问是实现课堂有效教学的核心。[①]1967年，美国心理学家布莱默和佩特调查了190个小学教师的课堂提问理由，最终发现教师们课堂提问的理由不尽相同，但他们都将课堂提问视为实现教学目的的途径。

即便研究的方式和对象并不相同，但从国外学者早期有关课堂提问的研究中不难发现，他们都试图通过调查研究总结课堂提问的功能。在这些有关课堂提问功能的研究中，影响较大的主要有以下四种。一是美国教学论专家L. H. 克拉克和I. S. 斯塔尔总结出的课堂提问的十九种功能，如培养兴趣、检测学习情况、复习等。二是卡林和桑德（Carin & Sund）总结出的课堂提问的十种功能，如激发学生兴趣、鼓励学生讨论问题、帮助学生建立积极的自我观念等。三是汉金斯（Hunkins）总结出的课堂提问的四种功能，包括提示重点功能、扩增功能、分布功能、秩序功能。四是威廉·威伦（William Wilen）等人总结出的课堂提问的五种功能，包括用以完成教宽泛的课堂教学目的，积极影响学生的学业成就，促使学生积极主动地参与课堂互动，鼓励学生思考，促使学生提出更好的问题。

（二）有关提问策略的研究

随着对课堂提问研究的逐渐深入，研究者们所关注的问题也越来越细致。而人们除了希望通过研究更清晰地认识课堂提问之外，更重要的目的是通过研究总结和探索出能够指导教育教学实践的规律或策略。所以，课堂提问策略的研究逐渐成为人们关注的重要内容。

---

① 金传宝. 美国关于老师提问的技巧研究[J]. 课程·教材·教法, 1997（2）: 54-57.

黑尔达·塔巴（1902—1967）是美国著名的课程理论家。20世纪60年代，塔巴及其同事围绕有效发展学生思维这一中心目标，研究出了一套课堂教学提问策略，并通过实践证实了这套提问策略的有效性。塔巴及其同事研究的课堂提问策略，详细说明了有助于学生关注某个特定思维操作的核心问题的先后顺序。[①]后来又有学者针对教师有效设计课堂提问总结出了九条策略，如问题措辞必须清晰明确、问题要符合学生的能力水平、问题之间要有水平区分度、问题要能调动学生参与课堂教学的积极性等。伊凡·汉耐尔等人提出的高效提问七步骤更加简洁明了，这七个步骤包括贴标签、比较、列清单、解码、回答问题、应用和下结论。[②]

（三）有关提问类型的研究

桑德斯（Sanders）在布卢姆教育目标分类的基础上，按照认知水平由低到高将问题分为六种类型，即知识性问题、理解性问题、应用性问题、分析性问题、综合性问题和评价性问题。后来，坎安宁（Cunningham）对这些问题进行重新归类整理，最终将其概括成了三种类型的问题，即事实回忆性问题、概念性问题和评价性问题。其中，概念性问题又细分为封闭性问题和发散性问题。除了依据认知水平分类之外，国外也有学者按照问题课堂教学内容的相关性对课堂提问进行分类，主要分为事实性问题、推理性问题和开放性问题三类。但从根本上看这种分类方式依然没有脱离思维或认知水平的依据。

随着研究的逐渐深入和研究思路的不断拓展，有些研究者开始突破思维或认知水平的限制，提出更加多样化的课堂提问分类标准，例如，莫尔（Moyer）在分析了2500个问题后提出可以将课堂提问分为"是什么""为什么""怎么样"三种类型。

[①] 丹东尼奥,贝森赫兹.教师怎样提问才有效：课堂提问的艺术[M].宋玲,译.北京：中国轻工业出版社,2015：109.

[②] 伊凡·汉耐尔.高效提问：建构批判性思维技能的七步法[M].黄洁华,译.汕头：汕头大学出版社,2003：41.

二、课堂提问模式

课堂提问是教师在课堂教学中根据学生知识技能水平、学习特点、学习需求等各方面的情况，结合教学目标，有计划地向学生提出问题，从而达到激发学生思维、引导学生深入思考、检验学生对知识的掌握情况等目的，促进完成学习目标或教学任务，提高学生的核心素养。

教师的课堂提问并不是随意为之，而是有计划、有目的地设计问题，并在课堂教学中，根据教学进度、教学内容、学生课堂表现等具体情况适时地提出问题，为学生的学习和思考提供"脚手架"，促使学生积极主动地参与课堂教学。在长期的教学实践和教学研究中，包括一线教师在内的众多学者根据教育教学理论和课堂教学经验，总结出了一系列在不同学科、年级的课堂教学中都可以"套用"的课堂提问模型，或称为课堂提问模式。

通过搜集整理相关资料发现，当前课堂提问模式主要包括以下几种分类方式。一是根据提问的主体、客体，以及发问的顺序的不同，分为"师—生""生—师""生—生"课堂提问模式。不难发现，这种分类方式着眼于课堂教学过程中可能发生的所有"提问"，提问的主体包括教师和学生，提问的对象也以教师和学生为主。但鉴于本研究主要针对课堂教学中教师向学生提出问题这种课堂提问模式，因此，有关"生—师""生—生"的课堂模式我们在此暂不做讨论。二是根据提问的功能不同，分为启发式提问、支配式提问、讨论性提问等。三是根据提问目的的不同，分为"发问—讨论"式提问、"反思—建构"式提问、"探究—发现"式提问。

虽然课堂提问模式有多种类型，不同类型下具体的提问方式更是五花八门，但我们研究和实施课堂提问的最终目的都是优化课堂教学效果，促进学生核心素养的发展和提升。因此，有经验的教师在教学实践中并不会单纯、刻板地使用某一种提问模式，而是根据课堂教学实际适时地调整提问策略，并选择相应的提问模式，以"导"代"教"，促进学生思维能力的提高，保障学生的课堂主体地位。

三、"四何"问题

（一）麦卡锡的"自然学习模式"

1979年，美国教育家麦卡锡及其团队以大卫·库伯的学习圈理论、信息加工理论等理论为基础，并结合教育学、心理学、脑科学等各相关领域的研究成果，总结出了"自然学习模式"，又称为"四元学习循环圈"，或4MAT（4 Mode Application Techniques）。该学习模式经过了麦卡锡及其团队的不断试验和改进，并在美国中小学教学改革中被广泛采用，很快被当作行动学习的指导理论之一。

自然学习模式将学习视为一个自然的过程，并将学习看作由"为什么—是什么—应怎样—改是否"（Why-What-How-If）四个环节组成的循环圈，同时，这四个环节所对应的学习性质分别为"关注意义—形成概念—掌握技能—灵活应用"，从教学的角度来看，与这四个学习环节相对应的是八个教学步骤。[①]自然学习模式如图3-1-1所示。

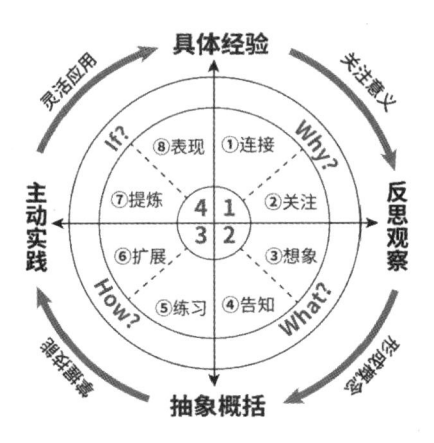

图3-1-1 自然学习模式

[①] 左志宏，王敏，席居哲.McCarthy学习风格的分类及其4MAT教学设计系统[J].上海教育科研，2005（10）：69-72.

在学习时，学习者以具体经验为起点，先关注学习的意义，再对学习内容进行观察、反思，在头脑中形成有关学习内容的概念性认识，进而通过抽象概括将学习内容内化为自身的知识或技能，最后在实践中主动应用所学知识或技能，完成学习循环圈的最后一个环节，再回到具体经验开启新的学习循环。

概括而言，自然学习模式既包括学习者的学的内容，也包括教学者的教的内容，即学习者的四种风格，以及教学的四个象限和八个步骤。

（二）学习者的四种风格

根据脑科学的研究显示，人类大脑的左右半球具有不同的思维方式，左半球主要负责逻辑、有序的理性思维，右半球主要负责无序、随意的直觉创新。麦卡锡认为，由于个体大脑左右半球的思维方式和特点的不同，加之个体学习经验、年龄、生活环境等各种因素的差别，导致人们在学习方面所表现出来的感知能力、感知方式、思维特点、信息加工方式等都不尽相同。也正是这些不同造就了个体独特的学习风格。因此，麦卡锡将学习者的学习风格划分为四种类型，即想象型学习者、分析型学习者、常识型学习者、活力型学习者。同时，他还指出了每种风格的学习者的优势和劣势、兴趣和需要。

1.想象型学习者

想象型学习者通常喜欢思考"为什么（Why）"。他们对与自身有一定关系的学习内容或情境十分感兴趣，当知道所学习的内容对自身而言是重要的或者是在生活中有用的，他们的学习兴趣就比较高，并且乐于倾听他人的观点和分享自己的想法。同时，他们习惯于通过具体情境感知信息并进行思考，而对抽象的学习内容望而却步。对于想象型学习者，教师需要将学习内容与学生已有的经验建立联系，将学习内容融入与学习者相关的具体情境中，或让学习者参与角色扮演等教学活动，以激发他们学习的兴趣。同时，通过讨论、分享等活动为其提供倾听与分享的机会。

2.分析型学习者

分析型学习者通常喜欢思考"是什么（What）"。他们倾向于对信息进行深度分析和思考，喜欢探究问题的本质和背后的原因，喜欢对学习内容进行深入分析、对比和总结，例如，通过测量获得物体的重量或高度数据并对数据进行对比分析：某组数据说明了什么问题、不同的数据之间有什么区别等。他们擅长通过思考和逻辑推理来解决问题，追求精确和完美。在课堂学习中，分析型学习者注重听讲和笔记，善于从教师的讲解中获取知识，能够有效地吸收和记忆知识。但分析型学习者缺乏足够的创造性，对角色扮演活动兴趣不足。因此，对这种类型的学习者来说，为他们提供明确的任务和指导，鼓励他们在安全的环境中进行尝试和探索，是非常重要的。

3.常识型学习者

常识型学习者通常喜欢思考"怎么样（How）"。他们喜欢研究抽象信息，喜欢实践操作和进行策略性思考，善于通过不断练习来掌握知识，并将学习到的知识或技能用于解决实际问题。他们擅长并热衷于解决与现实实践任务相关或类似的问题，例如，"你所在的班级将用200元班费购买植物布置植物角，要注意植物的多样性和易成活性"，解答这样的问题不仅要用到加减法等计算技能，还需要综合考虑植物的种类、习性等常识。动手操作的学习任务，或需要具体实践的学习活动通常适合常识型学习者，但耗费时间又缺乏实践意义的学习任务对他们来说缺乏足够的吸引力。因此，针对这种类型的学生，教师可以为其设置具体的练习或操作任务，并通过具体问题驱动他们进行学习、思考，从而获得知识和提高素养。

4.活力型学习者

活力型学习者通常喜欢思考"如果……那么……（If）"。他们思维活跃，相信自己的直觉，喜欢挑战有难度和开放性的问题或任务，通过实践获取经验，或者在不断试错中总结经验教训的学习方式是他们偏爱的学习方式。他们不愿囿于常规，喜欢创新，善于用不同寻常的视角去观察和思考人们习以为常的事物，并从中获得新发现。这种类型的学习者喜欢变化，具有非常活跃的发散式思维，容易对固定不变的实践或学习方式感到厌倦，喜欢变换不同的角度思考问题，热衷尝试新鲜事物，这在一定程度上使得他们缺少足够的"定性"，容易在任务还未完成时就跳跃到另一个任务。能够给予学习者充分自主空间的自主学习适合活力型学习者，若要求他们按照固定的步骤进行学习或完成任务，或要求他们注重细节，会降低他们对学习或完成任务的兴趣。

需要注意的是，虽然从表面上看麦卡锡区分出了四种泾渭分明的学习风格，但进行这样的划分并不是为了给学习者"贴标签"，或者在教学中专门采取适合某种风格学习者的教学方式，以优化教学效果。而且，同一个班级上并不是只有一种风格的学生，仅采取一种特定的教学方式并不现实。之所以对学生的学习风格进行分类，是为了更清晰地了解每种学习风格的特点，进而设计能够让各种学习风格的学生扬长避短的教学模式。

（三）教学的四个象限

在自然学习模式（学习循环圈）的基础上，麦肯锡又根据学习者感知和加工信息的不同方式概括出了教学的四个象限，如图3-1-2所示。学习者感知信息的方式并不相同，有的侧重通过具体经验，如感知器官、情绪、记忆等获得信息；有的侧重通过思考将信息转化成思想、语言等。在加工信息方面，不同的学习者也有不同的特点，有的学习者擅长反思观察，对信息进行结构化、序列化的加工，或对信息进行逻辑推理；有的学习者擅长实践行动，通过应用或操作等实践方式，来检验、理解或吸收信息。当感知信息和加工信息这两个维度相交时，就构成了一个四象限图，其中的每一个象限对应一种类型的学习者。在教学时，教师可以综合考虑学习者的不同风格设计不同的教学方式。

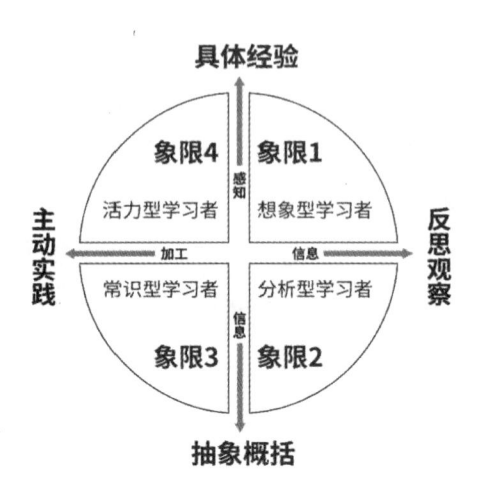

图3-1-2 自然学习模式的四个象限

象限一对应的是想象型学习者，同时，在教学层面上对应的是教学启动的环节。教师应该结合具体的教学内容，并综合考虑想象型学习者的特点，设计具有吸引力的教学情境，促进学生关注教学内容，激发他们学习的兴趣和动机，从而更好地进入学习状态。

象限二对应的是分析型学习者，同时，在教学层面上对应的是知识呈现环节。教师需要结合所要呈现的具体知识或事实，并综合考虑分析型学习者的特点，引导学生对知识或事实进行反思、分析，促使学生将个人经验与新知识进行有效整合，实现知识或经验的建构。

象限三对应的是常识型学习者，同时，在教学层面上对应的是知识的应用环节。教师需要结合具体的练习任务或实践操作，并综合考虑常识型学习者的特点，引导学生通过完成任务或实践操作，加深对知识的理解，实现知识的迁移运用，能够将所学的知识运用到解决实际问题的过程中，将知识转变为技能。

象限四对应的是活力型学习者，同时，在教学层面上对应的是知识的创造性运用阶段。教师需要在考虑活力型学习者特点的基础上，围绕所教授的知识，设计灵活的活动方式，如经验交流会、实验展示、辩论会、成果报告会等，促使学生在和谐开放的氛围中充分交流、表达，并大胆地提出疑问，引导学生将前三个环节中所获得的经历、体会、收获充分整合，促进知识的内化，培养创新精神。

（四）教学的八个步骤

为了使研究成果更具有实用性，麦卡锡对教学的四个象限进一步细化，每个象限划分为两个步骤，总共分解成为八个具体的教学步骤，如图3-1-3所示。

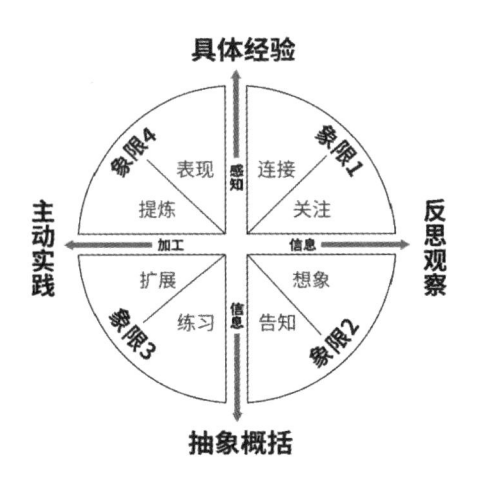

图3-1-3 八个教学步骤

连接和关注。这两个步骤属于第一象限教学的启动环节，目的在于引导学生关注教学内容，使学生在个体经验与学习内容之间建立联系。具体而言，教师可以根据学生的经验设置学习情境，使学生在熟悉、具体的体验中开启学习。"关注"不仅是指要引发学生对学习的兴趣和关注，更重要的是要引导学生对联系中所呈现的经验进行思考，明确学习的意义。

想象和告知。这两个步骤属于第二象限教学的知识呈现阶段。想象是指引导学生多角度、全方位地了解知识，对知识进行思考和分析，实现对知识的初步掌握。告知是在学生对知识进行全面思考和分析之后，将权威、专业的概念知识呈现给学生。

练习和扩展。这两个步骤属于第三象限教学的知识应用阶段。练习是指教师为学生布置任务，引导学生运用在上个环节中学习到的知识去解决问题，巩固知识的掌握。扩展是指在学生掌握知识的基础上，引导他们对知识进行延伸性思考，从而更加全面透彻的理解知识。

提炼和表现。这两个步骤属于第四象限教学的创造性运用阶段。提炼是指引导学生对所学到的知识进行分析、评价，从中总结出可以应用于实践的方法，实现知识的转化和迁移运用。表现是指引导学生对所学到的知识进行深层次的加工，进一步促进知识的内化，可以通过辩论、分享、展示等活动来实现。

（五）"四何"问题

在长期的课堂教学实践应用中，有学者以麦卡锡的自然学习模式为基础，总结出了一种课堂提问模式，即"四何"问题模式。"四何"是对四种问题类型的简称，这四种问题类型分别是"是何"问题、"为何"问题、"如何"问题、"若何"问题。

"是何"问题主要针对的是事实性问题，用以检验学生对事实性问题的掌握情况；"为何"问题主要针对的是原理、法则、逻辑等，用以检验学生对原理性知识的掌握情况；"如何"问题主要针对的是方法、途径、状态等，用以考查学生对策略性知识的掌握；"若何"问题主要针对的是条件变化的情况，用以考查学生对条件变化后的新情况的推导或预测，用以考查学生对创造性知识的掌握情况。以布卢姆认知目标分类衡量"四何"问题，可以发现其中的"是何"问题属于低阶思维，其余三种问题属于高阶思维。[1]

---

[1] 李玉良，泮桂秋."四何"问题设计引导高阶思维训练[J].基础教育课程，2017（6）：73-75.

"四何"问题模式对于教学的实践意义在于,为教师设计课堂提供了一种以思维的梯度为区别标准的模式或策略。在教学实践中,教师运用"四何"问题模式设计课堂提问,并非刻板地将这四类问题运用到课堂教学中,而是要根据教学内容,结合教学目标、学情等具体情况"调和"运用这四种提问类型,以更好地实现教学目标,促进学生知识水平的提高或高阶思维的发展。例如,在小学低年级的数学教学中,涉及知识识记、简单运算等基础知识的内容较多,教师在课堂教学中可能会更多地使用"是何"问题,相对来说对应小学数学高阶思维的为何、如何、若何问题的使用率可能就较低。而小学高年级的数学教学更注重培养学生的高阶思维,因此在课堂提问中会更多地使用为何、如何、若何问题。

值得一提的是,在教学中运用以麦卡锡自然学习模式为基础的"四何"问题时,除了要关注"当前"的情况,如教学内容、教学目标、学情等,更要牢记"背后"的情境,即自然学习模式,以及与其相关的教学的四象限、八步骤等理论背景。

四、"四何"问题的特点

(一)关注教学对象和教学内容的差异性

"四何"问题以自然学习模式为基础,而自然学习模式关注的起点是学生在学习风格方面的差异。所以,"四何"问题模式在具体运用过程中要关注学生的兴趣点与学习特点,同时结合具体教学内容的特点,采取不同的提问方式,充分激发学生学习的积极性和主动性,为学生学习和理解知识搭建"脚手架"。另外,在教学实践中运用"四何"问题模式时,还应该注意学生学习风格的错杂性,即不可能所有学生的学习风格都是一样的,而教师的教学是同时面向风格迥异的学生的,这就需要教师在设计教学过程和课堂提问时要关注学生的主体性,因材施教,不可盲目套用"模式",而应该给予学生充分的自由度,使其可以根据自己的学习需求调整学习方式。

（二）注重教学过程的动态性

麦卡锡提出的"学习循环圈"概念十分形象地为我们展现出了学习的整个过程，也提醒我们关注学习的动态性，学生沿着"直接经验—用心反思—形成概念—付诸行动和融会贯通"的路径展开学习活动，并不断循环往复，上一个循环的完成并非学习的结束，而是下一个学习循环的开始，在如此周而复始的学习循环中，学生的能力和素养不断提高。[1]因此，教师在运用"四何"问题模式时，也要相应地注重教学过程的动态性，每一个课堂提问所关注的不仅仅是学生对于某一个知识点或技能点的掌握情况，而且还要注意根据学生的回答情况审视其之前的学习，并针对学生在回答问题的过程中所表现出来的状态、呈现出来的情况，思考随后的教学策略。

（三）强调教学情境的整合性

如前所述，教师在课堂教学中面向的是各种风格的学生，不同学习风格的学生有不同的学习特点，为了更好地达成教学目标，提高教学实效，教师在运用"四何"问题模式时要关注并合理利用学生学习风格的差异性特点，在教学过程中采用多种教学资源，更好地创设教学情境，让每种学习风格的学生都能在适合自己的教学情境中充分发挥自己的学习优势，呈现最好的学习状态。例如，教师可以将"四何"问题用多种方式或教学资源呈现出来，如视频资源、角色扮演、现场实验等，让各种学习风格的学生都能真正地参与课堂，使学生都能围绕情境展开观察、思考、提炼信息等思维过程，进而解决实际问题，不断锻炼独立思考和创造能力，形成和发展高阶思维。[2]

---

[1] 邓会玲. 基于自然学习模式（4MAT）的高中化学概念教学设计及实践研究[D]. 贵州：贵州师范大学，2023.

[2] 王琴. 4MAT教学模式在高中生物学教学中的应用效果研究[D]. 南昌：江西师范大学，2022.

第二节 "四何"问题的价值

通过搜集资料可以发现，如今国内外有关教师课堂提问的研究和有关高阶思维的研究都比较丰富，但有关课堂提问与高阶思维关系的研究较少。一方面，从整体上看，教师的提问是课堂教学中必不可少的环节，可以说，课堂提问是串联课堂教学内容的纽带，是连接教师与学生、学生与教学内容的桥梁，自然对课堂教学的效果和学生的学习具有重要的作用；另一方面，从微观层面上看，教师的课堂提问对学生的学习和思维发展也具有重要作用。因此，针对本研究着眼的"四何"问题模式和小学数学教学领域，分析"四何"问题之于小学数学教学的重要作用，对于提高对"四何"问题的认识，以及促进其在小学数学教学中的应用具有积极作用。笔者结合相关研究资料和自身教学体会，认为"四何"问题在小学数学教学中的重要作用主要体现在以下几个方面。

一、"四何"问题可展现学生思维状况

在课堂教学中，教师的提问和学生的回答是师生之间进行课堂互动的一种方式，它活化了课堂教学，是将"灌输式"教学转变为以学生为主体的现代课堂教学模式的关键，也在很大程度上展现了教师的教学思路和学生的思维过程。在此参考华东师范大学的崔允漷教授对课堂问答功能的概括，来阐释"四何"问题与小学生思维过程的关系。

第一，"四何"问题有助于诱发小学生参与课堂问答。如前所述，问答是课堂教学中不可或缺的重要内容。它可以激发学生的学习兴趣和探索欲望，促使学生集中注意力，给予学生更多的课堂表现机会。从布卢姆教育目标分类理论来看，"四何"问题的设计体现了思维的梯度，即是何、为何、如何、若何四种问题类型，体现了低阶思维向高阶思维的发展。学生对"四何"问题的回答自然也可以在很大程度上体现他们的思维

状况。第二,"四何"问题为小学生的学习提供了联系和反馈。教师针对教学内容提出问题后,学生分析问题并围绕所学内容思考问题的答案,这个过程可以引导学生对所学内容进行回忆和巩固。另外,学生回答问题后,教师针对学生的答案给予评价和分析,对于学生来说这是对其学习的一种反馈,有助于学生发现自身在学习中的薄弱环节,并及时进行弥补。第三,"四何"问题有助于启发小学生的思维。教师通过"四何"问题促使学生回顾所学知识、运用所学知识解决问题或者对所学知识进行创新性思考,这些思维活动的练习有助于学生形成思维经验,因此,"四何"问题有助于启发和拓展学生的思维。第四,"四何"问题有助于促进小学生的课堂学习向测验迁移。检验学生的学习效果是课堂提问的重要作用之一,因此,通过体现不同思维水平的"四何"问题,以及学生对问题的回答情况,教师可以检验学生课堂学习的效果,借助课堂提问实现测验的作用。[1]

二、"四何"问题有助于激活学生高阶思维

澳大利亚墨尔本大学的教育学教授约翰·哈蒂,花费了15年的时间在很多国家的课堂上进行观察,对学生、教师进行访谈,收集到了800多份关于学生学习成就影响的元分析,并进一步对这些元分析进行综合研究,最终按照影响力大小对影响学生学业成就的因素进行梳理和排列,结果显示影响学生学业成就最重要的主体是教师。[2]2016年,约翰·哈蒂又对1200多项元分析进行排名,在位列影响力前十名的因素中,提问与讨论的效应值达到了0.82。哈蒂的这些研究表明了教师,以及课堂问答对于学生学业成就的重要作用。教师是学生高阶思维之门的"开启者",而教师开启学生高阶思维之门的"钥匙"便是课堂提问。教师根据学生实际情况和教学

---

[1] 崔允漷. 有效教学[M]. 上海:华东师范大学出版社,2009:212.
[2] 约翰·哈蒂. 可见的学习:对800多项关于学业成就的元分析的综合报告[M]. 彭正梅,邓莉,高原,方补课,译. 北京:教育科学出版社,2015:290-293.

内容、教学目标等相关因素设计课堂提问，根据学生对问题的回答情况，给予学生反馈，并适时调整教学策略，以促进学生思维的发展和素养的提高。

而对于"四何"问题与小学生高阶思维的关系，我们在前文有关课堂提问的功能等问题的讨论中已经做了比较深入的分析。当然，还有很多中外学者关注教师的课堂提问，如美国学者威伦、凯茨沃特等根据研究总结出课堂提问有助于鼓励学生思考、培养学生的批判性思维等观点。我国的钟志贤教授主张通过科学设计课堂提问来培养学生的高阶思维。

三、对"四何"问题的理答可诱发学生高阶思维

虽然我们的研究侧重于"四何"问题的设计和应用，但设计和提出"四何"问题并不是课堂提问的终点，课堂提问的目的在于通过提问实现激发学生兴趣、调动学生积极性、培养学生思维、检验学生学习效果等，而这些目标的实现离不开学生对问题的回答，以及教师对学生回答的应对，即教师的理答。

教师理答也是国内外教育领域研究的重要问题，众多国内外学者都认为理答是教师给予学生的一种反馈。教师通过理答对学生的学习效果进行确认，或提出意见与建议，帮助学生查漏补缺，弥补学习中的不足。哈思（Harth.E.）认为，反馈尤其是即时反馈对于大脑的发育是十分必要的，大脑可以根据反馈进行相应的操作。在学习过程中，教师给予的反馈会帮助学生减轻因不知道自己学习效果如何而产生的压力和不确定，大脑的压力减少时，成长就会增加，而学生的思维水平就能够实现不断地提升。[①]

---

① 纪世元. 指向小学生高阶思维发展的课堂问答行为观察研究[D]. 宁波：宁波大学，2021.

第三节 "四何"问题的支持

在教学实践中,培养小学生数学高阶思维的思路和方法是多种多样的,那么,"四何"问题对于小学生数学高阶思维培养的特别价值有哪些呢?搞清楚这个问题是我们研究"四何"问题,以及在教学实践中应用"四何"问题培养学生高阶思维的前提。本节从"四何"问题的关联性、类型的多样化、独特的结构形式等方面,详细分析了其对小学数学高阶思维培养的支持。

一、"四何"问题的关联性对高阶思维培养的支持

关联是指事物之间产生的互相牵连、互相影响的关系。根据建构主义理论,个体知识的构建是在原有知识、经验的基础上进行的,或者可以说,个体所学习的知识和技能与其原有知识、经验之间并非截然不同、毫无关系,而是具有一定的关联性。个体在接触到新知识的时候,会寻找新知与自己已经掌握的旧知之间的联结点,借此在新知和旧知之间建立联系,以旧知为基础理解新知、对新知进行内化,从而实现自身知识的建构。因此,学生思维的培养是一个循序渐进的过程,是借助新知和旧知之间的关联性实现思维由低阶向高阶发展的过程。

而"四何"问题中所包含的是何、为何、如何、若何问题形式本就具有一定的关联性,即"四何"问题之间具有思维不断上升的逻辑特点,四个问题环环相扣,思维水平由低阶到高阶。可以说,"四何"问题与小学数学高阶思维的培养之间具有天然的契合性,具体表现在以下几个方面。

(一)内容上的关联性

根据建构主义理论,学生在面对新知识时,会通过在新知和旧知之间建立关联来理解新知识,从而实现知识的内化。而这些关联方式中最基础、最简单的就是内容的关联,即学生在新知识中寻找自己熟悉的内容,

并以此为突破口建立新知和旧知之间的联系，不断拓展对新知的理解和掌握。这也是学生进行知识迁移的过程。数学学科在逻辑结构上具有很高的严谨性，因此，数学教材的内容编排也体现了这种逻辑严谨性，无论是低年级到高年级的教材内容安排，还是教材内部的章节安排，都遵循着由简单到复杂、由浅显到深入的逻辑特点，以符合学生的认识发展规律。也正因如此，在教学过程中，数学教师通常会提醒学生联系已有知识进行思考，除了在课堂导入环节引导学生回顾所学知识，在新授课环节和练习环节也会通过这种方式让学生结合旧知识对新知进行思考、辨析，通过旧知识初步感知并探索新知识或新问题，从而使学生更好地理解新知识，最终实现知识的迁移、建构。

在设计和应用"四何"问题时，教师注重新旧知识之间的关联性，根据学生已有的知识和能力水平设计问题，使学生运用已有的知识学习和理解新知识，从而促进知识的迁移转化，逐渐达到更高层次的思维水平。同时，通过对这些问题的思考和回答，也能够使学生体会到数学知识的联系性和完整性。

（二）方法上的关联性

如前所述，实现知识建构的前提是在新知识和旧知识之间建立关联，除了知识的关联之外，还可以建立思考方法的关联，这是一种具有一定抽象特点的关联。这种关联方式超越了具体的知识，上升到了具有更广泛适用性的问题思考方法，因此可以实现更大范围的迁移，具有普遍的适用性。

数学方法主要包括两种类型。一种体现为数学思维方式，即与具体内容相关的思维方式。在小学数学中，数学思维方式的学习和锻炼是一个重要的内容，因此，涉及的思维方式类型较多。例如，在学习交换律、结合律等数的运算律时，一般是从某一个或几个具体的计算题中找规律，进而通过更多的计算题进行验证，最终确定这种规律。从本质上看，这是通过对运算法的研究来总结和学习运算规律。教师可以通过设计"如何"问题，引导学生发现新知识和旧知识之间在思维方式上的关联性，从而实现思维方式的迁移运用。另一种体现为数学思考方法，数学方法比数学思维具有更广泛的适用性，因此可以实现更大范围的迁移。例如，化归思想在小学数学中具有普遍的应用，辅助线法、平移法、旋转法、割补法等思考方法在小学数学图形求面积中广泛应用。

在小学数学教学中，引导学生掌握数学方法比单纯数学知识的传授更加重要。对此，数学教师可以通过设计"四何"问题来回顾相关数学方法、总结新旧知识之间在方法上的关联性、对知识或方法进行创造性思考等，实现对学生数学高阶思维的培养。

（三）视角上的关联性

视角上的关联是比前两种关联具有更高抽象水平的关联，通过这种关联可以为小学生建立更加宏观的思考数学问题的框架或视角。概括而言，视角可以分为横向分析与纵向深化两个方面。横向分析视角主要用以研究同一范畴或同种类型的数学对象。例如，在小学数的学习中，包括数的认识、数的运算等内容，其中，认识、运算等都是在"数"这一范畴中不同方面的基本问题。纵向深化视角是着眼于某个数学领域，逐渐加深研究，形成一系列逐渐深化的认识角度。例如，小学低年级所涉及的图形和几何知识侧重整体性，中高年级的几何知识逐渐深入、具体，涉及几何图形的组成要素，以及各要素之间的关系、定量刻画等。所以，在小学数学教学中，教师可以直接运用或变化运用"四何"问题，体现新旧知识之间视角上的关联性，引领学生不断深化思维，实现数学高阶思维的发展。

"四何"问题的关联性可以促使学生从不同角度和侧面进行学习，有助于达成多维度的教学目标，同时也可以使学生在获得新知的同时，锻炼思维的深度、广度和灵活度，不断形成和发展数学高阶思维。

二、"四何"问题的多样化对高阶思维培养的支持

在小学数学教学中，教师设计"四何"问题时并非按照顺序简单套用

是何、为何、如何、若何问题，更多的是对这四种类型问题的灵活运用，从这个意义上说，"四何"问题是丰富多变的，教师可以根据具体的教学内容和学情，合理设计不同的"四何"问题组合，从而促进学生对数学知识、方法的理解和掌握，实现高阶思维的发展。

（一）引入性问题

引入性问题通常是逐步深入的多个问题，主要运用于教授新课之前，其作用在于激发学生关于已有知识、经验的记忆，并引入新知识。教师主要通过引入性问题，增强学生的学习兴趣或对问题的探索欲望，所以，引入性问题通常并非直接提问，而是借助有趣的故事、与学生生活相关的情境、具体形象的视频或图片等提出问题，具有趣味性、情境性等特点。引入性的"四何"问题可以帮助学生了解新旧知识之间的联结点，唤醒学生对旧知的回忆，从而通过联结点实现知识的迁移，进入最近发展区，为教师后续的课堂教学奠定基础。

例如，在学习"分数的初步认识"中"几分之一"这个板块的内容时，教师可以创设本班同学们春游野餐的情景，并围绕食物分配、任务分配等相关内容，设计具有引入性的"四何"问题，如"班级同学按照四人一组进行分组，可以分为几组""每个小组可以获得四瓶水、两个苹果，如果把这些食物平均分给小组成员，应该如何分"等，引导学生一步步思考和回答问题，并在解决"把两个苹果平均分给四个人"等问题的过程中，接触和体会$\frac{1}{2}$，实现对"几分之一"的初步感知。

（二）探究性问题

数学探究性问题以学生的已有经验为基础，通过变化问题条件等方式引发学生对题目进行深入分析和思考，选择并建立契合题目的数学模型，进而通过观察、分析、类比、归纳、推断等探究性活动解决问题。有学者认为，探究性问题是"高效课堂教学的核心"。从探究性问题的概念不难看出，探究性问题关注学生主体性和主动性，因而有助于提高学生在教学中的主体地位。在传统的课堂教学中，教师通常会忽略学生应有的主体地位，使得学生在课堂中只是被动接受知识的角色，缺乏锻炼能力和思维方式的机会，对数学知识的学习更多地依赖于"死记硬背"，努力背过各种数学定义、定理、解题方法甚至典型问题的答案，而缺乏以质疑、探究等方式实现对数学知识根源或形成过程的主动探索。

新课改要求突出学生在教学中的主体地位，探究式学习以学生为主体，注重使学生通过动手操作、动脑思考等方式发现和探索问题，有助于激发学生学习的主动性，更加适合培养和发展学生的思维。在数学教学中，教师可以通过设计探究性问题，如"若何"问题，锻炼学生的探索精神和创新能力，学生在思考和回答问题的过程中，通过猜测、推论、验证等方式实现数学知识的自主建构，并锻炼和发展高阶思维。

（三）诊断性问题

诊断性问题是指教师引导学生对学习中出现的问题进行分析和反思，如分析和反思失败的原因、错误思维的形成过程等，以锻炼学生的求异思维和元认知能力，培养学生的高阶思维。从诊断性问题的概念不难发现，这类问题主要运用于课堂练习、复习课、试题讲评等教学环节。例如，数学教师可以针对学生容易出错的知识设计"为何"问题，引导学生发现错误，进而分析和纠正错误，加深学生对相关知识的理解；在练习题或考试题中设置一些易错题型，让学生通过做题发现自己知识掌握的薄弱环节或思考方式的偏差，进而通过"四何"问题，引导学生对自己的知识或思考方式进行诊断，发现问题所在，并加深对易错知识的理解，避免再次出现同样错误。

（四）迁移性问题

根据建构主义理论，学习的本质实际上就是个体对已有知识或经验的不断迁移。迁移性问题旨在激发学生的知识迁移能力，促使他们灵活运用已掌握的知识与经验，实现知识的跨领域、多维度应用。在解决数学难题的过程中，学生往往不会局限于单一知识点的应用，而是展现出一种综合性的思维方式，通过整合多个知识领域的见解，对问题进行深层次的理解与剖析。这一过程不仅加深了学生对知识的理解，还培养了他们的综合分析与解决问题的能力。所以，迁移性问题通常用于连接多个有一定联系的知识点，以引起学生对相关知识的回顾和运用，启发学生将各种知识综合运用，实现知识之间的理解、联系、转化，从而发现知识的本质或规律，实现思维的提高和跨越。

在数学教学中，通过设计各种迁移性的"四何"问题，可以促进学生理解各种数学知识或方法之间的关联性，能够以整体、全面的视角看待问题，全面考虑各种因素，灵活运用相关知识或方法解决问题，从而实现知识的迁移和建构。例如，在"圆柱与圆锥"的教学中，可以通过设计一系列"四何"问题引导学生进行知识的迁移，如通过设置"是何"问题"圆柱与圆锥分别有什么特征"，引导学生探究圆柱的特征并将其迁移到圆锥的特征；通过设置"如何"问题"如何正确计算圆柱的表面积"，引导学生在绘制圆柱展开图、计算长方形面积、计算圆形面积等过程中，将以往学习过的思考方法、计算公式等迁移到圆柱表面积的计算方法和公式中；通过设置"如何"问题"圆柱的体积和圆锥的体积是如何推导出来的"，帮助学生实现类比思维、圆的面积公式等思维或知识的迁移，并进一步推导出圆柱、圆锥的体积公式，实现思维的跃迁。

（五）总结性问题

一般而言，在一节课或一个单元的教学结束时，教师为了检验学生的学习成果，或者引导学生对所学知识进行回顾、整理，通常会设置一系列总结性问题，帮助学生对课堂所学内容进行小结，或者对阶段性学习进行总结，促进学生形成完整的知识结构体系。"四何"问题包含的是何、为何、如何、若何这四种问题模式都可以用来设计总结性问题。通过对总结性问题的思考和回答，学生可以对分散的知识进行归纳，在头脑中将所学知识建构成有机联系的整体。这样的思维过程也有助于锻炼学生的归纳能力和概括能力。另外，教师也可以在数学课后练习题或单元检测题中设置一系列总结性问题，使学生在完成这些问题的过程中发现不同题目之间的联系，锻炼解决问题以及总结、归纳、反思问题的能力，提高数学思维水平。

三、"四何"问题的结构式对高阶思维培养的支持

我们知道，"四何"问题在思维水平上是呈现逻辑上升状态的。同时，对于其中的是何、为何、如何、若何四种问题模式来说，无论是综合使用这四种或其中的几种问题模式，还是单独使用其中的一种问题模式，都可以设计出各种类型的问题，如前文所列举的引入性问题、探究性问题、迁移性问题、总结性问题，以及递进式问题、并列式问题等。所以，由"四何"问题组成的一系列问题，或称之为"四何"问题链，可以有多种结构，其中最常用的主要包括四种：递进式问题链，或称为串联式问题链；并列式问题链，或称为并联式问题链；交叉式问题链；总结式问题链。不同结构的"四何"问题链具有不同的特点和作用，小学数学教师在设计"四何"问题链的时候，要综合考虑教学内容、教学目标、学生知识情况、学习特点等因素，合理选择和运用不同的结构，以促进小学生数学高阶思维的发展。

（一）递进结构

在小学数学教学中，递进结构的"四何"问题链，是教师以学生已有的知识和经验为基础，结合小学数学知识的内在逻辑，围绕核心知识或问题设计一系列与核心知识或问题相关联且难度逐渐增强的问题。从"递进"这个词语也不难看出，这种结构形式的问题链在于为学生的思考提供支撑或桥梁，帮助学生对具有一定难度和深度的问题进行层次性、深入性地思考。学生通过思考和回答这些具有递进关系的问题，实现对相关数学知识由浅入深、由表及里、由低到高的思考，并在此过程中不断发展推理、创新、评价、反思等数学高阶思维。

递进结构的"四何"问题链，如图3-3-1所示。

```
问题1 — 问题2 — …… — 问题n
```

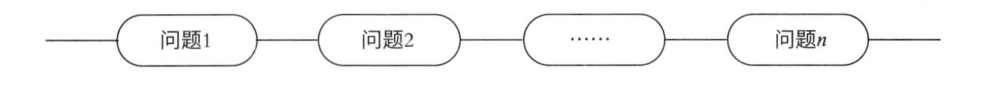

图3-3-1 递进结构的"四何"问题链

例如,在讲授"三角形的面积"时,教师可通过设置递进型的"四何"问题链引导学生推导三角形面积计算公式。具体来说,教师可以通过三个具有递进关系的问题,引导学生思考和讨论。第一个问题是"构成平行四边形的两个三角形,它们是何关系?"。这是一个"是何"问题,引导学生观察并明确构成平行四边形的两个三角形是完全一样的,或者说,一个平行四边形可以分成两个完全一样的三角形,从而为后续推导公式奠定基础。第二个问题是"由两个完全一样的三角形构成的平行四边形,与原来的三角形之间有哪些联系?"。虽然这也是一个"是何"问题,但与上一个问题相比,这个问题的内容更进一步,难度也较上一个问题有所提高,所以,这个问题与第一个问题之间具有递进关系。通过对这个问题的思考学生可以发现转化前后的图形之间的联系。第三个问题是"三角形的面积与哪些因素有关?如果用三角形的底乘高,得到的结果是什么?"。这是一个"是何"问题与"若何"问题的组合,不难发现,这个问题组合相较前两个问题在思维深度、广度等方面又有了一定的提高。教师可以利用这个问题小组合引导学生分析平行四边形的面积公式,并在此基础上,分析出计算三角形面积所涉及的要素。同时,针对学生初学三角形面积计算时容易忘记"除以2"的普遍问题,教师可以通过"如果用三角形的底乘高,得到的结果是什么?"这一问题,让学生反思如果直接计算三角形的底乘高得到的结果是什么,其中隐含的信息是"这个结果是三角形的面积吗?如果不是,它是谁的面积?"这样通过引导学生进行逆向思维,即以"错误的结果"为思维的出发点,回溯计算过程,发现错误的原因,从而加深学生对三角形面积计算公式的理解和记忆。

（二）并列结构

顾名思义，在并列结构的"四何"问题链中，每个问题都是相对独立的，它们所涉及的知识之间没有主次、前后、高低之分。在教学实践中，教师通常会通过设置几个并列的问题，引导学生根据一个具体的情境或故事中进行推理，从而使学生对具体的知识点进行类比学习；以一个具体的问题为开端或基础，对其进行适当的追问，以引导学生更全面地对各种不同的情况进行思考，也是并列结构问题链的一种表现形式。在教学实践中，并列结构的"四何"问题链主要用于探究性活动中，以帮助学生不断拓宽思维，实现知识的多次、多角度的迁移。

例如，在讲授乘法的分配律这个知识点时，教师可以创设两个不同的问题情境，让学生针对两个情境分别列出算式，并对其进行计算；进而提出问题"请比较和分析这两个算式，并尝试总结其体现的计算规律"，引导学生对分配律进行发现和总结；然后举出相似的例子，引导学生发现其中的规律。

并列结构的"四何"问题链，如图3-3-2所示。

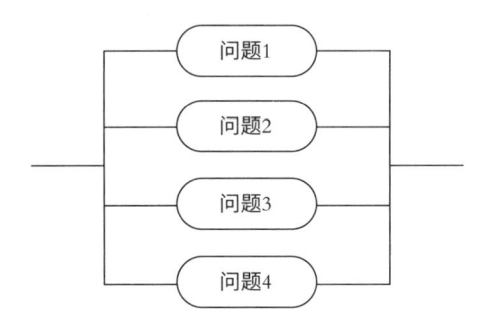

图3-3-2 并列结构的"四何"问题链

（三）交叉结构

交叉结构的"四何"问题链中的问题以交叉的方式呈现。当所要解决的问题难度较大，无法直接解答，或所要讲授的知识点比较复杂，无法直接呈现时，通常采用交叉结构的问题链。以难度较大的问题为例，通过几个交叉式问题（子问题）引导学生从不同的角度去思考和分析主问题，最后将几个子问题的结论进行综合，从而解决主问题。交叉结构的问题链有助于培养学生的发散思维，提高学生的问题解决能力。

交叉结构的"四何"问题链，如图3-3-3所示。

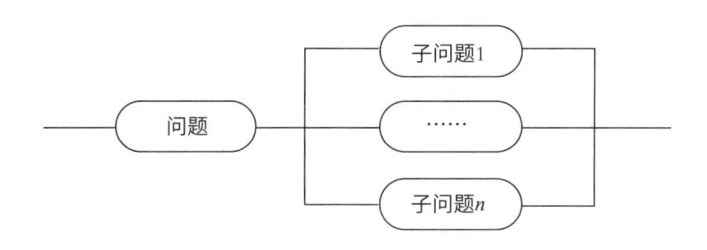

图3-3-3 交叉结构的"四何"问题链

（四）归纳结构

归纳结构的"四何"问题链通常用于概括某一个知识点。当某个问题比较抽象，或者所涉及的范围比较大，小学生理解起来有难度，教师可以通过设置归纳结构的问题链，使问题变得更加具体或概括，从而促进学生的理解。具体来说，归纳结构的"四何"问题链是由几个相对独立且具有差异性的问题入手，引导学生分别对这些问题进行思考，发现这些问题的共性和差异性，并对其进行类比、归纳，进而概括出问题的本质。有效的归纳可以帮助学生梳理数学知识点，概括相应的数学思想方法，加深学生对数学知识或方法的理解，并锻炼和发展学生的分析、归纳、抽象等高阶思维。

归纳结构的"四何"问题链，如图3-3-4所示。

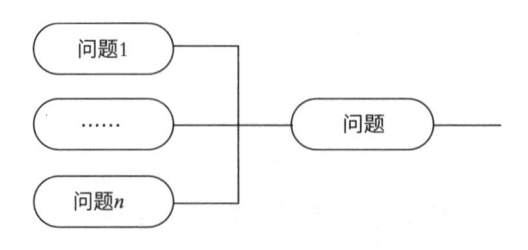

图 3-3-4 归纳结构的"四何"问题链

总之，通过"四何"问题可以构成各种关联性强、类型丰富、结构严谨的问题链，为小学生的数学学习提供思维支架，因而，"四何"问题是培养小学生数学高阶思维的有效方式。

第四章 "四何"问题的设计与实施

第一节 "四何"问题设计的基本原则

提高实践应用效果是理论研究的重要目标,因此,从本节开始我们的研究将逐步由理论走向实践,由浅入深,逐步对"四何"问题在培养小学生数学高阶思维方面的各种实践问题进行研究。本节重点探讨"四何"问题设计的基本原则。

一、以学情为基础,找准问题切入口

我们希望通过"四何"问题的设计和应用促进小学生数学高阶思维的发展,首先要明确的一点就是并不是任何课堂提问或者"四何"问题都能够促进学生思维的发展和提高。"四何"问题是一件可以提高小学生数学高阶思维的工具,但教师在打造和使用这件工具时对课堂教学产生的影响可能是正面的也可能是负面的。所以,教师设计的"四何"问题要真正适合学生具体情况,并有助于促进学生思考和发展。具体到其中"为何""如何""若何"等有助于激发和锻炼学生高阶思维问题的设计,教师要使设置的问题恰好契合学生思维的"生长点",或者说要使问题落在学生的最近发展区内,这样的问题既能激发学生思考、探究的欲望,又能让学生在"跳一跳,摘桃子"的过程中获得成功的体验,最终实现高阶思

维的发展。

具体来说，教师在设计"四何"问题时，一方面，要关注了解学生的认知情况、学习特点、心理发展情况，以便在设计具体问题时能够运用适合学生特点的问题情境、教学工具等，激发学生学习的兴趣和探究的欲望。另一方面，教师要注意本节课教学内容与以往教学内容的关联性，并据此设计"是何"问题，在激发学生兴趣的同时了解学生认知的起点，从而在设计"为何""如何""若何"等高阶思维问题的时候能够综合考虑学生的认知水平因素。

二、锚定教学目标，构建问题的主干

小学数学教师设计和运用"四何"问题，是为了在数学课堂教学中引导学生围绕教学内容进行多角度、多层次的思考，实现深度学习，激发和锻炼高阶思维。所以，"四何"问题的设计并非随意为之，而是要有目标、有深度、有广度。首先，教师要根据课程标准、教材内容、学情等关键因素确定课堂教学的目标，在设计"四何"问题的过程中以教学目标为方向指引，进而深入分析教学内容，结合学情，构建具有逻辑关系和思维梯度的"四何"问题主干。其次，教师在设计"四何"问题时，要充分考虑"四何"问题整体上的逻辑性、整合性、梯度性，同时，对于与数学高阶思维有关的问题，也要注意考虑其开放性、探究性、创新性等特点，从而保证数学课堂教学既能实现知识、技能传授的基础目标，又能实现培养学生高阶思维、核心素养的高层次目标。

例如，"两位数乘两位数"的教学目标之一是使学生通过观察、比较、推理体会转化和数形结合的思想，锻炼数感和推理能力。不难发现，这一教学目标涉及对学生高阶思维的培养，所以，教师在教学目标的方向指引下设计"四何"问题时，要注意各种问题之间的逻辑性，如通过设计"是何"问题引导学生对问题情境进行观察和思考，通过设计"若何"问题引导学生进行探究、推理，通过问题之间的逻辑性推动教学内容层层递进，不断深入，培养和发展学生的高阶思维能力。

三、理清知识逻辑，合理安排问题形式

教师在设计"四何"问题时，不仅要关注教学目标、学情等因素，还应该考虑各个问题之间的逻辑关系，对于问题设计背后的指导思想和方法要做到心中有数，这样才能设计出更适合学生高阶思维发展及综合素养提高的高水平课堂提问。那么，以什么为依据来确定问题之间的逻辑关系，就成为教师在设计"四何"问题之前不得不理清的问题。从根本上看，课堂提问是从课堂教学内容中生发出来的，教学内容是课堂提问生长的土壤，所以，搞清楚教学内容或者说所教授知识的内在逻辑，围绕知识而设计的提问之间的逻辑也就一目了然了。

理清了知识的内在逻辑，确定了课堂提问之间的逻辑关系，接下来需要考虑的就是问题的形式。我们以"四何"问题指称教学中常用的"是何""为何""如何""若何"四种类型的问题，很大程度上是因为这四种问题所涉及的疑问词具有一定的共性。其实，从微观上看，"四何"问题中每一种类型的问题都是可以独立存在的，所以，在研究这四类问题之间的关系时，我们也可将其视为一串问题，以"问题链"或"问题串"来指称它们。常见的问题链的逻辑形式主要有两种，一种是阶梯式，即几个问题在思维深度等方面呈逐级上升趋势，这种问题形式有助于促进学生的思维，实现纵向发展，不断增强学习和思考的深度；另一种是并列式，即通过一系列问题促进学生对知识进行横向比较和分析，实现思维的广度发展。教师在设计"四何"问题时，要根据知识之间的逻辑关系，选择适宜的问题形式，以更好地促进学生对知识的学习和深入思考，实现思维深度与广度的发展。

四、聚焦高阶思维，综合运用提问方式

根据教师与学生之间问答方式的不同，可以将课堂提问分为两种不同的类型。一种是封闭式提问，即以教师为中心进行的提问和理答，教师在设计封闭式提问的同时就已经确定了问题可能的答案，可以说，这类问题

的答案是标准化的，教师根据学生的回答是否符合标准答案来判断学生对问题的理解和掌握情况；另一种是开放式提问，即以学生为中心进行的提问的反馈，教师在提出问题之后，一般会根据学生的回答继续进行追问、反问等，以不断激发学生对问题的深度思考，或提醒学生回答中存在的错误或漏洞，最终实现问题的解决。可见，在"四何"问题中，"是何"问题属于封闭式提问；"为何"问题可以设置为封闭式提问，也可以设置为开放式提问；"如何""若何"问题一般设置为开放式提问。根据布卢姆教育目标分类，封闭式问题侧重考查学生对记忆性知识的掌握情况，在培养小学生数学高阶思维的课堂教学中一般起"脚手架"的作用；开放式问题侧重引导学生对知识进行理解、应用、分析、评价、创造，为学生自由思考、表达、交流创造机会和提供支撑，是培养小学生数学高阶思维的重要手段。[①]所以，"四何"问题的设计应该在关注学生数学高阶思维培养目标的前提下，注重封闭式问题与开放式问题的综合运用，既要通过设置封闭式问题激活学生的数学前概念知识和低阶思维，又要通过设置开放式问题引导学生进行分析、反思、质疑、探究、创新，通过对所掌握的知识性信息的深入分析、思考、运用等，不断地唤醒思维生长点，发展数学高阶思维。

五、重视语言艺术，问题表述简洁清晰

在第一章中，我们梳理我国有关小学数学课堂提问的研究时，对当前我国小学数学课堂提问中存在的问题进行了总结，其中比较突出的问题之一就是教师的课堂提问存在表述不清的现象，主要表现为教师在表述提问时语言存在模糊性、用语过于口语化、语言不简洁等。教师对问题表述不清，不仅容易使学生感到困惑，产生思考的方向产生偏差，更浪费了宝贵的课堂教学时间，甚至会降低学生对数学学习的兴趣。因此，教师在设

[①] 埃里克·弗朗西斯. 好老师，会提问：如何通过课堂问答提升学生精准认知[M]. 张昱瑾，译. 上海：华东师范大学，2018：77.

计"四何"问题时，不仅要保证问题的设置能够很好地体现教学目标、学生认知层次等关键因素，还应该保证问题表述的具体性和简洁性。教师在设计完问题之后，要对问题做详细地检查，保证描述问题所用到的词语清晰、明确、恰当、无歧义，保证句子完整、无语病，且符合小学生的理解水平。在课堂教学中，当教师用口述的方式将问题传递给学生时，要注意学生的知识水平和理解水平，注意口语用词和语句表示方式符合学生特点。必要的时候可以对问题进行简单、清晰的说明，为学生讲述问题涉及的背景或情境，帮助学生激活前概念知识，使学生对问题有清晰、准确地认识，为后续对问题的思考、回答奠定基础。需要注意的是，教师对问题的表述并不是单纯地对问题内容进行复述或解释，更重要的是通过问题为学生的学习和思考创设真实的问题情境，促进他们的体验，从而培养和提升其高阶思维。[①]

总之，教师在设计"四何"问题时，应该认识到课堂提问对于小学数学课堂教学以及学生数学高阶思维培养至关重要的作用，注重对问题的打磨，重质不重量，以高质量的课堂提问为抓手，激发学生学习数学的兴趣，围绕数学知识进行深入思考、探究、应用，甚至质疑，从而使学生的思维在一个个课堂提问中不断激活、生长。

第二节 "四何"问题的设计思路

确定了"四何"问题的设计原则，我们在借助"四何"问题培养小学生数学高阶思维的实际应用方面便有了比较具体的遵循。为了保证"四何"问题设计的科学性和有效性，我们有必要对"四何"问题设计工作进

[①] 纪世元. 建构主义学习理论关照下的深度学习探究[J]. 文学教育（下），2019（12）：42-43.

行更为具体的规划。因此，本节所要探讨的便是"四何"问题的设计思路，主要从设计"四何"问题的指导思想以及设计"四何"问题应注意的问题两个方面进行分析。

一、设计"四何"问题的指导思想

（一）调整数学教学中不同思维水平问题的比例

在"双减"政策的背景下，课堂教学时间受到一定的压缩，因而高效课堂显得尤为重要。优质的课堂提问是高效课堂的关键所在。传统小学数学课堂教学中的问题一般过于琐碎、浅显且频繁，这不仅降低了教学的针对性，还使得学生的思考空间变得狭窄，无法有效促进学生高阶思维的发展。具体来说，传统教学中常常会出现大量认知层次较低的记忆类问题，这些问题答案固定，缺乏深度和广度，无法引发学生的思考和创新。例如，一些琐碎的、浅显的、频繁的问题往往缺乏整体性和探究性，不能有效地激发学生的思维能力和创新精神。这些问题会使学生沉浸在回答简单低阶问题的虚幻状态中，而无法提升高阶思维的发展。因此，"双减"政策背景下，小学数学课堂教学更应当减少琐碎、浅显问题的使用，增加整体性、探究性及辩证性强的高认知水平问题的比例，以更好地培养学生的思维能力和创新精神，提高其学习效果和综合素质。

首先，增加整体性强的问题比例。整体性强的问题通常不会简单地询问事实或概念，而是要求学生深入思考问题的根本原因、影响和解决方案。这类问题有助于学生更好地理解和应用知识，帮助学生将不同的数学知识点联系起来，促进他们全面、综合、联系地组织答案。同时，整体性强的问题能够促进学生深入探究问题的本质和背后的原因，学生需要运用所学数学知识解决实际问题或提出创新性的解决方案。通过解决这类问题，学生可以更加深入地理解数学知识的实际应用价值，提升自身的创新思维和实践能力。

其次，增加探究性强的问题比例。探究性强的问题对于培养学生的高阶思维具有重要的作用。通过增加探究性强的问题比例，可以更好地激发学生的学习兴趣，促进他们的主动思考和探究，进而提高他们的思维能力和创新能力。例如，组织学生探究不同的数学规律，如乘法口诀、数字组合规律等，并让学生自己发现这些规律，这可以培养学生的观察能力和归纳能力；提出一些开放性问题，如让学生解决一个实际生活中的数学问题，这可以激发学生的学习兴趣和探究欲望，提高学生的思维能力和创新能力；引导学生进行数学实验和探究，让学生在实操中探究数学问题的答案，这可以培养他们的实验能力和探究能力；指导学生解决一些具有挑战性的数学问题，如一些经典的数学问题或难题，这可以激发学生的"斗志"和探究欲望，提高学生的思维能力和解决问题的能力。通过这些具有探究性的问题，教师可以更好地激发学生的学习兴趣，促进他们的主动思考和探究，进而提高他们的思维能力和创新能力。

再次，增加辩证性强的问题比例。辩证性强的问题需要学生从不同的角度、不同的方面思考同一个问题，并能够根据不同的情况做出合理的决策。例如，对于一些数学概念或规律，可以让学生从不同的角度去理解，如从图形的角度、从数量的角度等；对于一些实际问题，可以让学生从不同的方面去考虑，如从经济、环境、社会等多个方面进行综合考虑。这类问题，可以帮助学生形成多角度、多方面思考问题的能力，提高他们的辩证思维和决策能力。同时，增加辩证性强的问题比例，还有助于培养学生对数学问题的批判性思维。这类问题需要学生对同一个问题进行深入的思考和分析，并能够发现其中的不足或错误，提出自己的见解和解决方案。例如，对于一些经典的数学问题或难题，可以让学生从不同的角度去审视，提出自己的解题思路和方法，并对他人的解决方案进行评估。这类问题，可以帮助学生形成对数学问题的批判性思维和独立思考能力，提高他们的思维能力和解决问题的能力。

综上所述，在小学数学课堂教学中增加整体性、探究性及辩证性强的高认知水平问题的比例，能够更好地培养学生的高阶思维和创新精神，提高他们的学习效果和综合素质。因此，教师应该根据教学内容和学生实际情况，设计出合适的问题，以更好地促进学生的思考和创新。

（二）深入挖掘小学数学教材中的高阶思维元素

注意深入挖掘小学数学教材中的高阶思维元素，是教师通过"四何"问题培养小学生高阶思维的前提和基础。

首先，教师可以挖掘小学数学教材中的知识本质。在小学数学教材中，每个知识点都有其本质和内涵，但这些本质和内涵往往不是直接给出的，而是需要教师引导学生进行深入探究和思考。例如，在教授"分数"这一概念时，教师可以通过设计"为何"问题引导学生思考，如"为何分数会有分子和分母？"这样的问题可以帮助学生理解分数的本质，进而培养他们的逻辑思维和抽象思维。又如，在教授"分数的加减法"时，教师可以引导学生探究分数加减法的本质，即分数的加减法的重点是分数的通分过程。通过这样的深入挖掘，教师可以帮助学生理解知识点的本质和内涵，提高他们的思维能力和创新能力。

其次，教师可以挖掘小学数学教材中的问题解决策略。在小学数学教材中，每个知识点都与实际生活紧密相连，教师可以根据这些知识点设计出具有探究性和挑战性的问题，让学生通过解决问题来提高自身的思维能力和创新能力。例如，在教授"组合图形的面积"时，教师可以设计出"如何计算组合图形面积"等问题，并引导学生通过分割、填补、转化等方法来解决问题。通过这样的深入挖掘，教师可以帮助学生掌握问题解决策略，提高他们的思维能力和解决问题的能力。

再次，教师可以挖掘小学数学教材中的数学思想方法。在小学数学教材中，每个知识点都蕴含着丰富的数学思想方法，如分类、归纳、演绎、转化等。教师可以根据这些知识点设计出具有探究性和挑战性的问题，让学生通过解决问题来掌握这些数学思想方法。例如，在教授"乘法分配律"时，教师可以设计出"如何快速计算乘法"等问题，并引导学生通过探究乘法的本质和归纳演绎的方法来解决问题。通过这样的深入挖掘，教师可以帮助学生掌握数学思想方法，提高他们的思维能力和创新能力。

二、设计"四何"问题应注意的问题

（一）注意问题水平的层次性和逻辑性

在进行创造性问题解决活动时，人的思维呈现出分层次的展开模式，即首先对问题进行宏观的初步思考，然后逐步深入到问题的实质和细节。[①]层次分明的课堂提问策略，旨在分阶段培育学生的多元能力，引导他们循序渐进地构建扎实的知识架构，实现学习的深化与拓展。此过程不仅促进了学生思维的全面性、深刻度与灵活性的提升，还紧密契合了思维成长的自然轨迹，深刻体现了新课改倡导的教学理念，即促进学生全面而又有个性的发展。

教师要敏锐地识别各个问题间的思维层次差异，遵循从易到难的原则设计提问顺序。起始于低认知层次的问题，逐步递进至中、高认知层次的问题，确保每个教学环节的问题难度与教学目标相契合。同时，问题的布局需紧密贴合学生的认知发展轨迹，合理分配回答时间，避免低层次问题冗长拖沓，而高层次问题则因时间不足而显得仓促。另外，教师可以采用"进阶教学"策略，以单元为整体，灵活运用纵向深化、横向拓展或重组整合的方式构建知识的立体网络。这样的教学设计有助于学生跳出局部框架，以更宏观的视角审视数学知识，激发他们的思维与创新能力。

对于同一问题还要注意问题内部相关知识或思维建构的层次。教师可将较复杂的问题拆分为几个简单问题，拆分时注意每个问题都应与原来问题的思维方向一致，不可偏离，以免给学生的思考带来障碍。对于拆分后的问题，教师要按照问题之间所体现的知识或思维逻辑顺序，有次序地提出问题，引导学生进行分析与组织。当学生逐渐掌握这种基本的思维过程后，再帮助他们整体建构更为复杂的知识体系或思维模型。

此外，教师应致力于增强自身的逻辑思维严谨性和语言表达精准度，

[①] 林兆星. 基于认知目标分类学的科学教学问题研究[J]. 天津师范大学学报（基础教育版），2021（1）：43-47.

确保所提问题明确无误、语言清晰，避免出现歧义与混乱。同时，需细心构建各个问题间的逻辑链条，确保每个问题都各司其职、环环相扣，共同编织成一个条理清晰、层次分明的问题体系。通过这样精心设计的提问方式，学生才能够更加准确地捕捉到问题的核心，促进思维的连贯性与深入性。

（二）注意灵活设计围绕核心问题的问题链

擅长提问的教师，通常能够灵活运用"四何"问题模式提出具有引导性的核心问题和环环相扣的问题链，帮助学生发散思维。在构建学习路径时，核心问题扮演着关键角色，它们帮助搭建事实性知识间的桥梁，引导学生在探索之旅中逐步塑造出清晰的概念框架。这一过程不仅加深了学生对知识的理解，还培养了他们将所学知识灵活应用于新情境的能力，即知识迁移与运用能力的发展。而问题链作为一种有效的教学策略，其设计紧密契合小学数学的教学目标，同时充分尊重学生现有的知识基础、个人经验。一连串精心编排的问题，既相互衔接又层层递进，形成了一组富有逻辑和层次的问题集。这些核心问题贯穿教学的始终，成为引领小学数学教学活动的"骨架"，有效减少了内容的冗余，提升了教学过程的流畅性和深度。

与传统的小学数学课堂提问相比，运用"四何"问题模式构建的问题链，是一种更为先进、科学的教学"工具"，它借助核心问题作为导向，激励学生主动构建知识体系，并激发他们进行更为深入的思考与探索；它遵循问题解决的路径，使学生在参与数学活动的过程中不断积累实践经验，同时亲身体验并内化数学领域的基本思维模式与方法。可以说，"四何"问题链是培养学生高阶思维能力不可或缺的关键途径。为了解决当前小学数学课堂教学中高阶思维培养不均衡的问题，教师可以利用多种形式的问题链来提高课堂教学实效。

在递进式问题链中，问题是以一定的逻辑顺序相互串联的，这些问题共同构成一个完整的知识体系。在设计这种问题链时，教师需要从整体知识框架出发，划分问题层次，并使问题能够体现逻辑思维。这样的问题链可以帮助学生逐步深入地理解数学知识，提高他们的思维能力和解决问题的能力。

探究性问题链则更加注重学生的自主性和探究性。它要求教师在提问时给予学生适当的"留白"，使学生可以通过自主分析、猜想、验证、归因、建构等方式解决问题。在此过程中，学生通常会因为能够自主地思考和实践而获得满足感以及深层次的情感体验，逐渐形成个性化的思维方式。这种类型的问题链有助于激发学生对数学的学习兴趣和动力，培养他们的创新能力和实践能力。

设计情境性问题链需要教师先创设符合学生学习特点、贴近学生生活实际的情境，进而根据情境和数学教学目标设计一系列问题，引导学生积极思考。这种类型的问题链可以使学生置身于自身熟悉、感兴趣的氛围中思考和学习数学问题，锻炼和发展高阶思维。通过创设适宜学生特点的情境，教师可以帮助学生更好地理解知识，提高其学习兴趣和课堂参与度。

思辨性问题链往往具有一定的挑战性。它通过一个或几个核心问题激发学生的认知冲突，进而通过若干系统化的问题逐步引导学生围绕主干问题进行各种分析、比较、反思，最终得出结论。这种类型的问题链可以培养学生的批判性思维和辩证思维。通过思辨性问题链的教学，教师可以帮助学生更好地理解知识的本质和内涵，引导它们发现数学的魅力，发现思辨的乐趣，从而提高对数学学习的兴趣。

需要注意的是，为了保证小学数学教学中问题链的应用实效，教师应该注意把握核心问题和辅助问题之间的关系。要确保核心问题的准确性、简洁性，避免过于琐碎，同时也要保证辅助问题服务于核心问题，对核心问题进行解释、补充或深化，促进核心问题顺利解决。这样才能够更好地培养学生的数学高阶思维。

第三节 "四何"问题的实施策略

设计"四何"问题的目的是在教学中进行实际应用,因此,在搞清楚设计"四何"问题的原则、思路之后,我们便要继续对"四何"问题的具体实施进行研究。在本节中,我们将从数学高阶思维的各个方面,如逻辑思维、抽象思维、批判性思维、创造性思维等,分别探讨"四何"问题的设计与实施,以提高研究的现实指导性。

一、培养逻辑思维的"四何"问题设计与实施

(一)设计实施递进式"四何"问题,教学生理清知识逻辑

数学是一门具有严谨逻辑结构和体系的学科,小学数学教学大纲中对小学生的逻辑推理思维能力提出了明确要求。数学逻辑思维要求运用数学的思维方式,以及逻辑推理来解决问题。因此,面对数学知识时,学生需对其内容、结构、要素等进行分析,并梳理知识内部的逻辑关系。小学是学生逻辑思维发展的基础时期,所以对学生进行逻辑思维的培养和训练是小学数学教学的任务之一。在小学数学教学中设计和实施"四何"问题时,应该综合考虑教学目标和学生认知水平,并注意问题之间的逻辑关系、问题中蕴含的数学思想方法,根据知识联结点设计"四何"问题。这样可以更好地培养学生的逻辑思维能力。

递进式"四何"问题链可以很好地契合数学的逻辑性和体系性特点。根据建构主义理论,学生的学习是循序渐进的,是一个由浅入深的过程,在这个过程中,学生不仅掌握了数学知识,也锻炼了数学思维,且其数学思维的发展遵循着由低阶向高阶的规律。所以,我们在设计和实施"四何"问题时,也应该遵循学生学习和思维发展的这种规律,针对教学内容、教学目标以及教学重难点等设计和安排不断递进上升的"四何"问题,以顺应学生的思维发展。

第四章 "四何"问题的设计与实施

同时需要注意的是，设计的问题要难易适度，太简单的问题无法激发学生的认知冲突，自然也难以激起学生进行深度的思考，难以锻炼其高阶思维；太难的问题则会让学生无从下手，从而导致思维停滞或混乱，同样难以起到锻炼学生高阶思维的作用。在递进式"四何"问题链中，若干问题以串联的方式按照一定的逻辑顺序前后衔接，层层递进，有助于引导学生的思维一步步向更深更广处发展。因此，教师在设计递进式"四何"问题链时，要注意数学知识的整体性和系统性，使问题之间具有一定的思维层次和逻辑，从而更好地引导学生进行数学推理和分析，发展逻辑思维。

例如，在讲授"乘法分配律"时，教师可以设计实施以下递进式"四何"问题链，引导学生逐步思考、分析、推理。

教师先在黑板上写出两组等式。

$$\begin{cases}(4+2)\times 25=150\\(7+3)\times 32=320\end{cases} \qquad \begin{cases}4\times 25+2\times 25=150\\7\times 32+3\times 32=320\end{cases}$$

师：请大家观察一下，这两组算式有什么特点呢？

生1：左边两个算式是先算出两数之和，再乘以另一个数；右边两个算式是先算出两数之积，再将这两个积相加。

师：观察得很仔细，你们还有别的发现吗？

生2：左边算式是第一个数加上第二个数，再乘以第三个数；右边算式是左边算式中的第一个数乘以左边算式中的第三个数，再加上左边算式中的第二个数乘以左边算式中的第三个数。也就是说，如果把左边算式中的括号去掉，就要用括号中的两个数分别乘以第三个数，并将两个积相加，才能保证计算结果与原来的计算结果相等。

师：这位同学观察得很仔细，说得也很有条理。大家听明白了吗？也就是说，两个数相加以后乘以第三个数，与这两个数分

四何问题与高阶思维

别与第三个数相乘，再将两个乘积相加的和相等。从现在这两组算式来看，确实是这样，但会不会是偶然情况呢？

生（齐）：不是偶然情况。

师：你们能再举例验证一下吗？

生3：我举的例子是（8+2）×5=8×5+2×5。

师：大家看看这个等式成立吗？

生（齐）：成立。

师：谁能用我们之前学过的乘法的意义"几个几"，来帮我们分析一下这个等式呢？

生4：左边的算式是（8+2）个5，也就是10个5，右边的算式是8个5加2个5，也是10个5。所以，左右两边的算式结果相等。

师：很棒。大家可以自己多举几个例子，并进行验证，相信你们会得出同样的结论。因为，我们刚才已经用乘法的意义分析了这种等式，也就是说，无论我们换多少数来举例子，这些数的关系都是相同的。

在这段教学过程中，教师运用了递进式"四何"问题链，一步步引导学生理解和掌握乘法分配律的算理。第一步，教师在为学生出示了两组等式之后，通过一个"是何"问题（请大家观察一下，这两组算式有什么特点呢？）引导学生观察这两组等式的特点，并根据学生的回答进一步追问（还有别的发现吗？），引导学生深入观察和思考。第二步，教师总结学生的回答，初步得出结论，并利用一个"为何"问题（会不会是偶然情况呢？）将学生的思维引向更高的层级。需要注意的是，虽然"会不会是偶然情况？"这个问题看似简单，很像一个简单的判断题，但实际上这个问题的本质是引导学生思考"为什么是偶然情况，或者为什么不是偶然情况"，可见，这实际上是一个"为何"问题。第三步，教师在引导学生举例、验证之后，又设置了一个"为何"问题（本质上的"为何"问题），即"谁能用我们之前学过的乘法的意义'几个几',来帮我们分析一下这个等式呢?"引导学生实现知识的迁移,也就是将曾经学过的乘法的意义迁移到当前的学习中,从而得出规律,讲清算理,使学生明白乘法分配律的内在逻辑。在这个案例中,教师围绕教学重点提问、追问、再提问,一步步引导学生的思维向更高层跃进,同时,学生在不断拓展的探索过程中理清了知识的内部逻辑,锻炼了思维。

又如,在教授"分数的初步认识"时,教师先为学生创设情境:"吃月饼、赏月,是我们中国人的中秋节习俗。现在,老师面前的盘子里有4块月饼,要把它们分给四位同学,谁能来帮老师分一分呢?"进而,教师围绕"月饼能不能平分"这个核心问题,设计实施了一系列"四何"问题,为学生搭建思维桥梁,引导他们进行深度思考,进而深入理解分数的意义。

核心问题:月饼能不能平均分?

问题1:把4个月饼平均分给四位同学,每位同学可以分得几个月饼?

问题2:把1个月饼平均分给四位同学,每位同学可以分得这个月饼的几分之几?

问题3:如果不知道盘子里有几个月饼,把它们分给四位同学,能不能平均分呢?

在以上这些问题中,核心问题是"如何"问题,虽然这个问题看起来是问"能不能平均分",实际上是引导学生思考"如何平均分"。问题1和问题2也是"如何"问题,是核心问题的具体化;问题3是一个"若何"问题,思维的层次提高了。在这个"四何"问题链中,各个问题之间相互关联,层层递进,激发学生思维,学生在循序渐进的思考中理清分数的基础知识。在教学实践中,学生们对于这个问题可能会有不同的答案,比如,有的学生认为如果盘子里的月饼是整数,就可以平均分;有的学生认为不论盘子里有多少月饼，都可以平均分；有的学生认为不知道盘子里月饼的具体数量，所以不能确定可不可以平均分。教师需要在后续的教学过程中针对学生给出的各种答案进行分析讲解，最终使学生理解和掌握分数的基本知识。

（二）设计实施探究性"四何"问题，深化学生逻辑思维

在新课改视域下，学生的学习方式有了颠覆性的改变，独立思考、自主探究、沟通协作成为学生学习方式的关键词。这一改革旨在培养学生的思维能力和实践能力，使学生能够更好地适应未来社会的发展需求。而新课改对学生学习方式的新要求，也使得教师的教学方式发生了巨大变革。为了培养学生独立思考、自主探究、沟通协作等能力，教师需要尊重学生在课堂上的主体地位，给予学生更多的自主权和选择权，让他们能够自由发挥和探索。但同时也要注意避免"矫枉过正"，即教师要给予学生独立思考、探究的空间，但并不是要教师完全放开对课堂教学的掌控。在学生思考、探究的过程中，教师要给予适当的引导，引导学生沿着正确的方向进行探究，同时也要帮助学生解决探究过程中遇到的问题，帮助他们掌握探究的方法和技巧。

探究性"四何"问题链是教师对学生学习过程进行适当引导和帮助的有力抓手。学生沿着"四何"问题链的指引，不断推理、探究，并在构建知识、发展思维的过程中掌握正确的思维方式和学习方法。

例如，在"长方形的面积"的教学中，对于长方形面积计算公式的推导，便可以视为一种探究知识的过程，学生通过一步步推理，不断思考、分析，最终推导出长方形面积计算公式。在这个过程中，教师可以设计实施以下"四何"问题链，引导学生发展思维。

核心问题：长方形的面积计算公式是什么？

问题1：用一些1平方厘米的正方形，拼成不同的长方形，你会怎样拼？你拼出的长方形的面积是多少？

问题2：你拼成的长方形中，每行的正方形的个数，与长方形的什么有关系？有怎样的关系？

问题3：你拼成的长方形中，正方形的行数与长方形的什么有关系？有怎样的关系？

问题4：长方形的面积和它的长、宽是什么关系？

问题5：请你推导出长方形的面积计算公式。

在以上问题链中，为了使学生完成核心问题，教师借助一个个由浅入深、富有层次的问题引导学生进行探究。问题1的第一问是个很简单的"如何"问题，学生可以通过动手操作完成；第二问是一个"是何"问题，学生可以通过数出正方形的个数这种最简单的方式回答这道题。问题2和问题3以问题1为基础，虽然问题2、3都是"是何"问题，但思维层次比问题1有所提高，学生可以通过观察、比较，得出结论，即在拼成的长方形中，每行正方形的个数是长方形的长，正方形的行数是长方形的宽。问题4依然是"是何"问题，但其思维层次较之前的问题又有所上升，由具体转向抽象，进一步引导学生向着推导长方形面积公式的方向思考和探究。问题5实际上是一个"如何"问题，考查的是学生的推理思维和能力。如此，学生在这些"四何"问题的指引下，不断分析、推理，逐步抵达并把握住问题的核心。在这个过程中，学生的认识水平不断提升，由简单的感性认识逐渐上升为理性认识，同时学生的推理能力和逻辑思维也得到了锻炼。

同样，在教授"圆的面积"时，教师也可以通过类似的"四何"问题链，引导学生在不断探究的过程中实现思维的跃迁。在人教版小学数学教材中，"圆的面积"属于六年级上册的知识点，这个阶段的学生已经掌握了一定的学习技巧，具有一定的逻辑思维能力。因此，虽然计算圆的面积相对来说有一定的难度，但通过适宜的问题引导，学生一般都可以比较顺利地推导出正确结果。具体而言，教师可以设计实施以下"四何"问题链。

核心问题：如何将圆形转换成曾经学过的图形？

问题1：如果把圆形分为16等份，你可以用这些图形拼成怎样的新图形？

问题2：如果把圆形分为32等份，你可以用这些图形拼成怎样的新图形？

问题3：如果把圆形分为46、128、256……等份，拼成的新图形会有哪些变化？

问题4：与最初的圆形相比，拼成的新图形有哪些变化？又有哪些没有变？

以上这些问题从整体上看是一组由"如何""是何"等问题组成的"四何"问题链。其作用在于减少学生思考的障碍，通过一个个探究性问题逐渐引领学生对不同情况进行观察和分析。而这一系列活动的目的是带领学生探索如何将圆形转化成其熟悉的图形，进而根据学生熟悉的图形去推导和计算圆形的面积。学生在思考和回答这些问题的过程中，不断锻炼推理能力和逻辑思维，并体验极限思想，最终提升知识和思维能力。

二、培养抽象思维的"四何"问题设计与实施

（一）设计实施情境性"四何"问题，锻炼学生抽象思维

数学情境能够激发学生的问题意识，调动他们对数学学习的热情和渴望，引发他们思考和分析，帮助他们习得新知识，进而培养高阶思维。教师在教学过程中可以根据具体情况灵活选择和创设多种类型的数学情境，如生活化数学情境、数学故事情境，以及用视频、微课等方式创设的直观情境等。例如，鉴于小学生的抽象思维能力尚在发展中，其思维速度与知识接纳能力相对有限，教师可巧妙利用贴近生活的情境作为桥梁，将学生熟知的日常经验与抽象的数学概念相融合。这种策略不仅让数学知识根植于学生的生活经验之中，还赋予了其鲜活的生命力，使之变得直观、生动

且充满趣味，从而促进学生对知识点的深刻理解与掌握。

在构建数学情境时，教师应紧扣教学目标与内容，匠心独运地设计一系列与课程内容紧密相连的问题，如精心策划的"四何"问题或问题链。这些问题旨在引导学生从具体情境中提炼出数学元素，鼓励他们自主提出问题、分析数学关系，进而在轻松愉悦的学习氛围中深刻体会到数学知识的实用价值与独特魅力。

例如，在讲授"小数乘整数"时，很多教师会创设购物的情境，人教版教材中也利用了购物的情境，如图4-3-1所示。这主要是因为购物情境对学生来说十分熟悉，他们都有过购物的经历，大多也有购物"算账"的体验。因此，通过创设这种贴近学生生活的情境，很容易将学生带入其中，并从中抽象出数学问题，为后续数学知识的学习奠定基础。通过提出一系列针对这种情境的问题，引导学生思考和体会小数转化成整数计算的特点。在此借用人教版小学数学教材中的情境，分析情境性"四何"问题的设计与实施。具体过程如下。

图4-3-1 购物情境

问题1：图片中蕴含着哪些数学信息？

生1：售卖的风筝有四种类型，它们的价格分别是8.6元、9.5元、14.2元和6.8元。

问题2：请你根据图片中的信息设计一个用乘法解决的数学问题，并列出相应的算式。

生2：买4个8.6元的风筝，需要多少钱？算式是8.6×4。

生3：买5个9.5元的风筝，需要多少钱？算式是9.5×5。

生4：买6个14.2元的风筝，需要多少钱？算式是14.2×6。

生5：买7个6.8元的风筝，需要多少钱？算式是6.8×7。

问题3：还能设计出其他的问题吗？

生（齐）：能，只要把风筝的个数修改一下，就能设计出无数个问题。

问题4：请观察同学们列出的这些算式，和我们以前学习的乘法算式一样吗？这些算式都有什么特征呢？

生6：和我们以前学的乘法算式不太一样。这些算式都是小数乘整数。

在上述过程中，教师通过一个"是何"问题（问题1）将学生的注意力集中到图片中蕴含的数学信息上，这是引导学生由具体情境到抽象数学问题的第一步。之后，教师通过一个"如何"问题（问题2）进一步引导学生的思维向数学、抽象方向延伸，引导学生从情境所提供的信息中概括出具体的乘法算式，这实际上是一个观察信息并提出数学问题的过程，充分调动了学生的抽象思维和数学知识经验。最后，教师通过一个"是何"问题（问题4）引导学生对列出的乘法算式进行观察，并调动知识经验进行比较，找出这些算式与以往学过的算式的不同。通过以上的过程，学生由具体的情境出发，不断观察、思考，由具体到抽象，最终总结出抽象层面的数学知识，充分锻炼了数学抽象思维。

创设数学情境的思路和方法有很多，教师可以从学生的生活、学习、爱好，甚至生活中常见的事物入手，结合教学内容创设出直观又贴近学生实际的数学情境，构建学生形象思维与抽象思维的联结点，促进学生数学抽象思维的锻炼和发展。例如，在人教版四年级下册"观察物体（二）"的教学中，教师可以利用身边的长方体和正方体物件，如橡皮、课本等，让学生亲自数一数、摸一摸，体验长方体和正方体的特征。另外，教师还可以借助现代信息技术，为学生创设直观、具体的数学情境。例如，在人教版六年级上册"圆的周长"的教学中，教师可以利用动画为学生演示车轮转动一周的情景，使他们直观地理解车轮转动一周所经过的距离就是车轮一圈的长度，也就是圆（车轮）的周长，由此将抽象的知识变得形象具体，同时使学生由眼前具体的动画演示，连接到头脑中抽象的数学知识。

需要注意的是，数学情境的创设既要考虑具体的数学教学目标和教学内容，也要注意与学生实际相契合，要注意避免创设学生不熟悉、不了解的情境，否则不仅无法为学生搭建有效的思维"桥梁"，甚至还会给学生学习和理解数学知识带来障碍。

（二）设计实施概括性"四何"问题，发展学生抽象思维

数学是人类智慧的结晶，是人类高度抽象的产物。因此，抽象概括对学习数学的人来说，是一种非常重要的能力。通过这种能力，学习者可以从对事物的感性认识中，提炼出它们的共性或本质，从而获得更深入的理性认识。所以，在设计和实施"四何"问题时，也要根据具体的教学内容适当地设计具有概括性的问题。引导学生进行全面概括，可以促进他们对数学知识、数学问题的内容进行多方面、多层次、多要素的探究和理解，从整体上了解事物的本质和规律，在错综复杂的现象中抽丝剥茧，发现事物的共通之处，把握问题的核心要义，锻炼数学抽象概括能力。当然，从布卢姆教育目标体系来看，这种抽象概括能力对应着其中的"综合"，属于高阶思维中的抽象思维。

例如，在讲授"平行四边形和梯形"时，其中梯形概念这一知识点看似简单，但如何能让学生真正理解，也是需要教师认真规划的。一般来说，概念属于抽象的知识，在教学中教师通常会引导学生通过观察、比

四何问题与高阶思维

较、分析等具体的实践过程，总结出概括这种抽象的数学知识。具体来说，教师可以通过设计实施以下"四何"问题，引导学生由具体到抽象，理解梯形的概念。

核心问题：什么是梯形？

问题1：观察图形（如图4-3-2所示），说说它们有哪些共同点。

问题2：它们都是平行四边形吗？为什么？哪一个或哪几个不是平行四边形？

问题3：观察图形（如图4-3-3所示），说说它们有哪些共同点。

问题4：请你根据平行四边形的定义，总结"梯形"的定义。

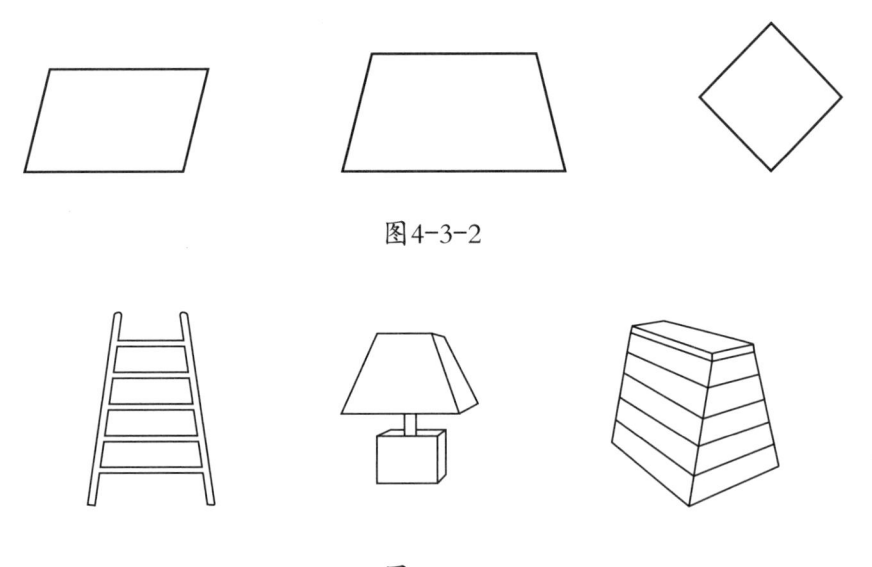

图4-3-2

图4-3-3

不难发现，以上前三个问题都是"是何"问题，从不同的角度引导学生观察和思考平行四边形、梯形，从而发现它们的相同点和不同点，为最后总结梯形的定义奠定基础。问题4依然是一个"是何"问题，但它的思维层次显然比前三个问题更高，即让学生在前三个问题的基础上（通过对前三个问题的思考和回答，学生已经掌握了平行四边形和梯形的相同点和不同点），结合平行四边形的定义，归纳出梯形的定义。在思考问题4的过程中，学生不仅要调动抽象概括思维，还要经历知识的迁移、语言的组织和表达等多种思维过程。

类似的教学内容与"四何"问题的设计应用在小学数学教学中普遍存在，例如，前文所列举的"乘法分配律"的教学，其中也体现了对学生抽象概括思维的锻炼。教师先引导学生观察具体的算式，并从中抽象出算式的规律；再通过更列举多例子，引导学生将这种规律从个例拓展到普遍，并抽象出乘法分配律；之后引导学生用语言概括出乘法分配律；最终用语言概括综合出抽象概念、定理等数学知识，有效锻炼了学生的抽象思维。

三、培养批判性思维的"四何"问题设计与实施

（一）设计实施思辨性"四何"问题，发展学生批判性思维

教师培养学生的批判性思维不是使他们对事物进行批评或反对，批判性思维具有很强的反思性，即它的目的不是批评，而是从客观的审视中发现事物中存在的缺陷或错误，进而对其进行弥补或修正，使事物更加完善。批判性思维要求学生通过思考，对某些结论、观点、方法等做出价值判断，通过比较、分析、思辨等方式表明自己的观点或想法。在小学数学教学中，培养学生的批判性思维，可以使学生对知识具有更透彻、更全面的认识，内化于心。要想具备批判性思维，就需要拥有多方面的能力，如解释、分析、评估、推论、说明等，并保持思想的开放性以及自信心和求知欲。在小学数学的学习过程中，学生需要全心投入课堂，对数学知识或问题进行深入剖析和思考，才有可能做出正确的判断，并将自己的观点准确地表达出来。同时，教师也要为学生批判性思维的锻炼和发展提供充分

的支持。比如，引导学生进行小组合作交流，使学生的思维在互相交流中不断碰撞；又如，设计和实施具有思辨性的课堂提问，引导学生沿着批判性思维的方向思考、实践。

例如，对于"平行四边形的面积"的教学，教师可以在"四何"问题链中设置思辨性问题，引导学生从多个角度猜测计算平行四边形面积的方式，如可能是底边乘高、可能是邻边相乘。同时，以反问的方式提醒学生注意平行四边形的面积不可能有两个结果，从而引发学生的认知冲突，促使他们对原本的猜测进行反思，发现其中存在的问题。就这样经过猜测、反思、分析、证明等一系列过程，学生最终探索出正确的平行四边形面积计算公式。通过这种思辨过程，学生对数学规律、法则、结论等产生的过程也有了更清晰的认识。

又如，对于"三角形"中"三角形三边关系"这个知识点，教师在教学过程中可以通过设置思辨性"四何"问题链，引导学生在思辨中分析、推理、反思，锻炼和发展批判性思维。

核心问题：是不是任意三条线段都能围成一个三角形？

问题1：从序号分别为1、2、3、4的四根小木棒中任意选择三根，看看能不能用它们围成一个三角形。

问题2：你选择的是哪三根小木棒，它们是否能围成一个三角形？

追问：为什么有同学选择的三根小木棒并不能围成一个三角形？

问题3：可以围成三角形的三根小木棒，它们的长度有什么特点？

问题4：三角形任意两边的和，也必然大于第三边吗？

问题5：你发现三角形三条边的长度有哪些关系？

追问：请你分析"任意两边"的含义。

第四章 "四何"问题的设计与实施

"任意两边之和大于第三边",三角形的这个特点对学生来说比较抽象,使得他们理解起来有一定的困难。所以,教师可以通过设置以上具有思辨性的"四何"问题链,引起学生的认知冲突。在以上"四何"问题链中,核心问题"是不是任意三条线段都能围成一个三角形"以及问题4"三角形任意两边的和,也必然大于第三边吗"都属于思辨性问题。在思考这两个问题的过程中,学生可能会先做出假设,如"任意三条线段都能围成一个三角形""三角形任意两边的和等于或小于大于第三边",进而对这些假设进行辨析、探究和讨论,试图证明它们的正确性,或发现它们存在的问题。就这样,在"四何"问题链中,学生通过证明或推翻自己的猜想或观点,进行批判性思考,最终发现和总结出正确的结论。正是通过这样的过程,学生对数学知识的理解更加深刻和全面,批判性思维也有所提升。

再如,教师在"平行四边形的面积"新授课之后的练习环节设置了如下思辨性"四何"问题链,帮助学生实现思维的进一步深化。

> 核心问题:面积相等的平行四边形,形状一定相同吗?
> 问题1:如果已知平行四边形的面积为32平方厘米,除了底和高分别是8厘米和4厘米这种情况,还有哪些情况?请用算式表示出来。
> 问题2:想象8×4和4×8所对应的平行四边形的样子。
> 问题3:为什么这些平行四边形的面积都是32厘米,但它们的形状并不一样呢?

经过新授课环节,学生已经掌握了平行四边形面积计算公式,所以,在练习环节设计和实施以上问题链,不仅可以检验学生对平行四边形面积计算公式的掌握情况,还能进一步帮助学生拓宽思维。在上述问题中,核心问题是一个思辨性问题,引导学生对面积相等的平行四边形的形状进行猜测、分析和思考;子问题则以一个具体的面积为32平方厘米的平行四边形为例，引导学生进一步想象、猜测、反思，锻炼学生的思辨性思维。

（二）设计实施反思性"四何"问题，发展学生元认知能力

反思是思辨性思维的核心，因此，在教学中通过设计和实施具有反思性的问题，可以有针对性地发展和锻炼学生的反思思维能力。

在小学数学教学中，教师可以通过精心设计的提问策略，激发学生的自我反思能力。在教授完特定知识点或课程结束时，教师可以引导学生主动回顾学习过程，这一行为本质上是对学生批判性思维能力与自我反馈机制的培养。学生通过对数学知识的生成过程、探究行为等进行深度反思，能够及时发现知识盲点，并据此调整学习策略。

例如，在"平行四边形的面积"教学结束后，有教师巧妙地运用了反思性"四何"问题链这一教学工具，它不仅能够帮助学生系统地回顾课程内容，还促使学生在这一过程中进行自我评估，有效锻炼了他们的批判性思维能力，实现了从知识接受到知识内化的转变。

问题1：通过这节课你学习到了哪些数学知识和数学思考方法？

问题2：请简述平行四边形面积计算公式的推导过程。在运用剪拼转化时有哪些需要注意的问题？

问题3：计算平行四边形面积时有哪些需要注意的问题？在这节课的学习中，我们曾出现过哪些错误？

问题4：在这节课的学习中你有哪些体会？你还有疑惑的地方吗？

在上述反思性"四何"问题链中，问题1属于"是何"问题，引导学生对事实性问题（本节课所学习的数学知识和思想方法）进行回顾；问题2虽然是一个"如何"问题，但其本质依然是"是何"问题，即这个问题并非让学生探索平行四边形的面积计算公式，因为学生已经学习过了，所

以，这里依然是让学生回顾平行四边形面积公式的推导过程；问题2中的第二问和问题3、问题4侧重引导学生对所学知识和学习过程进行反思，回顾和发现学习过程中存在的问题。通过以上"四何"问题链，教师不仅能带领学生回顾和总结所学知识，引导学生衡量自己对数学知识、方法等的理解和掌握情况，回顾解决问题的路径，而且能够引导学生进行反思，梳理自己学习、思维的过程，培养元认知意识，发展批判性思维。

教师在指导学生解决问题的过程中，同样可以融入反思性问题的设计，以此促进学生深入审视自己的认知轨迹与思维模式。例如，在"平行四边形的面积"的拓展学习阶段，教师可以巧妙地结合教材资源，如对比不同形状花坛面积的内容，利用动态可变的长方形框架教具作为教学辅助。通过演示或鼓励学生亲自动手操作，将长方形框架逐渐变形为平行四边形，并以此为契机，引导学生深入思考：在形状转变的过程中，图形的面积是否保持不变？这样的教学方式不仅丰富了课堂活动，也有效提升了学生的批判性思维与实践反思能力。

  师：我们将长方形拉成了平行四边形，它的面积改变了吗？为什么？

  生：面积没有变。因为前后两个图形四个边的长度都没有变，所以它的面积也没有变。

  师：前后两个图形四个边的长度确实都没有变。我再演示一遍，请你仔细观察，除了四个边没有变之外，变化前后哪些因素变了。（教师将长方形框架拉成平行四边形）

  生：高变了。高变小了。

  师：很棒。确实，虽然长方形和拉伸后的平行四边形的上下两条变的长度都没有变，但拉伸后的平行四边形的高与原来长方形的高相比变小了。下面我们再来看看它的面积有没有变。你能说一说平行四边形的面积计算公式吗？

  生：底乘高。

师：根据我们刚才分析的变化前后的两个图形中的变和不变，再结合平行四边形的面积计算公式和长方形面积计算公式，你能再分析、比较一下变化前后两个图形的面积大小吗？

生：长方形和平行四边形的面积计算公式都是"底乘高"。变化前后两个图形的底没有变，但变化后的图形，也就是平行四边形，它的高变小了。所以，平行四边形的面积比长方形的面积小。

在上述过程中，教师在学生给出错误的答案后，并没有急于否定他，而是通过一步步的追问，以及操作演示，引导学生观察图形的变化，并回顾和运用所学习的面积计算公式，对自己最初的思考过程和得出的答案进行反思，最终发现自己的错误，并获得正确的认知。

四、培养创造性思维的"四何"问题设计与实施

（一）设计实施开放性"四何"问题，发散学生思维

具有创造性思维的学生在面对问题情景时，通常能用更具创新色彩的视角和方式思考问题，或者提出创新性的问题和可能性。从外在表现上看，具有创造性思维的学生的反应更敏捷、想法更丰富、思路更顺畅，因此，创造性思维通常也具有灵活性、多样性、顺畅性、开创性等特点。

在小学数学教学中，课堂提问是激发和锻炼学生创造性思维的有效手段，但从整体上看，当前小学数学课堂教学中的开放性问题并不多。教师们使用较多的依然是封闭性问题，虽然封闭性问题有助于教师检验学生对定义、原理、法则等数学知识的掌握程度，但这种预先设计好备选答案的提问方式也有一定的弊端，它使学生的思维被"捆绑"在教师设计好的教学路径上，因而对于学生思维的发展，尤其是创造性思维的发展具有一定的限制。

而开放性问题通常没有确定的答案，或答案复杂多样，可以有多种解

题的方式。所谓"条条大路通罗马",无论是成绩优秀的学生,还是学困生,对于开放性问题都能有一些自己的想法。因此,对于开放性问题,学生能根据自身的认知水平去思考和解答问题,并在思考和解答的过程中表现出思维的多向性和发散性,从而锻炼创造性思维。可以说,在小学数学教学中,教师课堂提问的开放程度,在很大程度上影响着学生创造性思维的培养。因此,教师应该注重开放性问题的设计和应用,为学生开拓更多尝试的机会和表现的空间,尝试多种思维方式,充分感受数学的魅力。

在小学数学课堂中,开放性问题的设计实施,一方面可以使不同水平的学生都能利用自己的知识检验去思考和解决问题,因此,每个学生都可以在思考和回答开放性问题的过程中获得成就感和喜悦感;另一方面,学生可以从多种视角对问题进行剖析,并提出多种处理问题的方式,这有助于他们锻炼发散性思维,提高思维水平。从课堂效果来看,开放性问题很容易活跃课堂气氛,让学生在轻松快乐的氛围中思考数学问题,感受思维的乐趣。

由于开放性问题一般没有固定答案,在问题解答策略方面也具有多样化特点,因此,教师需要根据学生的理解水平,在设计"四何"问题链时适当融入开放性问题,为学生创造充分的思考、探究机会,促进其发散和开拓思维。例如,对于"鸡兔同笼"这一经典问题,学生可能会根据自己的知识经验选择不同的问题解决策略,即他们利用已有的知识基础和经验,去思考和尝试不同的解题方法,如列举法、列方程法、画图法、假设法等。教师在学生思考开放性问题时,应给予充分的鼓励,使学生勇敢、自信地思考,发散思维。最后,教师针对学生提出的各种解题策略和答案进行点评,并引导学生互相沟通交流,发现不同解题方法的特点,感受不同的思维。

例如,在"小数乘整数"教学中,教师创设前文所述的"买风筝"的问题情境,请学生计算出8.6×4等于多少。具体过程如下。

核心问题:如果你想买4个8.6元的风筝,老师给了你35元钱，这些钱够吗？

问题1：对于这个问题应该怎样列算式计算呢？根据所学习的知识，用你喜欢的方式计算一下。

（某位同学给出了他的算法，教师针对这位同学的答案进行追问。）

师（追问）：这位同学采用的是什么方法？

问题2：8.6×4可以用竖式计算吗？

问题2-1：如果用竖式计算，4应该写在8.6中"6"的下面，还是"8"的下面呢？

（多数学生认为应该写在"6"的下面，教师将竖式写在黑板上，并针对学生的答案再次进行追问。）

问题2-2：请仔细观察这个竖式，你觉得熟悉吗？

问题2-3：最后计算出的结果是多少？35元钱够吗？从计算的过程和结果来看，你有什么发现？

问题2-4：继续观察这个竖式，假设我们要买40个、400个风筝，你能从这个竖式中直接看出需要多少钱吗？

问题2-5：用竖式进行计算时，对小数点是怎样处理的？

在以上"四何"问题链中，教师根据创设的情境提出小数乘整数的问题，并提出一系列"如何""为何"等"四何"问题，引导学生根据所学知识，尝试计算出结果。其中，问题1就是一个开放性问题，所以，在教学实践中，有的学生主张用加法进行计算；有的主张用单位换算，先把小数变成整数，再计算；有的直接列小数乘整数的竖式进行计算。可见，只要教师适当引导，学生很容易就能开拓思维，利用自己的知识和经验积极思考解决问题的策略，充分发挥学习的主动性，锻炼创造性思维。从教学的角度来看，开放性问题也有助于体现学生在学习中的主体作用，增强学生学习数学的信心。

又如，在"因数与倍数"的教学中，有位教师在黑板上写下了很多

2、4和5的倍数，进而给学生提出了一个开放性的"是何"问题："观察黑板上这三个数的倍数，你有什么发现？"可见，这位教师并没有直接告诉学生倍数的定义、特点等知识，而是提出一个开放性的问题，让学生自己去观察和发现。

对于这个开放性问题，学生给出的答案也很丰富，充分体现了学生思维的发散性。例如，有学生说，2和4的倍数都是偶数，没有奇数；有学生说，我发现虽然5是奇数，但它的倍数并不都是奇数，而是既有奇数也有偶数；还有同学大胆猜想，我觉得很可能偶数的倍数也都是偶数。不难发现，对于教师提出的开放性问题，学生通常会展开积极主动的思考，并热衷于与其他同学交流想法，以探知彼此的解题思路。在思考和探讨中，学生很可能会自己发现其中的数学规律，这显然比教师直接将其告知给学生的效果要好得多。面对这种开放性的问题，学生拥有充足的空间去想象和思考，极大地激发了学习的主动性和积极性。同时，学生通过自己的积极思考和探究，发现了很多数学知识，认识了倍数，这会使他们获得很大的成就感，在培养学生的思维和学习情感方面有重要的意义。

需要注意的是，无论是发散思维还是开放性问题，都不是随意或毫无节制地发散、开放，而是要注意发散和开放的"度"。恰当的开放性提问策略能够激发学生的好奇心与探索欲，鼓励他们进行深度思考。若问题设置得过于宽泛或模糊，则可能使学生感到困惑，难以把握思考方向，进而不仅未能有效锻炼其思维能力，反而可能浪费宝贵的课堂时间，影响整体教学效果与效率。因此，在设计开放性问题时，需注重其适度性与引导性，以确保既能激发学生的思维活力，又能保持教学的有效性和针对性。因此，设计和应用开放性问题，要综合考虑教学目标、教学内容和学情，注意问题的开放度，并控制好开放性问题和封闭性问题之间的比例，进而更好地实现培养学生数学核心素养的目标。

（二）设计实施创造性"四何"问题，培养学生迁移能力

"四何"问题中的"若何"问题以条件变化后所产生的新结果为主

要指向，侧重检测学生对创造性知识的掌握，可以说，"若何"问题是最适合培养学生创造性思维的"四何"问题。从本质上看，"若何"问题的设计思维是利用"变式"，即通过变化问题的相关要素，激活学生的思维，促进学生进行灵活思考，打破思维定式，综合运用各种数学知识和经验，从多方面、多角度对数学问题进行分析。在教学中，教师可以通过运用"若何"问题，引导学生在变与不变中发现问题的本质，并根据具体情况，积极调整思维策略，灵活迁移和运用数学知识，探求新的解题思路和方法，锻炼和发展应变能力与创造性思维。

例如，在"分数乘法"的教学中，教师设计了"若何"问题来锻炼学生的思维，让他们在问题中感受变与不变，从而进一步梳理相关数学知识。

问题1：两段1米长的绳子，第一根用掉了$\frac{1}{4}$，第二根用掉了$\frac{1}{4}$米，哪一根剩得多？

问题2：两根4米长的绳子，第一根用掉了$\frac{1}{4}$，第二根用掉了$\frac{1}{4}$米，哪一根剩得多？

问题3：两根8米长的绳子，第一根用掉了$\frac{1}{4}$，第二根用掉了$\frac{1}{4}$米，哪一根剩得多？

问题4：把一根绳子分成两段，第一段占全长的$\frac{1}{4}$，第二段是$\frac{1}{4}$米，哪一段更长？

在思考和解决以上"若何"问题链的过程中，学生通过分析、比较，理解"占$\frac{1}{4}$"和"$\frac{1}{4}$米"的区别与联系，突破固有思维定式，从实际问题出发，探究和理解知识的本质。很多学生在初学分数时很容易混淆"占$\frac{1}{4}$"和"$\frac{1}{4}$米"的含义，以为二者是一样的。而以上"若何"问题链，可以引导学生从实际情境中对二者进行多角度的区分、辨别，有助于加深学生对二者的理解，实现思维的拓展。

又如，在讲授"搭配"时，教师采用"若何"问题链，引导学生在不断探究中发现数学规律。

　　问题1：小王有3件上装、2件下装，你能帮她设计出不同的搭配吗？（创设情境）

　　问题2：假如她有上装1件、下装2件，能有多少种搭配？

　　问题3：假如她有上装、下装各2件，能有多少种搭配？

　　问题4：假如她有上装2件、下装3件，能有多少种搭配？

　　问题5：假如她有上装、下装各3件，能有多少种搭配？

　　教师设计了4个"若何"问题，每个问题都指向不同的目的，其难度逐渐增强，相对应的，问题对学生思维水平的要求也不断提高，从简单的1件上装配2件下装，到2件上装配2件、3件下装，再到3件上装配3件上装，层层推进，难度不断增加，也推动着学生的创造性思维不断发展。

五、"四何"问题的理答策略

　　在小学数学课堂教学之前，教师精心设计课堂提问；在课堂教学中，教师提出问题——学生思考并回答问题——教师对学生的回答给予反应和处理，即理答反馈——学生根据教师的理答反馈对自身的学习做出相应的调整。从广泛意义上来讲，以上才是小学数学课堂提问完整的过程。因此，在研究小学数学课堂提问时，我们不应忽略教师的理答环节。有经验的教师善于利用理答环节再次激发学生进行深层次的思考，以促进学生思维的进一步发展。他们会积极表扬学生在思考问题、解答问题等方面的表现；认真倾听学生的回答，并根据其回答，从其思维角度对其进行启发诱导。即使学生思考的方向、给出的答案与教师事先预设的不一样，有经验的教师通常也会用追问的方式对学生进行点播，引导学生综合运用观察、思辨、归因、推理等多种思维活动推导出结论，或对原理、方法等进行解释，从而更好地锻炼学生的思维能力和语言组织、表达能力。具体而言，教师在理答时应注意以下几个方面的问题。

四何问题与高阶思维

（一）合理安排候答时间

卡茨顿（Cazden，1988）认为，在课堂问答行为中，有三个不可缺少的连接点，分别是提问、回答和评价。另外，我们还应该注意候答环节的重要性。[①]罗韦（Rowe）将候答时间分为了两类，并分别将其命名为"思考时间1"和"思考时间2"。其中，"思考时间1"是指教师提出问题后停顿的时间，这段时间应保持在3—5秒，以便让更多的学生做好回答问题的准备，这通常会使学生给出更完善的回答，并为他们的观点和结论提供证据，同时，学生还可能会提出更多问题，思维的层次也更高。"思考时间2"是在学生回答问题后教师的等待或停顿时间，同样保持在3—5秒，适当的停顿可以使学生有时间来反思自己的答案，同样，对于教师来说，也拥有更加充分的时间来规划理答方式和内容，以便为学生提供更好的反馈，甚至在学生回答的基础上，发现和提出更高认知水平的问题。[②]

我们在此参考罗韦对思考时间的研究结论，将候答时间的观察维度划分为3秒以下和3秒以上。促进学生的高阶思维，是关注学生高阶思维培养的课堂问答的应有之义，所以教师在课前应明确课堂问答的作用，并合理分配提问、候答、回答以及理答的时间，以不断引领和启发学生的思维由低阶向高阶转化，优化课堂教学效果。在每节课有限的时间内，教师需要运用"教学机智"，对学生的回答做出有效的引导和反馈。同时，教师还应该把握好提问、等待、理答等各个环节的时间节奏，使学生获得充分的"思考时间1"和"思考时间2"，以更好地对数学知识和问题做出思考、回答，并获得思维的锻炼。

---

① 牛宝荣. 成长型思维模式指导下的课堂教学评价语改进研究 [D]. 南京：南京师范大学，2021.

② 井长玲. 数学课堂提问中教师等待时间与学生回答的关系研究：以两位初中数学教师的单元课堂教学为例 [D] 北京：中央民族大学，2022.

（二）综合运用理答方式

我国学者有关课堂理答方式的研究比较丰富。从理答方式的分类来看，学者们由于所依据的标准不同，划分的类别也不尽相同。例如，崔允漷教授着眼于理答的效果，将教师课堂理答分为积极反应、消极反应、探问和转问以及再组织四种类型。江苏省某教师研究团队充分研究、总结了丰富的一线教学经验，最终将语言性理答分为诊断性理答、激励性理答、发展性理答和目标性理答四种类型。同时，为了更好地指导教学实践，他们将这四种类型进行了细分，分为了十五个具体类型，包括简单肯定、提升肯定、机械重复、意义重复、简单否定、纠正否定、低效表扬、高效表扬、追问、转问、探问、反问、代答式、引答式、归纳式。

我们在综合分析已有相关研究的基础上，从理答的目的出发，将课堂理答分为判断性理答、描述性理答以及发展性理答三种类型。同时，又将判断性理答分为简单肯定、简单否定、重复肯定、重复否定、直接纠正、直接转问；将描述性理答分为描述性肯定、描述性否定；将发展性理答分为归纳重组、提示、分解问题、原问题加深和反问。

在这三种理答类型的适用方面，判断性理答一般适用于促进学生低阶思维发展的记忆性问题；描述性理答和发展性理答适用于涉及学生高阶思维发展的问题。因此，教师在选用理答方式时，应侧重于使用描述性理答和发展性理答方式，以更好地促进学生高阶思维的发展。

（三）有效规划理答内容

教师理答的内容不应只关注知识本身，而要深入理解学生的认知水平、情感状态和学习方法。这样的理答才能真正丰富而具体，并激发学生的质疑和提问兴趣。因此，有效的理答应具备信息性、可理解性、及时性和可行性。这不仅有助于发展学生的元认知能力，还能提升他们的自我评价能力。单纯的信息传递不能形成有效的反馈，只有当学生积极利用反馈信息改进学习过程中的不足，纠正错误理解或加深对问题的理解时，才能实现真正意义上的反馈。

四何问题与高阶思维

在问答互动中，如果学生已经具备足够的知识背景信息，能够通过理答获益，教师可以对其进行追问或提出新问题以进一步拓展其思维。如果学生缺乏构建基础知识所需的基本信息，最佳的理答方式应为提供及时性反馈，以帮助学生建立基础知识。若旨在引导学生深入思考并建构深层知识，则应选择延时反馈。

有效的理答不仅能引发学生的积极思考和主动发问，还可以在教师的指导下，帮助学生进行同伴评价和自我评价。这将基于标准和外部反馈，不断改进学习过程，平衡新旧认知，提升学生的元认知水平，并推动高阶思维的发展。这样的理答犹如一盏明灯，照亮了学生探索知识的道路，让他们在学习的海洋中自由航行。

（四）注意理答的积极性与多样性

在课堂互动中，提问开启了一个动态的双边交流过程，即教师发起问题，学生响应，随后教师根据学生的回答给予反馈与深化。在反馈阶段，教师应积极采取追问策略，促进多轮次、深层次的对话交流。同时，教师的反馈需秉持积极、多元的原则，规避消极反馈可能带来的负面效应。

教师应展现积极的反馈态度，为学生营造正面的情感氛围。小学数学课堂上，教师的情绪与态度是学生心理状态和学习动力的直接影响因素，因此，忽视学生心理动态，仅按既定教案推进，可能会削弱学生的学习体验，尤其容易对内向的学生造成显著的负面影响，甚至会因不当处理错误答案而损害学生自尊，抑制其课堂参与热情。教师应以平等、关切的心态倾听每位学生的回答，用鼓励性的语言给予正面反馈，让学生感受到被重视、被尊重，从而激发其学习热情与思维活力，促进师生间和谐高效的交流。

教师在反馈时应追求多样性与深度，强化思维训练。针对新教师可能存在的理答内容单一、缺乏深度的问题，建议通过丰富评价手段，如过程性评价与表现性评价，提升反馈的个性化与针对性。教师可建立个性化的反馈资源库，借鉴优秀同行经验，形成独具特色的反馈风格。更重要的是，教师应敏锐捕捉学生答案中的思维亮点与挑战点，适时追问，以此激发学生的深度思考与高阶思维，培养其自信、质疑与批判性思维能力，最终帮助学生实现全面而深入的学习和发展。

（五）注意对课堂提问的总结和反思

反思是个体增强元认知的有效途径，有助于个体不断审视自身，不断完善自身的意识和行为。教师作为学生启蒙教育的重要角色，其课堂提问和理答行为对学生的学习效果和思维能力有着至关重要的影响。课堂提问是教师引导学生探究问题、解决问题、提升思维品质的重要手段，而理答则是教师对学生回答的反馈和评价，能够激发学生的学习兴趣和动力，增强其自信心和成就感。因此，教师应该注重对自身课堂提问和理答行为的总结和反思，以便更好地提高教学质量和促进学生高阶思维的发展。而交流和反思是教师丰富教学经验最有效的方式之一，因此，教师对课堂提问的总结和反思，可以从以下两个方面入手。

一是主动向杰出教师学习，积极参与课堂观摩，并强化与同行间的沟通与合作。资深教师具有深厚的专业素养和丰富的教学积淀，展现出独特的教学风采，他们在教学语言运用、问题设计层次、学生评价反馈等方面的精湛技巧，是新教师学习的宝贵资源。在观摩过程中，新教师应细致观察，深入剖析其教学策略背后的教育哲理与思路，并在课后积极求教，记录心得。同时，通过模仿与实践，新教师可以逐步吸收这些经验，融合个人特色，形成独具一格的教学风格。此外，建立合作共享的学习文化，通过相互听课、评课、交流心得，可以弥补教师个人反思的局限，促进共同成长。

二是为确保反思的全面性与深入性，应灵活运用多样化的反思工具与方法。小学数学课堂提问具有复杂性，教师单纯依靠在头脑中思考、复盘显然是不够的。对此，可利用现代技术，如录像设备，记录教学实况；结合课堂观察量表，细致记录并分析教学过程中的各个环节，这是提升反思质量的有效途径。同时，反思不应局限于自我审视，而应广泛吸纳学生反馈、同事意见，形成多维度的反思。反思内容需具体明确，涵盖问题设计的合理性、提问策略的有效性、理答反馈的适宜性，以及整体教学效果的评估等多个方面，以期通过持续反思，不断优化教学实践，提升教学质量。另外，教师还应该对自己设计的课堂提问进行专门梳理和分析，审视所设计的问题是否有助于切实发展学生的高阶思维，并对思维含量高的优质问题进行分析、比较，发现它们的共同特点，总结出有助于培养学生高阶思维的数学问题的设计思路或技巧。

最后需要说明的是，从严格意义上说，以上第一点和第五点内容并不属于"理答"环节，但相对来说，它们与理答环节的关系比提问环节的关系更密切，因而在此将它们归入理答环节进行研究。

第五章 "四何"问题的教学应用

第一节 在概念教学中的应用

在小学数学教学中，概念教学是一项基础但非常重要的内容。同时，高阶思维培养并非通过理论灌输，或做几道具有创造性、思辨性等高阶思维特点的习题，就能实现的。高阶思维培养是一个长期且循序渐进的过程，应当渗透在小学数学教学的各个阶段和各个方面。因此，本节从理论到实践，从宏观到具体，对"四何"问题在小学数学概念教学中的应用进行了细致、透彻的研究，希望能够对教学实践提供更多有益的思考和借鉴。

一、数学概念与数学概念教学

虽然我们对数学概念并不陌生，但为了更好地、更有针对性地采取适当的教学方法做好小学数学概念教学，并通过其培养学生的高阶思维，我们有必要从更加科学、专业的角度对数学概念的内涵、本质、特点等进行全面了解。

通过对相关文献资料的搜集和整理，我们发现很多学者从不同视角出发对数学概念进行了界定。例如，宋乃庆和张奠宙认为，数学概念是人的思维对客观世界中的数量关系和空间形式本质属性的反映。[①]邵光华和章建跃的认知与之近似，即认为数学概念是人类对现实世界中的空间形式和数量关系的概括性反映。同时，他们又根据来源的不同，将数学概念划分为两大类，一是从真实的事物关系中抽象出来的概念，二是纯粹的数学抽象物。[②]李善良对数学概念内涵的分析更加细致，他认为数学概念有三种含义，其一，数学概念是一类数学对象的本质属性的反映；其二，数学概念是学生不断感知经验的一种活动过程；其三，数学概念是主体对客体不断建工、修正和构建的过程。[③]曾小平和肖栋坡从内涵和外延两个层面对数学概念进行了分析，认为数学概念的内涵是具体概念所指的数学对象本质属性的综合；数学概念的外延是反映构成概念的所有对象的全体。[④]

通过综合分析有关数学概念内涵的研究结论，在此将数学概念定义为，它是对数学现象的本质的定义和归纳，是人类运用抽象思维，把数学中的数量关系和空间形式的本质抽象形成的数学样式，是学生运用数学语言和符号探索某类事物内涵和外延的思维形式。简单来说，即数学概念由内涵和外延两个方面组成，是对数学对象的本质属性的反映。例如，三角形这一数学概念是指由三条线段围成的图形，且每相邻两条线段的端点相连，同时，其内涵包括三条线段和封闭图形，其外延包括锐角三角形、直角三角形和钝角三角形。

与数学概念的研究类似，学者们对数学概念教学的研究也因研究的视角、侧重点等因素的不同而得出了不尽相同的结论。例如，郭要红、李伯春等人认为，学生对数学概念的学习是一个比较复杂的过程，教师进行数

[①] 宋乃庆，张奠宙. 小学数学教育概论 [M]. 北京：高等教育出版社，2008：26.
[②] 邵光华，章建跃. 数学概念的分类、特征及其教学探讨 [J]. 课程·教材·教法，2009（7）：47-51.
[③] 李善良. 现代认知观下的数学概念学习与教学理论研究 [D]. 南京：南京师范大学，2002.
[④] 曾小平，肖栋坡. 小学数学课程与教学论 [M]. 北京：北京师范大学出版社，2015：53.

学概念教学要关注学生已有的概念知识体系、心理需求等多方面的因素。在实践中，数学概念的教学一般包含引入、获得、深化理解、巩固四个阶段。[1]郑毓信对小学阶段的数学概念教学要素进行了整理和归纳，认为小学数学概念教学主要包括名称、例证、特征、定义等四大要素。名称，如三角形、梯形、分数、整数、小数等；例证，是指能反映一类数学对象本质属性的具体事物；特征，是指反映数学概念特点的标志；定义，如"只有一组对边平行的四边形叫作梯形"，就是一种定义，是"梯形"的定义。[2]

综合有关小学数学概念教学的研究，结合本研究的内容特点，在此将小学数学概念教学定义为，教师借助有效的方法和丰富具体的素材，来揭示数学概念的内涵和外延，帮助学生建构起数学概念知识体系的教学过程。

二、在数学概念教学中培养学生高阶思维的意义

数学概念构成了数学知识体系的基石，对学生掌握后续的数学技能与知识而言，其重要性不言而喻。尽管当前教育领域对深度学习的推崇日盛，众多教师也积极尝试将这一理念融入日常教学设计，然而，课堂实践中的成效却显得不尽如人意，未能充分展现深度学习的潜力。具体而言，学生在数学概念的学习过程中，普遍局限于表面层次，仅能实现概念的基本理解和简单应用，缺乏深入挖掘概念间微妙差异的能力，更难以将理论知识灵活迁移至实际情境中。鉴于此，强化对学生高阶思维能力的培养，成了推动数学概念学习向更深层次迈进的关键。

从更广阔的层面上看，高阶思维是学生在未来社会生存和发展的必备能力，也是他们终身学习的关键要素。在学生的学习、生活和未来的工作中，高阶思维能力都是一种重要的手段和工具。具备高阶思维能力的学

---

[1] 郭要红，李伯春，李伟. 数学教学论[M]. 合肥：安徽人民出版社，2007：247.
[2] 郑毓信. 国际视角下的小学数学教育[M]. 北京：人民教育出版社，2004：223.

生，可以更快地适应充满各种因素和变量的社会环境，更快地掌握社会工作和生活的技能，从这个意义上说，在教学中培养学生的高阶思维对于学生未来的工作、生活、个人成长都尤为重要。

对数学概念的学习，是小学数学中必不可少也相对简单的内容，因此，通过在概念教学中培养学生的高阶思维，对于学生理解和掌握数学概念，以及在数学学习中逐渐形成高阶思维模式等都具有重要意义。例如，学者孔德宇指出，在数学概念教学中培养学生的高阶思维，可以让学生在理解和掌握数学概念的同时，意识到高阶思维是数学学习的基础。[1]具备高阶思维能力的学生，能自主分析数学概念的本质属性和无关属性，构建概念的整体框架，并能在解决实际问题时，综合考虑数学概念的内涵和外延，对问题进行分析和评判。

因此，在小学数学概念教学中，强化高阶思维的培养显得尤为关键。这不仅能够促进学生深入理解与应用数学概念，还能为他们在其他知识领域的学习中提供有力的思维工具。根据安德森等人修订后的布卢姆教育目标分类，分析、评价与创造思维构成了高阶思维的三大支柱。这三种思维能力相辅相成，有助于学生以更加自主和深刻的方式探索数学概念，促进知识的融会贯通与迁移应用，使学生不仅能够真正掌握新知，还能在脑海中构建起系统化的知识网络，为终身学习奠定坚实的基础。

三、数学概念教学中对学生高阶思维培养的现状

通过对相关资料（观摩课堂、访谈、问卷调查等）的整理和分析，以及在教学实践中的体会，我们认为当前我国小学概念教学中，对学生高阶思维培养的状况主要可以概括为以下几个方面。

---

[1] 孔德宇. 初中数学概念教学中学生高阶思维培育的研究[J]. 数学教学通讯，2021（8）：37-38.

（一）部分教师对高阶思维的了解程度不高，培养学生高阶思维的意识较低

教师是学生数学高阶思维培养工作的主导者和关键因素，我们分析了教师对高阶思维的了解和教师对培养学生数学高阶思维的意识这两个方面的情况，发现教师对高阶思维的了解程度，与其培养学生高阶思维的意识具有正向相关性，即教师对高阶思维能力的了解程度越高，其培养学生高阶思维能力的意识也就越强烈。但调研结果显示，当前多数教师对高阶思维能力的认知有限，仅少数教师达到全面理解的程度。这一现状反映出在小学数学教学领域，教师对高阶思维的认知尚浅，进而削弱了在教学中主动培养学生高阶思维的意识，影响了培养效果。

教师的专业素养是提升学生高阶思维能力的关键，而其有关高阶思维理论储备的不足限制了其教学创新与有效教学策略的应用。值得注意的是，当前高阶思维教学的研究重心多集中于大学及中学阶段，针对小学生高阶思维的研究不仅稀缺且缺乏针对性。小学数学教师对此领域的关注度不高，进一步制约了他们对高阶思维理论的深入理解。部分教师可能误将高阶思维视为小学生难以企及的高度，担心过早介入会适得其反，从而未能深入探索适合小学生的高阶思维培养路径。

然而，小学阶段是学生思维发展的黄金时期，在这个阶段对学生的思维进行培养，能够为其在中学阶段及以后的思维发展和成熟奠定良好的基础。从实践意义上说，培养小学生的高阶思维不可完全忽视学生自身的各种实际因素，将相关理论研究成果直接应用于教学实践，而是要结合学生的具体情况，适当改进有关高阶思维培养的理论，以符合学生的现有思维、知识等实际因素，再将其应用于教学中。有些小学数学教师认为，小学生的数学学习需要借助具体的活动，抽象的思维活动对小学生来说难度太大，因此，在教学中忽视了对学生高阶思维的培养。但不可忽视的是，数学概念本身就是抽象的，这便很明确地表明小学生在学习数学过程中也不可避免地需要进行抽象思维活动，甚至可以说，这种抽象思维活动是必不可少的。所以，具体活动和抽象的思维活动都是小学数学教学中不可或

缺的，教师应该提高自己对高阶思维的认识，通过学习相关理论研究成果，在教学中结合学生实际情况，引导学生进行抽象思维活动，培养和提高其高阶思维。

需要指出的是，虽然多数小学数学教师对高阶思维的了解程度不高，培养学生高阶思维的意识较低，但并不意味着在他们的数学概念教学实践中没有高阶思维活动，只是这些高阶思维活动并非出于教师刻意安排。例如，教师会通过引导学生进行区分、组织、归因等思维活动，来分析不同数学概念的特点、异同等，以加深学生对数学概念的认知，这种过程便涉及分析思维的锻炼；还会引导学生对数学概念进行核查、评判等思维活动，这种过程涉及的则是评价思维的锻炼。

（二）部分教师具有培养学生高阶思维的意识，但大多缺乏有效的方法

众所周知，教学活动并非随意为之，教师要在课堂教学之前根据教学目标、教学内容、学生情况等具体因素，设计教学过程，选择教学方法，规划教学路径。所以，如果教师缺乏培养学生高阶思维的教学方法，那么他们便很难培养和锻炼学生的数学高阶思维。例如，虽然教师知道应该引导学生深入了解数学概念背后隐含的思想、逻辑、方法、思维等深层元素，但由于缺乏有效的教学方法，学生对数学概念的掌握只是停留在认知层面，无法在思维层面对数学概念进行深入的思考和了解。可见，教师对培养高阶思维的教学方法的掌握情况，直接影响着学生高阶思维的发展。确切地说，教师掌握的培养高阶思维的方法越丰富，并善于在数学教学中应用相应的教学方法，其对学生高阶思维的培养频率和质量也就越高。

我们对相关文献资料以及实际调查的分析结果，也证明了以上推断。调查结果显示：大部分教师对培养学生高阶思维的教学方法了解不多，没有掌握高阶思维的培养方法；少部分教师了解一些培养学生高阶思维的教学策略，但并不懂得在实际教学过程中如何将其和学生的实际情况，以及教学目标、教学内容等进行有效结合，以使这些教学策略真正发挥培养学

生高阶思维的作用。此外,仔细分析某些教师的数学概念教学,会发现其中蕴含了一些培养高阶思维的策略。我们在对这些教师进行访谈时发现,他们并没有意识到自己在教学中运用的教学方法或策略,具有培养学生高阶思维的作用,即这些教师对学生高阶思维的培养属于"无心插柳"的举动,自然也就缺乏计划性和针对性,因而导致对学生高阶思维的培养效果通常不明显。

综上所述,虽然当前有些教师具有培养学生高阶思维的意识,但他们在概念教学中培养学生高阶思维的工作,尚处于探索或无意识阶段。因此,教师应注意学习和掌握培养学生高阶思维的方式方法,以提高数学概念教学中培养学生高阶思维的效果。

(三)学生思维水平的差异在很大程度上影响着高阶思维的培养效果

学生个体的差异是客观存在的,这是不容忽视的事实。每个学生都是独一无二的个体,他们的思维方式、知识掌握程度、消化吸收能力以及知识的再生产能力都是不同的。因此,我们需要认识到这种差异,并以此为基础来帮助学生更好地发展自己的高阶思维能力。作为教师,需要扮演好引导者的角色,帮助学生更好地形成和发展高阶思维能力。这并不是一件容易的事情,但却是每位教师必须完成的任务。

学生思维能力的不均衡性是必然存在的,虽然这会给教师的教学增加难度,但也并非毫无益处。学生之间不同思维的碰撞可以促使他们产生新思想和新观点,每一位学生的思维方式都是独一无二的,也正是这样才会让知识的再生产更加丰富多样。因此,教师在提高高阶思维培养意识、掌握高阶思维培养方法的同时,也需要在教学实践中充分考虑学生之间思维能力不均衡的特点,这样才能使教师针对学生实施的高阶思维培养工作更加具有实效,更好地为学生高阶思维能力的发展提供动力。

四、运用"四何"问题培养学生高阶思维的策略

我们已经知道,在小学数学教学中,教师需要运用有效的方法,引领小学生的思维从低级逐渐向高级发展。而为了使培养学生高阶思维的工作更加高效,我们有必要对数学概念和高阶思维的关系有一定的了解。学者徐文彬认为,数学概念是个体对客观世界中各种"事物的量"的思维反映。[1]这一观点道出了数学概念与思维之间的密切关系。依据美国学者杜宾斯基(E.Dubinsky)提出的数学学习理论——APOS理论,学生在学习数学概念时,会在对象阶段和过程阶段之间来回转变,这一过程不仅富含高阶思维活动,更构成了锻炼高阶思维的关键场域。同时,构建新图式时,高阶思维能力是不可或缺的驱动力。鉴于数学概念在小学数学教材中占据核心地位,它不仅是知识传授的基础,更是培育学生高阶思维能力的宝贵途径。教师应精心设计教学活动与问题,旨在激发学生的独立与深入思考,培养其主动探索的思维模式,从而有效促进高阶思维的发展。

为进一步优化教学策略,我们融合有关高阶思维的理论及分类标准,并审视当前数学概念教学中影响学生高阶思维培养的因素,从分析思维、评价思维和创造思维三个维度出发,深入剖析"四何"问题在小学数学概念教学中的应用,探讨其如何系统性地促进小学生高阶思维能力的全面提升。通过这一综合视角,我们力求为小学数学概念教学提供更具针对性和创新性的实践指导。另外,在具体的分析研究中,我们又分别对分析思维、评价思维和创造思维这三个高阶思维角度进行了细分,如将分析思维细分为区别能力、组织能力和归因能力;将评价思维分为核查能力和评判能力;将创造思维分为产生能力、计划能力和生成能力。以期更细致全面地对在小学数学概念教学中运用"四何"问题培养小学生高阶思维的问题进行分析,为小学数学概念教学实践提供更有实用价值的策略参考。

---

[1] 徐文彬.数学概念的认识及其教学设计与课堂教学[J].课程·教材·教法,2010(10):39-44.

（一）在概念教学中运用"四何"问题培养学生的分析思维

在分析思维中，有三个认知过程：区别、组织和归因。这些过程需要学生具备特定的思维能力才能顺利进行。根据APOS理论，在学习数学概念时，学生需要将外部的"行动"转化为思维"过程"，并将"对象"转变为"过程"。而这些转化和转变，需要区别、组织和归因这三种思维能力的辅助。所以，在此分别提出针对区别、组织和归因三种思维能力的"四何"问题教学策略，希望能为小学数学教师的概念教学提供更有实践意义的参考。

1.区别能力

区别能力指的是个体能够将复杂的数学概念或具体实例分解为独立的部分，并有效地进行分类与对比分析的能力。这种能力的培育，关键在于掌握并运用分类与比较这两种数学思想方法。学生首先需确立清晰的分类标准，将对象或概念分解成不同类别，随后深入各类别内部进行比较，以揭示其异同。通过反复实践这一过程，学生不仅能够加深对数学概念的理解，还能逐渐内化并灵活应用这些分类与比较的方法，在数学学习上展现出更高的自主性和效率。

（1）分类思想

分类思想作为数学领域的基本思想方法之一，强调有序、层次、全面且逻辑严密的思考路径，本质上它是一种深邃的思维方式。肖柏荣教授特别指出，分类实践中可采用比较法，此方法精髓在于异中求同、同中求异，以及逻辑分类法。此外，分类思想还能使学生通过辨析对象的异同，深刻把握数学概念的核心特质。"区别"行为本身是对知识对象的拆解与归类过程，而分类思想则进一步引导学生自主设定分类标准，并高效执行分类任务，这一过程不仅锻炼了学生的逻辑能力，还显著提升了他们对数学概念内部结构差异的敏感度和辨识力，促进了思维的深度发展。

例如，在"长方体的认识"的教学中，我们需要引导学生从面、棱和顶点三个方面的特征来认识长方体的特征，然后，再对以上每一个方面进

四何问题与高阶思维

行分类探究。在此过程中，便可以运用"四何"问题，带领学生一步步实现思维的锻炼和提升。具体过程模拟如下。

师：长方体有哪些特征呢？请大家回想我们之前学习图形特征时使用过哪些方法，并和周围的同学讨论一下你计划如何探讨这个问题。

生：我计划从长方体的面、棱和顶点三方面来探讨它的特征。

师：思路清晰，很好！那你打算从哪些方面探讨长方体的面的特征呢？

生：我打算从面的形状、数量、大小，以及各个面之间的关系，来探讨长方体的面的特征。

师：你打算从哪些方面探讨长方体的棱的特征呢？

生：我打算从棱的长度、数量，以及各个棱之间的关系，来探讨长方体的棱的特征。

师：你打算从哪些方面探讨长方体的顶点的特征呢？

生：我打算从顶点的数量来探讨长方体的顶点的特征。

通过以上模拟过程可以发现，首先，教师通过一个"是何"问题引起学生对长方体特征的关注，并引导学生回顾以往学习类似概念时运用的方法和思路，通过以往知识和经验的迁移来理解和学习新知识，帮助学生制定出自己认为合理的分类标准，即按照面、棱、顶点进行分类。其次，教师又通过三个"如何"问题，即"从哪些方面探讨长方体的面/棱/顶点的特征？"进一步引导学生将思路细化，最终形成这堂课中探究长方体特征的思路和方向。在这一过程中，学生运用分类策略，将长方体的复杂性解构为面、棱、顶点三大基本要素的特征探究，这些要素均与学生先前的几何图形学习紧密相连，体现了分类标准对学生既有知识结构的巧妙利用。通过此分类过程，学生的区别能力得到激发，促使他们能够将复杂的几何形态拆解为易于理解的若干部分，这一过程不仅锻炼了学生的分析能力，也为后续构建长方体整体特征的知识框架奠定了坚实的基础。

（2）比较思想

比较，作为一种基本且强大的认知策略，可以帮助人们通过新旧知识间的异同探索来深化对新知的理解。皮亚杰的认知发展理论强调，新知的学习根植于个体既有的知识土壤之中，学生在接纳新概念时，会本能地将其与过往经验相联结。在这一过程中，"比较"扮演着桥梁的角色，它鼓励学生跨越新旧知识的界限，寻找两者间的共同点与差异。在分类活动之后，教师应引导学生深入剖析各组成元素的本质特征，随后运用比较法，细致甄别这些特征间的相似与不同。这一系列的思维活动不仅加深了学生对知识结构的理解，更促进了比较思维与区别能力的协同发展，使学生在不断对比与反思中，构建起更为丰富、精细的认知体系。

例如，在"长方体的认识"的教学中，教师可以以学生对平面图形的认识为基础，引导学生通过对比认识立体图形，从而引导学生对图形的认识从平面走向立体，并形成空间观念。在此过程中，便可以运用"四何"问题，带领学生一步步实现思维的锻炼和提升。具体过程模拟如下。

师：我们已经初步认识了长方体，请大家讨论一下，它和我们熟悉的长方形有哪些相同点和不同点呢？（"是何"问题）

①相同点

生1：它们之中都含有点、线、面。

生2：它们的面都是长方形。

②不同点

学生对长方体与长方形不同点的比较分析主要可以分为两个方面，即构成方面的比较和空间方面的比较。

构成方面的比较：

生3：长方形只有4条边，长方体有12条棱。

生4：长方形只有1个面，长方体有6个面。

生5：长方形由点和线组成，长方体由点、线、面组成。

空间方面的比较：

生6：长方体是由6个长方形有规律地围在一起形成的。

生7：长方体可以站立在桌面上，长方形只能平铺在桌面上。

生8：长方体占据着一定的空间，长方形只占据一个面，它是一个平面。

生9：长方体有一定的厚度（高），长方形没有厚度，它只是一个面。

（在学生充分分析了长方形和长方体的异同之后，教师又提出一个"是何"问题，引导学生抓住二者最突出的不同点，并据此将学生的思维推向更深的层次，形成空间观念。）

③形成空间观念

师：请大家继续思考，长方体和我们之前学习过的图形的最大不同点是什么？（"是何"问题）

生10：之前学过的长方形、正方形、平行四边形、梯形等，都是一个面，而长方体有6个面。

生11：以前学的图形都是一个平面，长方体是一个物体，它是立体的。

生12：以前学的图形是平面的，不占空间，也不能容纳其他物体；长方体占有一定的空间，可以容纳其他物体。

从以上模拟的教学过程中可以发现，通过比较法能够有效触发学生的认知冲突，促进其思维向纵深发展，锻炼学生的思辨能力，助力他们打破思维定式，实现平面思维到立体思维的跨越。即便学生尚难以用高度概括的语言精准描绘长方体的立体形象，他们也能通过概念顺应的方式，自然而然地将长方体融入既有的几何知识体系之中。这一过程不仅是直观辨识向形象理解的迈进，更是学生思维深度与广度的双重提升，引领他们向更深层次的逻辑思维探索。

2.组织能力

组织能力指的是通过中介工具，将数学概念相关的知识点串联成线的思维过程。常见的中介工具包括数学语言和符号。[①]培养学生的数学语言表达能力，有助于促进其组织能力的发展。数学语言是数学交流不可或缺的基石，它不仅是传递思维见解的媒介，也是促进学生思维活跃的催化剂。学生在运用数学语言阐述观点的过程中，不仅能够激活内在的思维机制，还能在实践中不断优化自身的语言表述能力，使其数学语言表达更为精练与完善。这一过程不仅强化了数学语言表达能力，还深刻影响着学生的思维组织能力，进而推动其分析思维的全面升级。

（1）数学语言表达能力

数学概念是通过数学符号和语言来表达的思维形式。在学习数学概念时，鼓励学生运用数学语言和符号表达自己的观点，以促进学生对知识的掌握，培养其独特见解并有效传达这些见解。因此，强化学生的数学语言表达能力尤为重要，它能让学生的思考成果更加清晰、准确，且具备更强的说服力。

例如，在"长方体的认识"的教学中，教师应首先引导学生熟悉长方体的基本构成元素——面、棱、顶点等数学概念，并使这些概念深入学生的知识体系之中。随后，在探讨长方体各构成元素的特征时，鼓励学生运用精确的数学语言，清晰阐述自己的观察与理解，从而锻炼和提升他们关于长方体特征的思维整合与表达能力。这一过程不仅加深了学生对长方体结构的理解，也促进了其数学表达能力的发展。在此过程中，便可以运用"四何"问题，带领学生一步步实现数学语言表达能力的锻炼和提升。具体过程模拟如下。

---

① 郭靖文．在小学数学概念教学中培养学生高阶思维能力的研究[D]．厦门：集美大学，2022．

师：你们知道长方体中这些棱的名称是什么吗？（"是何"问题）

生1：正面这个长方形的长是长方体的长，它的宽是长方体的高；底面这个长方形的长是长方体的长，它的宽是长方体的宽；侧面这个长方形的长是长方体的宽，它的宽是长方体的高。

师：其他同学有不同观点吗？

生2：底面长方形的长和宽是长方体的长和宽，正面长方形的长和宽是长方体的长和高。

师：长方体的长和宽与长方形的长和宽有什么关系呢？（"是何"问题）

生3：不同面的长方形的长和宽，可能是长方体的长、宽或高，所以，长方形的长和宽不一定就是长方体的长和宽，需要看具体是长方体哪个面的长方形。

师：下面谁能用准确的语言说一说长方体的长、宽、高分别有哪些特征？（"是何"问题）

从以上模拟的教学过程中可以发现，教师在教授新的数学表达方式时，首要任务是清晰阐述并辅助学生理解这些数学语言及其背后的逻辑。随后，针对易混淆的数学语言，教师应扮演引导者的角色，帮助学生辨析不同语境下相同词汇的特定含义，以构建精准的数学语言体系。在此基础上，鼓励学生实践运用新学的数学语言和符号，精准捕捉并阐述数学概念的本质特征，这一过程不仅使学生加深了理解，也促进了其语言与思维的深度融合。依据APOS理论，学生在数学概念学习过程中，会经历"对象—过程"的转变环节，需要他们运用数学语言和符号清晰、有条理地表达其思维路径，实现自我反思与知识内化。因此，强化数学表达能力不仅是语言技能的训练，更是促进学生深入理解数学语言和符号以及提升数学组织能力的有效途径，学生能够更有效地将数学知识（对象）内化为自身认知结构的一部分，并在需要时灵活提取、分解（过程），实现知识的迁移与创新。

（2）数学语言沟通能力

在数学课堂上，师生之间、生生之间的交流常见且不可或缺。然而，在小学数学课堂上，在这些交流中使用数学逻辑语言的情况并不多，即师生、生生之间的交流用语口语化比较严重。因此，我们应该鼓励学生在交流中使用简洁、有条理、逻辑严谨的语言；教师也应该注意语言的严谨性和逻辑性，在保证学生能够听懂的前提下，尽量使用规范、专业的数学语言。这样的交流有助于培养学生的思维组织能力。

例如，在"长方体的认识"的教学中，教师通过"四何"问题适当引导学生的思维，以帮助他们锻炼数学沟通能力，提升思维组织能力。具体过程模拟如下。

前情：某位同学用比较通俗的语言概括了长方体的棱的特点。

师：谁能对这位同学的发现进行更加准确的概括呢？（"是何"问题）

生1：长方体的棱有三种。

师：这三种棱的名称是什么？（"是何"问题）

生2：长、宽、高。

师：谁能再来说一说长方体的棱有什么特点？（"是何"问题）

生3：长方体中包括四条相等的长、宽、高。

在上述模拟教学情境中，教师通过层层深入的对话，引导学生运用抽象数学语言概括数学知识，展现了有效的教学策略。同时，不可忽视的是生生交流的价值，教师应积极促进这一互动，激发学生的"对话式思考"，让他们在相互探讨中碰撞思想。为了进一步增强学生的数学沟通能力与逻辑思维能力，教师可以创新性地引入"学生讲师"机制，让学生轮流扮演教学角色，不仅能锻炼他们的数学语言表达，还能促进他们对知识的深度加工与整合。通过这一系列互动，学生对数学语言和符号的理解将更加透彻，也能加速他们头脑中数学概念的自然构建与内化，进而推动其思维组织能力的飞跃式发展。

3.归因能力

归因能力是指洞察数学概念内在本质及其关联信息的能力，这些深层信息往往隐藏于知识表象之下，需经深度思考与探索方能揭示。在此过程中，教师的引导不可或缺。教师可巧妙地设计层层递进的"四何"问题，引导学生逐步揭开知识的神秘面纱，深入探索其深层含义。同时，精心挑选的关键性"四何"问题，可以直击知识核心，帮助学生迅速捕捉并理解那些隐匿于知识背后的重要信息。因此，阶梯式问题和关键性问题可以促进学生归因能力的发展。

（1）阶梯式"四何"问题，引领学生思维由浅入深

阶梯式"四何"问题旨在将教学内容精细化、逻辑化地拆解为一系列既独立又相互依存的提问序列。这些问题以递进的逻辑链条紧密相连，为学生搭建起通往数学概念本质的阶梯。采用阶梯式"四何"问题，教师能有效引导学生步入深度思考的殿堂，不仅锻炼了学生的归因能力，即在问题解答中挖掘知识根源的能力，还促进了学生高层次思维的发展。随着问题的逐步解决，学生学会了分析与归纳，将学习过程转化为知识体系的构建，从而加速了数学概念在头脑中的内化与融合。

问题可以激发学生求知欲和好奇心，但若问题具有较大难度，可能会给学生造成思想压力，特别是当问题层层递进，其中某些问题可能存在一定难度时，容易给学生造成压力。因此，教师可以适当改变"四何"问题链的提问方式，比如，引入有趣或贴近生活的场景、情境、游戏等。总之，教师需要活化教学模式以辅助问题的实施，减轻学生面对问题时可能产生的思想压力，更有效地激发其学习兴趣和主动思考的欲望。在此，继续以"长方体的认识"的教学为例，展示通过阶梯式"四何"问题的设计和应用，引领学生思维由浅入深的过程。具体模拟如下。

问题1：长方体有几个面？（"是何"问题；数一数，数量特征）

问题2：这些面是什么形状？（"是何"问题；看一看，形状特征）

问题3：面与面之间有什么关系？（"是何"问题；比一比，大小特征）

问题4：你是怎样发现的？（"如何"问题；想一想，学习方法）

在上述过程中，教师首先引领学生细致观察，聚焦于长方体表面的直观属性——数量与形状，奠定认知基础。随后，引导学生深入探索，揭示面与面之间的内在联系，深化理解层次。最终，鼓励学生回顾并提炼整个思考轨迹，实现知识的自我建构。通过精心设计的阶梯式"四何"问题链，学生得以从长方体的表象特征逐步挖掘至其内在逻辑，洞察到隐藏在长方体表面之下的知识，实现了从直观到抽象的认知飞跃。

（2）关键性"四何"问题，帮助学生凝练思维

关键性"四何"问题通常能直击数学概念的核心，有助于学生将复杂的思维过程转化为清晰的知识结构。它能引领学生深入数学思维的腹地，直面问题本质，有效避免思维"歧途"，引导学生回归原点，重新审视并锁定问题症结。关键性"四何"问题不仅能激发学生"顿悟"的瞬间，促使他们自我审视错误路径，还强化了他们的自我反思与调整的能力。教学实践中，设计此类问题要求教师具备高超的引导艺术，通过一连串精妙设问，层层递进，揭示问题的重要价值。教师需敏锐捕捉教学契机，激发学生深度思考，并在学生表达见解时，持续引导其挖掘问题深层含义，以此锤炼学生的逻辑推理与问题解决能力。

为了设计出契合数学概念的关键性"四何"问题，教师需要深入研究教材内容，提炼其中数学概念的本质，并从概念的形成过程中寻找根源。在学生可能存在理解困难的地方，教师要分层次地整理重点内容，并引入

适当的数学思维方法，帮助学生简化复杂内容，使知识更易理解。在学生遇到难题或者陷入思维误区时，教师应当提出关键问题，以激发其思维冲突，促进其思辨，进而通过相互讨论，使其走出数学概念中容易混淆和容易出错的地方。我们继续以"长方体的认识"的教学为例，展示通过关键性"四何"问题的设计和应用，引领学生在数学概念学习中凝练思维的过程。具体模拟如下。

复习导入环节：

问题1：这些知识之间有什么关联？（"是何"问题）

问题2：线和面之间有什么关系？（"是何"问题）

问题3：立体图形和这些平面图形有关系吗？如果有，是什么关系呢？（"是何"问题）

探究新知环节：

问题1：为什么相对的面相等？（"为何"问题）

问题2：为什么有三条不同的棱？（"为何"问题）

问题3：为什么在画立体图时长方体的有些面会画成平行四边形？（"为何"问题）

上述问题与教学目标和教学成效紧密相关。复习导入环节的问题设计，首要任务是激活学生既有知识库，并以此为桥梁引入新知识，同时构建新旧知识间的桥梁，为后续学习铺设稳固基石，确保知识间的连贯性，促进学生有意义地吸收数学概念。探究新知环节的问题设计，则聚焦于引导学生亲历概念构建与内化过程，掌握学习策略，通过适应新情境形成认知图式。以上过程能够鼓励学生深度思考与探索，挖掘知识精髓，揭露隐含信息，从而在潜移默化中提升学生的归因与分析能力。

（二）在概念教学中运用"四何"问题培养学生的评价思维

思维过程融合了核查与评判两大环节，学生需具备这两种思维能力以推进这两大环节的顺利进行。数学概念学习旨在赋能学生，使其能运用所学概念解决现实问题。但在概念学习过程中，理解偏差易导致错误思维模式的形成，进而阻碍解题进程。因此，教师应引导学生核查计划与执行的一致性，以确保结论（知识）的准确性。随着知识的积累，强化学生的信息判断能力与方法选择能力越发关键，二者也属于评判能力。总之，提升评判能力可以使学生在知识掌握与问题解决上更加高效。

1.核查能力

核查能力，即评估计划执行与预期目标是否相符的思维能力，它依托于逆向推理，通常于行动结束后展开，自结果回溯至起点，逐步检验每一个步骤的准确性。教师可通过强化学生的逆向思维能力，来锻炼其核查能力，使学生自主实施反向验证。此外，在教学周期结束时，引导学生开展回顾与反思活动，不仅有助于其核查能力的提升，更能促使学生将核查内化为日常思维习惯。

（1）运用"四何"问题，引导学生逆向思考

逆向思维以截然相反的视角审视问题，可通过对立性质、位置对调及过程逆转等手段实现。[①]思维定式是深入思考的绊脚石，一旦学生掌握逆向思维，便能打破思维定式，将知识融入思维过程，实现从低阶到高阶的思维跨越。逆向思维不仅革新了学生的思考模式，还使他们对学习过程及所获知识印象深刻。继续以"长方体的认识"的教学为例，展示通过"四何"问题的设计和应用，引领学生逆向思考的过程。具体模拟如下。

师：长方体的长、宽、高和面之间有什么关系呢？（"是何"问题）

生1：长和宽组成了上下面，长和高组成了前后面，宽和高组成了左右面。

---

① 秦娟. 高阶思维教学的核心指向[M]. 上海：华东师范大学出版社，2021：104.

生2：只要先画出一组长、宽、高，就能画出长方体的任意一个面。

生3：长、宽、高是三个不同的面两两相交得到的不同棱。

在认识长方体的教学中，常规做法是先识别其面和棱的特征，再加以区分其长、宽、高。而引导学生从长、宽、高这一组棱出发，逆向推导出长方体中相对应的正面、侧面、底面，能有效规避思维定式，促使他们转换思考路径，亲身体验不同棱形成不同面的过程，深化对棱与面相互依存关系的理解，同时强化了他们在验证长方体面与棱特征一致性方面的核查能力。可以说，逆向思考不仅是打破常规思维的关键，也是培育学生评价思维与核查技能的重要途径。

（2）运用"四何"问题，引导学生回顾反思

元认知是指个体对自身认知过程和结果的认知，以及对认知过程的影响因素进行自我监控、认识和调节的能力。通过明确这些因素之间的相互作用，个体可以加深对自身认知活动的理解，进而促进新图式的产生和评价思维的发展。在教学过程中，教师可以引导学生运用元认知策略进行回顾反思，从而促进学生思维过程与知识对象之间的相互转换，提高学生的核查能力和评价思维水平。

回顾反思作为一种自我审视的策略，在数学概念教学中尤为重要。教师可引导学生从这几个方面深入反思，即观点的精准性、方法策略的有效性、潜在信息的挖掘程度。

课堂接近尾声时，教师可以鼓励学生总结、反思所学，如知识要点、数学思想方法；回顾学习过程，评估学习方式的有效性、思考流畅度及思考过程与知识之间是否一致等；自查有无知识性或非知识性失误；思考如何优化学习策略，提升思维能力。以上反思过程对增强学生的思考能力大有裨益。为提升反思效果，教师可倡导学生基于上述要点进行互评，相互补充，加深印象。同时，教师的课堂总结亦不可或缺，旨在巩固学生反思所得，确保学习成果。这一系列自我反思、同伴评价与教师总结的联动，

不仅助力学生扎实掌握数学概念，更促进了其数学素养与思维能力的全面提升。继续以"长方体的认识"的教学为例，展示通过"四何"问题的设计和应用，引领学生回顾反思的过程。具体模拟如下。

师：我们经过分析发现了"长方体相对的面是相同的"这一特征，现在请同学们回顾一下刚才是如何发现这一特征的。（"如何"问题）

生1：通过对长方体的各个面进行量一量、剪一剪，发现相对的两个面是相同的。

生2：通过观察长方体，我发现两个面的边长分别在一组平行线当中，两条平行线之间的距离处处相等，所以长方体的对面相同。

生3：因为长方体中相对的两个面各自的边长，是相邻的另一组对面的边长，且它们都是长方形，对边相等，所以长方体的对面相同。

生4：我发现让长方体中的对面中的一个面沿着两组平行线进行平移，可以和另一个面重合。

从学生的回答中不难看出，教师通过"如何"问题引导学生回顾课堂学习的过程，帮助他们梳理对长方体的面的认知，即从直观操作（如对长方体的各个面进行量一量、剪一剪），逐渐发展到抽象复杂的空间形象感知（如对面中的一个面沿着两组平行线进行平移）。在梳理这一过程的同时，学生思考和解决数学问题的思路也逐渐清晰。因此，在课堂教学中，教师应该及时引导学生进行回顾反思，以促进他们实现对数学概念更深层次的理解，帮助他们核查自己独立思考的过程，促进其核查能力和评价思维的发展。

师：请大家回顾一下，今天我们通过哪些方法学习了哪些知

识？（"是何"问题）

生1：通过分类方法，将长方体的特征分为面、棱和顶点。

生2：通过逻辑推理方法，发现了长方体的棱与面之间的关系，知道了不同棱是由不同面相交得到的，而且不同棱可以组成不同的面。

生3：通过比较的方法，知道了长方体与长方形的不同点，长方体占据一定的空间。

....

课堂结尾的回顾反思，作为对整堂课的精练总结，其独特之处在于能检验并展现学生记忆与思维的持久性。这一过程促使学生即时将知识转化为思维活动，不仅加深了学生对数学概念与思想方法的记忆，巩固新的认知框架，还促进了学生对学习成果与思维路径内在逻辑性的自我核查，逐步培养起独立核查的思维习惯。

2.评判能力

评判能力是批判性思维的核心，指的是个体依据外部标准进行客观评估、判断的能力。在数学概念教学中，教师应激发学生的质疑精神，培养其批判性思维，鼓励学生主动探索而非被动接受知识。

为强化学生的评判能力，教师可设计多样化的练习策略。变式练习通常能够吸引学生兴趣，激发其批判性思维，让学生在辨析正反例中深化对数学概念的理解，进一步掌握其运用标准。应用练习侧重于实践，它促使学生将数学概念应用于实际情境中，同时在多种解决方案中择优，这一过程不仅锻炼了学生的选择决策能力，还要求他们明确选择依据，从而促进了评判能力的提升。因此，应用练习不仅是巩固知识的有效途径，更是发展评判能力的重要手段。

（1）运用"四何"问题，提高学生思辨能力

变式练习是教师在教学中常用的一种练习方式，主要用于帮助学生巩

固所学知识。其中，变式指的是教师有目的、有计划地将数学概念转化为能够激发学生思辨能力的有效问题。[①]实现这种转化，关键在于对数学概念的本质属性、条件与结论进行调整，或融入特定情境与问题形式，并补充影响判断的相关元素。然而，当前小学数学课堂中的变式问题设计，往往局限于巩固知识记忆层面，通过形式上的微调来加深学生印象。这类练习常显单一乏味，既无法激发学生学习兴趣，也难以激活其深层思维。因此，教师在设计变式问题时，需更加精心地考量，力求问题既具挑战性又富吸引力，以促进学生思维的活跃与深化。

我国学者鲍建生对变式问题进行了深入研究。他认为概念性变式主要包括两类：一类是属于概念的外延集合的变式，也称为概念变式，其中又可以根据其在教学中的作用分为概念的标准变式和非标准变式；另一类是不属于概念的外延集合，但与概念对象有某些共同的非本质属性的变式，也称为非概念变式，其中包括用于揭示概念对立面的反例变式。[②]

设计数学变式问题时，教师应遵循三大核心原则：针对性、适用性与参与性。针对性原则指导教师应紧密围绕教学目标构建问题变式，确保学生能够深入探索数学概念的内涵与外延，同时领悟其中蕴含的数学思想方法。适用性原则强调问题设计需契合学生的认知发展轨迹与学习现状，确保主题鲜明且难度适中，以促进学生有效吸收。参与性原则倡导通过变式问题的设计，激发学生主动参与，鼓励他们自行构思问题并尝试解答，以此评估其学习成效与思维能力，最终达到对数学知识与思想方法的灵活应用与深刻理解。我们继续以"长方体的认识"的教学为例，展示通过"四何"问题的设计和应用，提高学生的思辨能力的过程。具体模拟如下。

A. 概念变式

a. 标准变式

---

① 秦娟. 高阶思维教学的关键技术[M]. 上海：华东师范大学出版社，2021：65.
② 鲍建生，黄荣金，易凌峰，等. 变式教学研究（续）[J]. 数学教学，2003（2）：6-10，23.

几何问题与高阶思维

师：请大家分析判断以下立体图形（如图5-1-1所示）是不是我们今天学习的长方体，以及这些立体图形分别有哪些特点。（"是何"问题）

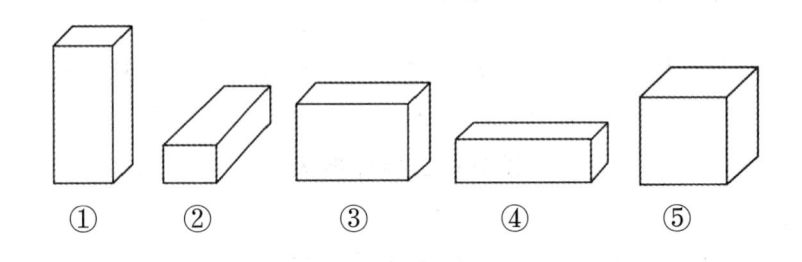

图5-1-1 标准变式

生1：这五个立体图形都是长方体，因为它们都具备长方体的本质特征。

生2：这五个长方体只是形状大小不同。①是高比长和底长的长方体；②是宽比长和高长的长方体；③是长比高和宽长的长方体；④是有两个面是相同的正方形，另外四个面是相同的长方形的长方体；⑤是六个面都是正方形的正方体，也属于长方体。

该变式中的5个立体图形都具备长方体的本质特征，即符合长方体概念的内涵。只是它们的外延发生了改变，在摆放和位置上也没有太大的改变，并且与我们常见的长方体在形象上相似。

b.非标准变式

师：请大家分析判断以下立体图形（如图5-1-2所示）是不是我们今天学习的长方体，以及这些立体图形分别有哪些特点。

("是何"问题)

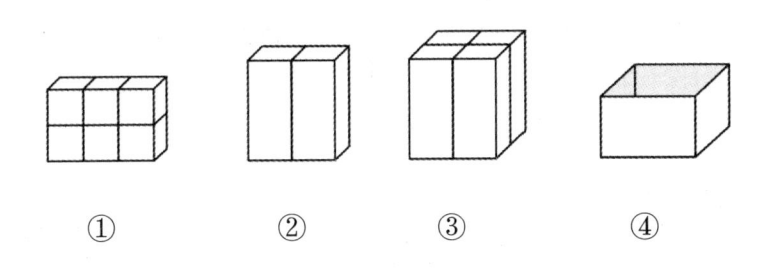

①　　　　②　　　　③　　　　④

图5-1-2 非标准变式

生1：从整体上看，它们都属于长方体。

生2：这四种立体图形都符合长方体的本质特征，其中①②③是由几个长方体拼成的。具体来说，①是由6个一模一样的小正方体拼成的；②是由2个相同的长方体拼成的；③是由4个同样大小的长方体拼成的；④的上底面是空的，是由四条边围成的形象上的长方形面，就像我们常见的没有盖子的收纳盒，所以，④也是长方体。

该变式中的4种立体图形都符合长方体的本质特征，即符合长方体概念的内涵，只是外延发生了改变，是由其他立体图形拼成的（①②③）或者通过形象思维产生的（④），即与我们常见的长方体在形象上有较大的冲突。这是一个从部分到整体的过程，需要学生进行思考辨别，评判这些立体图形是否符合长方体概念的内涵。

B.非概念变式

师：请大家分析判断以下立体图形（如图5-1-3所示）是不是我们今天学习的长方体，以及这些立体图形分别有哪些特点。

四何问题与高阶思维

（"是何"问题）

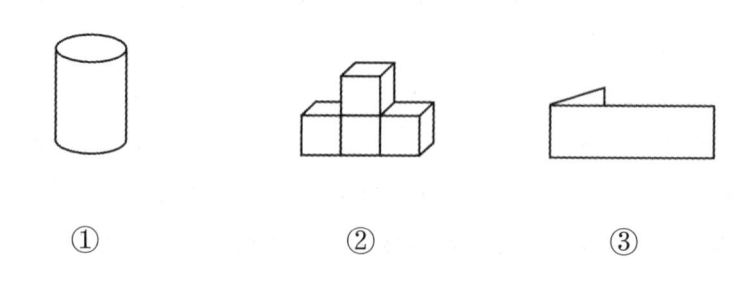

①　　　　　②　　　　　③

图5-1-3 非概念变式

生1：从整体上看，它们都不属于长方体，因为它们不完全具备长方体的本质特征。

生2：①是立体图形，但它没有6个长方形面；②从整体上看是立体图形，但它没有6个长方形面；③是立体图形，也有长方形面，但只有2个长方形面，所以，它也不是长方体。

非概念变式能够凸显数学概念的本质属性，帮助学生深刻洞察其本质特点，实现真正意义上的概念掌握。变式练习通过细微或显著的变化，激发学生的认知活力，促使他们主动辨别信息，依据外部标准进行深入的思维分析，从而强化评判能力，发展评价性思维。

（2）运用"四何"问题，培养学生决策能力

学习数学概念的主要目的在于解决实际问题。在历史上，先驱者们面对模糊问题时，通过对其进行严格定义，创造了各类"概念"。而今，我们可借鉴前人的智慧，通过模拟定义场景，深化对数学概念的理解，并将其灵活应用于实际问题解决中。可见，应用练习在学习数学概念中扮演着关键角色，它鼓励学生探索多元解题路径，依据既定或自创标准择优而行。教师可巧妙设计"四何"问题，引领学生历经决策过程，以此锤炼其决策能力。而决策能力是评判能力的重要组成，决策能力的提升自然助力

评判能力及评价思维的全面发展。我们继续以"长方体的认识"的教学为例,展示通过"四何"问题引导学生进行概念应用练习,培养学生的决策能力的过程。具体模拟如下。

师:如果用一根铁丝刚好可以焊成一个长、宽、高分别为7厘米、6厘米、2厘米的长方体框架。那么,用这根铁丝焊成一个长5厘米、宽3厘米的长方体框架,它的高是多少厘米?("若何"问题)

铁丝的长度:(7+6+2)×4=60(厘米)。

生1:60-5-5-5-5-3-3-3-3=28(厘米);28÷4=7(厘米)。

生2:60-5×4-3×4=28(厘米);28÷4=7(厘米)。

生3:60÷4-(5+3)=7(厘米)。

师:你们会选择哪种计算方式呢?

生(齐):第三种。

解答此题需学生对长方体的棱有深入全面的认知,并能灵活应用其特征解题。学生偏好第三种解法,理由有三:一是算式精简,减少视觉负担;二是算法高效,减少计算失误;三是直观展现题目中的数量关系,符合其内在逻辑。这些评判标准皆源自学生个人见解。教师也推崇此法,因为其考验学生对数学概念的抽象理解及灵活应用能力。当学生深刻掌握这一概念后,面对同类问题,将自然而然地依据这些评判标准,首选第三种方法解决实际问题。因此,应用练习不仅是巩固知识的手段,更是提升学生评判能力与评价思维的重要途径。

(三)在概念教学中运用"四何"问题培养学生的创造思维

创造性思维主要包括产生、计划和生成三个认知过程,而这三个过程的有效实施需要学生具备产生、计划和生成三种思维能力。在学习数学概念时，学生需要依靠产生能力和计划能力把"行动"内化为"过程"，并在"过程"中进行反复思考。同时，在将"过程"凝练为"对象"以及构建新图式的过程中，学生也需要生成能力的支持。因此，针对每一种思维能力，教师需要采取相应的教学策略，以帮助学生锻炼和提升这三种思维能力，从而促进其创造性思维能力的发展。

1.产生能力

创造性思维的核心在于产生能力，它是指能够孕育出具有相关性的解题思路与结论的能力，包括方法与观点。在小学数学概念教学中，教师可巧妙构思多样化的"四何"问题，激发学生的发散性思维，鼓励他们从不同维度、不同层面思考，形成多元化的观点与解决方案。这些问题可细分为多解性问题与开放性问题两大类。开放性问题往往嵌入或紧随多解性问题之后，它们如同一座桥梁，为学生搭建起思维拓展的舞台，促使他们积极动脑，独立探究，勇于提出创新的问题解决策略或假设。

（1）运用"四何"问题，培养学生求异思维

各种数学概念之间存在着内在的联系，大部分数学问题都有多种解决方法，而解决问题的顺利程度取决于学生的数学知识储备。随着学习的深入，学生的知识库不断累积，为解决问题提供了丰富的资源。然而，如何高效运用这些知识成为一大挑战。部分学生因知识掌握不牢固或理解不透彻，在面对相似问题时，常感到思路混乱，难以灵活运用所学。因此，教师应敏锐捕捉学生的思维动态，在其萌发新念头时给予正面反馈或适当引导，助力其深化思考，直至构建出完整的解题路径。在指导学生解题过程中，教师应精心策划各类问题，旨在激发学生思维的多样性，促进其多视角、多层面的思考，激活求异思维。具体操作时，需留意以下几点：一是可从某个数学概念出发，鼓励学生寻找相似的知识；二是善于采用提问和追问，推动学生思维的连续性与深度；三是倡导多角度、多层次分析，鼓励学生打破思维定式，灵活应变；四是培育学生的批判性思维，鼓励他们勇于假设、敢于创新，增强独立解决问题的能力；五是可设计贴近生活的多解性问题，让学生理解数学与生活的紧密联系，实现知识的有效迁移

与应用。我们继续以"长方体的认识"的教学为例，展示通过多解性"四何"问题，培养学生的求异思维。具体模拟如下。

师：假设用一根铁丝刚好可以焊成一个长、宽、高分别为3厘米、10厘米、2厘米的长方体框架。那么，用这根铁丝焊成一个长7厘米、高3厘米的长方体框架，它的宽应该是多少厘米？（"若何"问题，确切地说是多解性"若何"问题）

铁丝长度：（3＋10＋2）×4＝60（厘米）。

生1：60－7－7－7－7－3－3－3－3＝20（厘米）；20÷4＝5（厘米）。

师：你的解题思路是怎样的呢？（"如何"问题）

生1：因为长方体的长、宽、高都各有4条，所以，我用连减的方式先算出4条宽的长度之和，再除以4，就是长方体宽的长度。

师（追问）：还有不同的方法吗？

生2：60－7×4－3×4＝20（厘米）；20÷4＝5（厘米）。

师：你的解题思路是怎样的呢？（"如何"问题）

生2：因为长方体的长、宽、高都各有4条，所以，我用乘法代替连减的方式，先算出4条宽的总长度，再除以4。

师（追问）：还有其他方法吗？

生3：60÷4－（7＋3）＝5（厘米）。

师：你的解题思路是怎样的呢？（"如何"问题）

生3：我把长、宽、高看作一个整体，长方体中包含四组这样的整体，所以，我用铁丝的长度，也就是长方体所有边的总长度除以4，得到的就是一组长、宽、高的长度，然后减去长和高的长度，就是宽的长度。

在以上教学过程中，教师巧妙地运用了问题驱动法，持续激发学生的自主探索欲，鼓励他们基于既有的数学知识与经验，探索并提出多元化的解题策略。这一过程不仅展现了学生思维的广度与深度，还促进了多种解题思路的自然涌现。由此可见，精心构思与实施具有开放性和多解性的问题，对于激发学生的创新思维潜能、加速其创造性思维的形成与发展，具有积极作用。

（2）运用"四何"问题，培养学生发散思维

开放性问题与封闭性问题形成鲜明对比，开放性问题更注重问题的质量，其特征体现在条件的不完全性或答案的不确定性上。开放性问题旨在引导学生进行全面审视、广泛联想，并鼓励他们从多角度、多层次进行独立且深入的思考。在教学活动的知识巩固阶段，教师会巧妙地融入开放性问题，同样，在引领学生探索新知的过程中，开放性问题也是不可或缺的。为确保开放性问题的有效设计与实施，需关注以下几点：首先，问题设计需具备足够的发散性，以激发学生的多元思考；其次，问题应贴近学生的"最近发展区"，既具挑战性又具可及性；再次，教师应积极鼓励学生主动发问，培养其问题意识；最后，提出问题后，应给予学生充裕的时间进行独立思考，确保思维过程的完整性和深度。开放性问题为学生提供了广阔的思维舞台，确保了足够的思维自由度，从而促使学生能够更加全面、深入地探索问题，有效促进其发散思维的发展。我们继续以"长方体的认识"的教学为例，展示通过开放性"四何"问题，培养学生的发散思维的过程。具体模拟如下。

前情：教师为学生展示了立体图形、平面图形等多种样式的图形。

问题1：请你们为这些图形分类，并说一说你是如何分的。（"如何"问题）

问题2：这两种分类之间有什么关系吗？（"是何"问题）

问题3：长方形与长方体之间又有怎样的关系呢？（"是何"问题）

以上一系列问题能够促使学生对学习产生兴趣，引导他们进行独立思考和深入思考，引导他们逐步发现长方体的本质特征。这些开放性"四何"问题可以唤起学生的创造性思维，让他们产生各种不同的见解。由此可以看出，教师提出的开放性"四何"问题有助于锻炼和发展学生的思维产生能力。

2.计划能力

计划能力体现于个体能够构思出系统化的步骤与规划，探索并整合相关联的观点与方法，进而构建出条理清晰的思维蓝图。在数学概念教学中，合作探究作为一种教学模式，强调学生的自主性，要求他们自行设计探究路径并付诸实践。此过程中，学生需预先构思探究框架，教师则在学生分享计划时适时引导与追问，帮助学生细化并强化其思维计划，确保计划既完整又严谨。由此可见，合作探究的教学策略在培育与提升学生计划能力方面扮演着至关重要的角色，可有效促进这一关键能力的成长与发展。

（1）运用"四何"问题，锻炼学生逻辑思维

教师的追问是一种精心设计的互动手段，旨在适时且恰当地引导学生，促使他们能够从浅层次的理解逐步深入到数学概念的核心，避免思维仅停留于表面。这一过程要求教师准确把握时机与提问策略，以激发学生更深层次的思考与探索。

思维计划，作为学生学习数学概念过程中的产物，是学生基于逻辑分析，针对探究对象所提出的假设与解决方案的集合，它体现了学生思维的活跃性与深度。在学习中，学生形成的思维计划可能并不成熟。因此，教师应在学生进行探究之前针对他们的计划适时追问，帮助他们对自己的计划进行深入思考、检验，发现其中可能存在的问题或值得改善的地方，从而形成更完整的思维计划，为后续顺利实践奠定基础。我们继续以"长方体的认识"的教学为例，展示通过适当地追问，锻炼和完善学生的逻辑思维的过程。具体模拟如下。

四何问题与高阶思维

师：你们打算如何探究长方体的棱的特征呢？（"如何"问题）

生：我们计划通过数一数棱的数量、比一比棱的大小，来发现长方体的棱的特征。

师：除此以外，还可以探究棱的哪些特征呢？（追问，开拓学生的逻辑思维，促使其完善探究计划。）

生：还可以探究棱与棱之间的关系，以及棱与面之间的关系。

教师对学生的探究计划进行适当的询问，可以激发学生的逻辑思维，促使学生深入思考，制订出严密的实施方案。在帮助学生形成计划时，教师应当重视注意事项，以免学生徒劳无功，丧失学习的积极性。因此，教师在学生开始探究之前及时针对其探究计划提出问题，可以弥补其思维计划可能存在的缺陷，帮助其制订出完整的探究计划。

可见，在学生进行合作探究学习之前，教师针对其探究计划适时地提出追问，有助于帮助学生完善其逻辑思维，培养他们的计划能力，推动其创造性思维的形成和发展。

（2）运用"四何"问题，锻炼学生聚合思维

合作探究学习是数学课堂中常见的学习方式。它的重点在于学生之间的合作和对问题的探究。合作学习是指学生为了完成共同的任务，分工明确并相互帮助的学习方式。在这个过程中，学生能够发现自己在学习中遇到的问题，并通过交流讨论，及时改进学习习惯，解决学习中的问题。美国教育家施瓦布在他的报告《作为探究的科学教学》中首次提出了"探究学习"这个概念。探究学习是指学生在主动参与的情况下，根据自己的猜想或假设，在科学理论的指导下，运用科学的方法对问题进行研究，在研究过程中培养创新实践能力，促进思维发展，自主建构知识体系的学习

方式。①

在小学阶段，学生的认知和思维能力尚未成熟，因此在以完成任务为目标的活动设计中，通常将个人探究和小组探究结合起来，以提高效率。关于学生分组，教师应根据任务的不同尽可能使分组具有多样化，例如，可以分成前后桌同学四人一组，或者可以将同桌的两个同学分为一组，等等。需要注意的是，分组还应该注意小组中不同成员的特点，要确保每个小组成员都能参与合作探究过程。分组前，教师应确立清晰的讨论准则以确保交流有序。在小组讨论过程中，教师应扮演巡视者的角色，全面关注各组动态，适时介入以引导陷入困境的学生走出误区，助力其持续深入思考与探究。小组合作探究模式不仅激发了每位学生的学习热情，还促进了思维的碰撞与融合，催生出多样新颖的观点。这些观点的汇聚，便构成了团队共同的、经过集体智慧提炼的思维蓝图。我们继续以"长方体的认识"的教学为例，展示通过适当地提问，促进学生的合作探究学习，锻炼聚合思维的过程。具体模拟如下。

师：我们探讨长方体的特征，主要可以从哪些方面入手呢？（"是何"问题）

生1：以前我们学习长方形的特征时，分别从它的点、线、角进行了探讨。所以，对于长方体的特征，我们也可以探究这几个方面。

生2：长方体中相邻的线段之间的夹角是每个长方形面的角，它们都是90度。

生3：和长方形相比，长方体多了一个特点，即长方体有多个面，所以，我们可以探究长方体点、线、面的特征。

师：请大家前后桌四人一组进行探究，讨论长方体的点、

---

① 李志彦. 初中数学教学中探究能力培养研究：以石家庄市十七中为例[D]. 河北：河北师范大学，2012.

线、面都有哪些特点。

在教学实践中，学生小组探究的过程大致会经历以下几个层面。首先，小组内的同学会对之前提出的探究方法进行辨别，选取他们认为合适的探究方向，即探究长方体的点、线、面有什么特点；其次，围绕着探究方向，小组成员分别提出自己的个人计划，之后形成小组的计划，进而按照计划经历观察、操作，如量一量、剪一剪、拼一拼，以及填写表格、检查操作和结论是否一致等过程；最后，形成小组合作探究的最终结果，并进行小组汇报。

在合作探究的过程中，学生们开动脑筋，积极地思考自己需要做什么、应该怎样做。通过这样的思考，学生形成了自己的初步计划，再通过与小组其他成员之间进行交流，将小组成员的计划整合成新的计划，进而执行计划。可见，合作探究学习能够提高学生的思维计划能力，也能够锻炼他们汇集和整理信息的能力，发展聚合思维。

3.生成能力

生成能力是指学生执行学习计划后，自主构建数学概念的能力。在学习数学概念时，若学生仅孤立地、机械地记忆知识的片段，忽视其内在联系与整体性，则难以透彻理解并长久记忆这些概念。因此，生成能力尤为关键，它促使学生将零散的课堂学习内容整合成具有概括力与逻辑性的知识框架，从而形成对数学概念的全面把握。这一过程不仅巩固了数学知识，还促进了学生认知结构的优化与重构，使新知识得以在思维体系中稳固扎根。培养学生生成能力的有效策略包括鼓励其独立地进行知识总结与绘制思维导图，以促进知识的内化与结构化。

（1）运用"四何"问题，提升学生建构能力

独立总结是构建数学概念体系不可或缺的一环。学习过程中，师生及生生间的思维交流激发出多样的数学观点、思想、方法，加速了学生对新知本质特征的理解，新旧知识的联结点及创新思维得以涌现。如果学生对此缺乏有效吸收，则难以构建新的认知架构。所以，教师应适时引导，尤

其是在学完知识点后，鼓励学生进行独立总结。总结应聚焦于新知识的本质特征、探究新知的路径、方法以及相关学习收获等。

我们继续以"长方体的认识"的教学为例，展示通过设计和实施"四何"问题，促进学生进行独立总结，锻炼建构能力的过程。具体模拟如下。

课堂教学中：

师：请总结一下长方体的面有哪些特征。（"是何"问题）

生1：长方体有6个面，可以按照大小不同将其分为三种：前后面、左右面、上下面。相对的面是相同的。还可以按照同组中的面大小完全不同的标准，将其分成两组，例如，将正面、底面、右侧面分为一组。

师：我们通过哪些方法发现了长方体面的特征？（"如何"问题）

生2：通过数一数知道了长方体面的个数，通过剪一剪以及对比长方形的边长推断出了长方体面的大小特征。

课堂结束时：

师：今天学到了哪些知识？（"是何"问题）

生3：长方体的面、棱、顶点的特征。

师：学到了哪些数学思想方法？（"是何"问题）

生4：分类、转化、比较。

在以上过程中，教师通过引导性提问，帮助学生形成数学概念和数学思想方法，引导他们全面、有序地总结课堂学习的成果，使学生真正掌握数学概念，形成新图式。可见，引导学生独立总结有助于发展学生的生成能力和创造思维。

四何问题与高阶思维

（2）运用"四何"问题，发展学生迁移能力

德国数学家大卫·希尔伯特曾经表达过这样的观点：数学学科是一个密不可分的整体，它的生命力正是在于各个部分之间的紧密联系。[①]数学，作为一门兼具系统性、结构性及逻辑性的学科，其知识间紧密相连，概念间亦相互依存。学习数学概念时，需摒弃孤立视角，追求知识的整合与体系的构建。思维导图，作为强有力的视觉化工具，不仅可以帮助学生巩固数学概念的理解，还能促进学生思维能力，特别是高阶思维的飞跃。

思维导图通过点、线、面的巧妙布局，直观展现知识间的逻辑脉络与发散联想，是教师引导学生构建知识网络的有效工具。起初，教师应培养学生的"导图意识"，鼓励他们回顾旧知，将相关联的数学概念编织成网，为后续学习奠定坚实基础。随着学生能力的提升，教师应放手让学生自主绘制思维导图，这不仅能锻炼他们的知识整合与批判性思维能力，还能促进其对概念的内化与生成。最终，教师应引导学生深刻体会思维导图的价值，一者，它化零为整，将碎片知识整合为系统框架，帮助深化理解，强化记忆，提升知识迁移能力；二者，在问题解决中，思维导图如同"导航"，引导学生迅速锁定关键知识点，提升分析判断与解决问题的能力，让思维更加敏捷与深刻。我们继续以"长方体的认识"的教学为例，展示通过适当的提问问题，引导学生建构思维导图，发展迁移能力的过程。具体模拟如下。

师：你们可以用一张图把学习的所有图形联系起来吗？

（学生根据教师的提示绘制思维导图。之后，教师综合学生绘制的图形，绘制出思维导图，并针对其中的立体图形进行问题提示。）

师：立体图形只有长方体这一种吗？是不是还有其他的立

[①] 于俊杰. 基于高阶思维能力培养的高中数学教学策略研究[D]. 济南：山东师范大学，2021.

体图形呢？希望大家记住我们绘制的这个思维导图（如图5-1-4所示），以后学到新的相关知识，我们再将其补充到这个思维导图中。

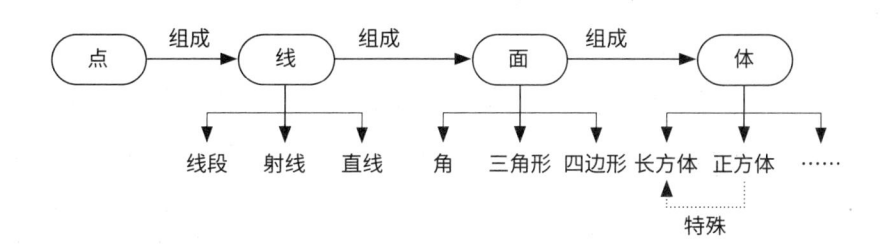

图5-1-4 思维导图

具体而言，首先，思维导图可以作为复习工具，有效助力学生回顾旧知；其次，教师可通过引导学生探索新知在思维导图中的恰当位置，进一步激发其思维活力与探索欲；最后，在整合知识阶段，鼓励学生将新知无缝融入既有思维导图，逐步深化理解，构建起全面且连贯的知识网络。若学生已掌握多种分类下的相关知识，教师应适时引导，协助他们将这些分散的知识点编织成一张逻辑严谨、条理清晰的思维导图。此举不仅可以帮助学生辨别知识间的界限，深化对数学概念内涵与外延的理解，还可促进他们对知识间的跨领域联结，提高他们的创造思维能力和整体思维能力。

第二节 在问题解决教学中的应用

问题解决是数学教学的重点和难点内容。在数学问题解决过程中，学生不仅要牢固掌握数学基础知识，更重要的是能够灵活运用数学思维、技巧等实现知识和技能的综合运用。数学问题解决也是体现和应用数学高阶思维最突出、最集中的方面，从另一个角度来说，数学问题解决也是培养学生数学高阶思维的重要途径。因此，本节重点对"四何"问题在数学问题解决教学中的应用进行具体研究，结合具体教学过程，以及大量教学实例，对"四何"问题在数学问题解决教学中的教学设计、教学分析、教学优化等进行了全面探讨。

一、概念界定

（一）问题解决

近年来，各国学者对于问题解决的关注和研究逐渐增加。例如，在美国，教师和其他学者们普遍认为，在数学教学中，教师应该给予问题解决充分的关注，将其作为教学的核心，并在教学中为学生创造适宜的问题情境；在英国，教育实践和研究领域也在很早就开始关注问题解决的指导思想及其教学模式等内容；在新加坡和日本，问题解决已被纳入其教学大纲。美国学者赫勒与亨盖特指出，在解题策略教学中，教师应该鼓励学生积极参与解决问题的过程，以便从中真正理解并掌握知识。与学生的学习成果相比，教师应该更加关注学生的学习过程，这一点是至关重要的。[1] 美国数学家、数学教育家波利亚认为，问题解决是指在遇到问题却没有已学的方法能够解决时，这时要做的是绕过障碍，寻找到解决方法。[2]

近年来，国内学者对问题解决的关注度也呈上升趋势，相关研究成果不断增加。对于问题解决的概念，学者们的界定也不尽相同。例如，王映学和张大均认为问题解决是一种高级智力活动过程，在这个过程中，个体

---

[1] 降伟岩. 小学数学解决问题教学的现状及策略 [D]. 长春：东北师范大学，2010.

[2] 波利亚. 怎样解题 [M]. 涂泓，冯承天，译. 上海：上海科技教育出版社，2002：56-57.

运用已有的知识，通过某些具体方法来达到解决问题的目标。[1]彭聃龄指出，问题解决是由一定情境引起的，按照一定的目标，运用各种认知活动和技能，整合一系列思维操作，最终使问题得以解决的过程。[2]赵国祥认为，问题解决是一种复杂的心理过程，它由一定的情境引起，并会受到个人情绪、动机等因素的影响，最终通过认知活动使问题得以解决。[3]郑毓信着眼于数学领域的问题解决，认为问题解决是一种创造性的活动，即综合地、创造性地运用已经掌握的数学知识和方法去解决非常规的问题。[4]

通过分析学者们有关问题解决的研究可以发现，问题解决主要包括发现、提出、分析以及解决问题四个方面，且以发现问题和解决问题为主。另外，解决问题并不是简单地从理论知识出发，进行基础的演示和练习，而是要重视问题与现实生活的联系，强调在日常情境中认识问题、发现问题和解决问题。问题解决是一个持续不断向前发展的过程，也是进行高阶思维的过程。

综合国内外学者有关问题解决的研究，我们在此将问题解决定义为以问题为中心，通过教师的指导，学生不断产生认知冲突，发现并提出问题，通过分析最终实现问题解决，完成知识建构而进行的一种创造性活动的过程。

（二）问题解决教学

对于什么是问题解决教学，学术界有很多不同的看法。宋乃庆和张奠宙等人认为，问题解决教学是对已有的科学知识进行精细加工，以学生的兴趣和实际生活为出发点，有目的地建构问题情境，激发学生学习的积极性，通过相关问题或任务引导学生运用科学探究的方法，尝试寻找答案

---

[1] 王映学，张大均．论认知技能获得过程及其教学设计意义［J］．现代中小学教育，2018（12）：9-13.

[2] 彭聃龄．普通心理学［M］．北京：北京师范大学出版社，2012：215.

[3] 赵国祥．心理学［M］．北京：高等教育出版社，2011：199.

[4] 郑毓信．数学教育哲学［M］．成都：四川教育出版社，2001：331.

并得出结论,从而促进学生更好地理解和掌握基本知识,实现能力和人格的发展。问题解决过程根植于学生复杂而真实的思维活动,需依托其既有知识积累与特定情境,经历深化、加工与迁移,以培育高阶思维,拓宽学习维度,奠定终身发展的基石。问题解决教学远非单纯的知识灌输后要求学生独立解决问题,它强调围绕核心问题,引导学生在层层递进的问题链中探寻问题本质,掌握知识精髓,亲历问题解决之旅。此过程中,需巧妙运用教学模式与提问策略,激发学生的探索欲,培养其独立思考与创新能力。同时,构建贴近学生生活、易于激发其兴趣且易于理解的情境,促使学生全情投入,亲身体验问题解决的每一个环节,从而在实现知识内化的同时,促进能力的全面发展。同时,这一过程也有助于培养学生在多种思维活动中的认知能力,养成良好的学习习惯,进一步促进学生各方面能力的发展。[1]

可见,对教师而言,问题解决教学并不是简单地堆砌问题,而是从全局的视角对问题进行合理重组,使其形成完整的结构,确切地说,是形成具有明确目标、活动和评价的问题组。[2]因此,教师需要以小学数学核心素养为基础,重新组织和设计问题情境,超越零碎的知识点,兼顾学生的认知发展水平,从而合理地规划问题,引导学生学会分析和解决问题,并能对问题本身以及问题解决过程进行反思。[3]

因此,我们可以将问题解决教学定义为一种教学活动过程,教师在设计教学环节时,应以小学数学核心素养为基础,合理组织问题情境,引导学生发现和提出适当的问题,并通过对问题的分析和解决,实现学生知识建构和能力提升的目标。在这个过程中,教师需要与学生进行良好的师

---

[1] 宋乃庆,张奠宙,等.小学数学教育概论[M].北京:高等教育出版社,2008:204.

[2] 李伯黍.教育心理学[M].上海:华东师范大学出版社,2012:371.

[3] 王宽明,郝志军."问题解决"教学:内涵、实践及应用[J].教育探索,2016(3):14-18.

生对话，共同达成问题解决的目标，促进学生的认知发展和思维能力的提升。

二、理论基础

除了前文提到的最近发展区理论、认知发展理论、建构主义学习理论、元认知理论等理论基础外，"四何"问题在小学数学问题解决教学中的设计与应用研究还参考了其他一些更有针对性的理论，如波利亚的数学教育理论、弗赖登塔尔的数学教育理论等。

（一）波利亚的数学教育理论

美籍匈牙利数学家波利亚提出的"怎样答题表"对数学教育领域产生了重大影响，对我国数学教育的发展也有一定的积极作用。在他的著作《怎样答题》中，他强调了教师应该以正确的引导为主，激发学生的学习积极性和自主性，而不是简单地追求结果。他的目标是要引导学生提出问题、提出建议，并进行思维活动。这意味着教师应该根据学生可能遇到的问题或已经遇到的问题来进行指导，同时，也要关注学生的思维发展。波利亚认为，教师提出的问题应该具有普遍性和常识性。[1]

波利亚将数学解题流程分为四大环节：理解问题、规划策略、执行策略与反思回顾，每个环节均蕴含独特要求。在理解问题环节，学生需精准把握题目意旨，明确已知信息、缺失条件及待解未知量；规划策略时，则需学生灵活运用已知，或直接构建条件间的逻辑桥梁，或通过设定辅助问题间接探寻解决方案；执行策略环节，则侧重将构思化为行动，并细致核查每一步骤；而反思回顾环节，则是审视解题路径、验证假设合理性的重要步骤。

波利亚认为，在解决问题的过程中，可以利用一些非传统的开放性问

---

[1] 波利亚.怎样解题[M].涂泓，冯承天，译.上海：上海科技教育出版社，2002：124-125.

题来促进学生的思维能力发展，帮助他们打破思维定式。在其提炼的解题四大环节中，反思回顾环节作为问题解决的关键一环，不仅帮助学生进行自我纠错，优化学习路径，还深刻影响着教师的教学实践与理论深化，是教学相长的宝贵契机。并非所有教师都拥有丰富的教学经验，不少教师尚需加强教学经验的系统总结与知识整合，以免教学显得零散无序。波利亚的数学教育理论恰好为教师们提供了丰富的参考框架，有效弥补了经验不足，为教师的问题解决教学提供了参考。

（二）弗赖登塔尔的数学教育理论

荷兰数学家弗赖登塔尔力推"再创造学习"法，这种方法也被称为"重新发明数学"。他倡导教师创设符合学生多样化需求与能力的问题情境，强化师生间的有效互动，及时给予学生正面反馈与激励。在这个过程中，教师具有双重角色，既是问题探索的领航员，也是教学活动的设计师。弗赖登塔尔的核心见解可凝练为以下三个方面。

1.数学现实

弗赖登塔尔主张数学教育必须紧密结合现实，使学生能够在实际生活中应用所学的数学知识。数学根植于人类实践经验的总结，具有鲜明的环境适应性。鉴于此，数学教育应富含实用性元素，确保所学内容能够贴近生活应用。即便小学生的生活阅历尚浅，其日常中也遍布着数学的元素。教师应匠心独运，设计教学活动时紧密关联学生生活实际，助力他们在熟悉的场景中领悟并解决数学问题。例如，教师可以先从学生熟悉的实际问题出发，引起学生的兴趣，使他们产生亲切感，之后再引导他们将实际问题上升为抽象的数学问题。[1]

2.数学化

数学化是循序渐进的过程，它深刻影响着社会的变迁与发展。弗赖登

---

[1] 汉斯·弗赖登塔尔.数学教育再探：在中国的讲学[M].刘意竹，等，译.上海：上海教育出版社，1999：89-90.

塔尔视数学为现实社会的组织框架，强调其持续演进的特性。在教学实践中，教师可借助学生熟知的问题情境，点燃其学习热情，进而优化教学成果。此外，数学化手法擅长化繁为简，契合小学生的认知发展规律，能够有效激发其探索欲与学习兴趣。

3.再创造

弗赖登塔尔认为，每个学生都有可能通过自己的实践活动并在适当的指导下学习数学知识，因此，在数学教学中，教师应更多地关注学生的再创造能力。他认为数学不是被灌输的，也不是被学习的，而是通过再创造探索出来的。[①]因此，要实现学生的数学再创造学习，关键在于引导他们亲历再发现之旅，自主重构知识。这要求教师转变角色，从知识的灌输者变为探索的引导者，利用生活实例启发学生自行发掘数学概念、定律、思想等。此过程对培养逻辑思维与自主探究能力至关重要。

弗赖登塔尔理论聚焦于问题解决教学中的情境构建，鼓励教师深入观察生活，设计贴近学生实际的问题场景。有效的情境不仅是解决问题的钥匙，更是思维发展的催化剂。学生解题能力的强弱，往往与教师能否精准把握其生活背景、创设贴切情境密切相关。此外，教师还应巧妙融合学生既有知识，提出问题，以促进新旧知识的无缝对接，使学生深化对知识的理解。

（三）建构主义的教育理论

建构主义认为，知识是学生在某种情境下，通过发挥主观能动性对信息进行构建而获得的，并不是由他人直接传授的。虽然前文中已经讨论过建构主义理论，但在此尝试从不同角度对其进行阐释。具体包括建构主义的知识观、学习观、学生观、教师观等方面。

---

① 付云菲. 弗赖登塔尔的数学教育思想研究 [D]. 呼和浩特：内蒙古师范大学，2013.

四何问题与高阶思维

1.建构主义知识观

建构主义强调知识的动态发展，认为知识需在具体问题情境中再创造。学习者的生活经历各异，因而他们展现知识的方式也各有不同。所以，在问题解决教学中，教师应该贴近学生的实际生活实施教学活动。

2.建构主义学习观

建构主义主张学习是一个学生主动构建知识，而非被动接受知识的过程。学生在深刻理解的基础上，对信息进行个性化加工与重组，随后将其融入自身的认知结构中，最终实现知识在现实生活情境中的灵活应用。

3.建构主义学生观

建构主义倡导学生积极发挥主体性，将新知与旧知巧妙联结，利用既有知识框架理解新知。教学过程中，教师应避免填鸭式教学，协助学生将个人经验与所学知识相融合，通过引导迁移与深度思考，帮助学生促进知识的内化与运用。

4.建构主义教师观

建构主义强调以学生为中心的教学理念，要求教师扮演引导者的角色。教学过程中，教师应着力打造利于学习的环境，助力学生深度融入问题情境，鼓励他们通过自主探究与团队协作自主构建知识体系。学者们普遍认为，教师在学生的学习过程中应发挥重要的引导作用，教师的教学设计应该围绕问题和学生的生活实际进行，让学生在解决问题的过程中获得知识。

小学生正处于身心快速发展的关键期，其思维正逐步由具象向抽象过渡。这意味着，在解决数学问题时，他们常常需要依赖具体实例辅助理解，难以直接进行纯抽象的运算。鉴于此，数学教学应紧密贴合小学生的认知发展规律，教师需善用生活实例，引导学生将数学与实际生活相联系，深化理解并解决问题。同时，教学方法的多样化同样重要，其有助于鼓励学生多视角审视问题，勇于提问与探索，促进知识的融会贯通与创新思维的培养。

三、"四何"问题在问题解决教学中的应用

（一）"四何"问题在问题解决教学中应用的教学设计

1.基本信息

学校名称	厦门市民立小学
执教者	蔡培婕
教龄	7年
学科（版本）	人教版小学数学
年级	三年级上册
课例名称	万以内的加法和减法复习
课型	复习
教学目标	（1）通过查漏补缺，让学生进一步巩固万以内加减法的计算法则，提升学生的计算能力。（2）在自主学习、合作探索的过程中，经历构建知识体系的过程，学会简单地整理知识、沟通知识间的联系。（3）在解决问题的过程中，提高应用意识，培养数感，激发学生对数学的学习兴趣
教学重难点	多位数加减法的连续进位和连续退位的计算与应用
学习者分析	"万以内加法和减法"是三年级上册第二、四单元的内容。根据课标的要求，笔算加减法限定于三位数加减三位数，所以这是学习整数加减法的最后阶段。本单元主要是三位数加减三位数的计算教学，其中连续进位加法和连续退位减法，虽然算理不难理解，但是学生在练习时还是很容易出错，是教学的重点，更是难点
教学资源	希沃白板

2.教学过程

（1）情境导入，引出问题

师：今天这节课，聪聪要带大家一起去玩转鼓浪屿。游玩之前，咱们先来看看他制作的游览路线图。如图5-2-1所示。

四何问题与高阶思维

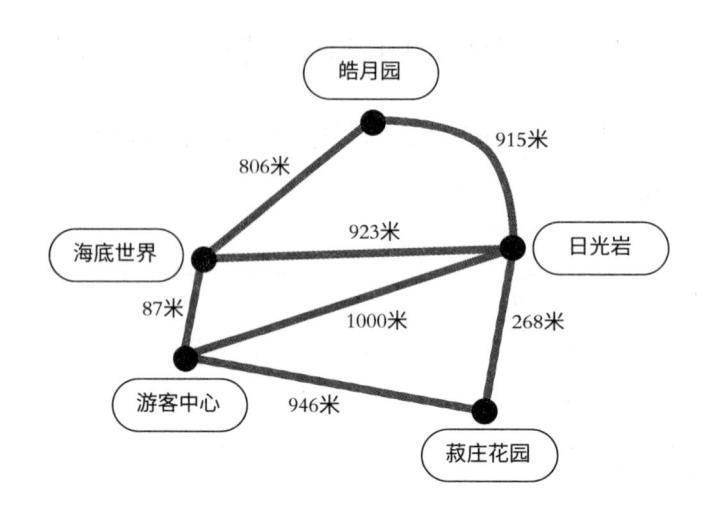

图5-2-1 聪聪制作的游览路线图

出示4个问题：

问题1：从游客中心出发，先经过海底世界再到皓月园的路程是多少米？

问题2：从游客中心出发，先经过菽庄花园再到日光岩的路程是多少米？

问题3：海底世界到皓月园的距离比日光岩到皓月园的距离近多少米？

问题4：游客中心到日光岩的距离比海底世界到日光岩的距离远多少米？

（活动设计意图：鼓浪屿是厦门的旅游名片，通过设置游玩情境，吸引孩子兴趣。）

（2）梳理知识，培养思维

①根据问题，列算式并笔算

师：聪聪提出了4个问题想考考大家，怎么列式？如何计算呢？

（学生活动：学生根据问题列出算式并笔算。）
②辨析错例，回顾加减法的笔算方法

预设1：相同数位不对齐。

预设2：没有进位。

预设3：没有退位。

师：这些同学的计算方法你同意吗？你是怎么想的？

师：在计算过程中有没有要提醒大家注意的地方？

（学生活动：学生辨析错例，小老师上台讲解。预设：数位对齐、满十进"1"、退"1"当十）

③观察比较，归纳加减法笔算方法的异同

师：刚才我们回顾了万以内加法和减法的笔算方法以及要注意的问题，想一想加法和减法在笔算过程中有什么相同点和不同点吗？同桌互相说一说。

师：同学们真善于总结，归纳出了加减法在计算过程中的相同点和不同点，那么计算完我们应该如何验算呢？

（学生活动：小组交流，学生集体反馈。相同点：相同数位对齐、从个位算起。不同点：满十进"1"、退"1"当十。学生回忆加减法的验算方法。预设：四位数加减四位数是不是用同样的方法计算？）

④拓展迁移，探究更多位数加减法的计算方法

师：二年级我们已经学习了两位数加减两位数，这学期我们又学习了三位数加减三位数，想一想，它们的计算方法一样吗？对于后面的学习，你有什么思考吗？

师：请同学们自己出一道更多位数的加法或减法题，算一算。

师（小结）：看来无论是两位数加减法、三位数加减法、四位数的加减法，还是更多位数的加减法，它们的计算方法都是一

样的。

（学生活动：学生尝试出题、计算，交流汇报。）

（活动设计意图：通过辨析计算错例复习万以内数的加减法的计算法则，发现加减法计算法则之间的联系与区别，将知识系统化，引导孩子探究更多位数的加减法的计算方法。）

（3）拓展提升，解决问题

试题1：学校秋游准备组织三年级的小朋友过来观看"海豚表演"。秋游当天共有620张票，已经售出了398张票，三年级一共有215个同学，剩下的票够吗？

师：请同学们独立思考，把你的想法写在学习单上。

师：为什么选择用估算的方法解决问题？

师（小结）：当题目不需要我们计算精确值的时候，我们也可以选择用估算的方法来解决问题。同学们要灵活选择解决问题的方法。

（学生活动：学生独立完成后交流反馈。预设1：精确计算。预设2：估算。）

试题2：鼓浪屿历史悠久，岛上有很多美丽的民宿酒店。某时段，受各地疫情影响，岛上游客数量减少，很多民宿价格下降。聪聪选择了一家民宿，价格是竖式的得数。

$$\begin{array}{r} 8\square3 \\ -\ 2\square5 \\ \hline \end{array}$$

师：价格可能是多少？你能在数轴上标出来吗？

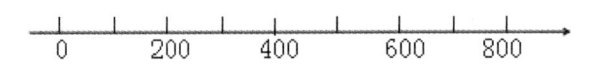

```
├────┼────┼────┼────┼────┤
0   200  400  600  800
```

师：同学们说得都很有道理。

师：如果要让价格最低，□里应填多少？如果要让价格最高，□里应填多少呢？

师（小结）：减法中，当被减数最大，减数最小时，差最大；当被减数最小，减数最大时，差最小。

（学生活动：学生独立思考，交流反馈。）

（活动设计意图：教师设置问题情境，让学生体会合理估算的意义，学会根据问题情境灵活选择计算方法的策略。通过数字的遮挡，让学生明白判断减法算式的得数，不仅要看百位，还需考虑到个、十、百位之间是否有连续退位的情况。在师生对话、生生交流中学生思维得到发展。）

（4）全课总结，反思收获

师：通过今天的复习，你学会了什么？

3.板书设计

本节课的板书设计如图5-2-2所示。

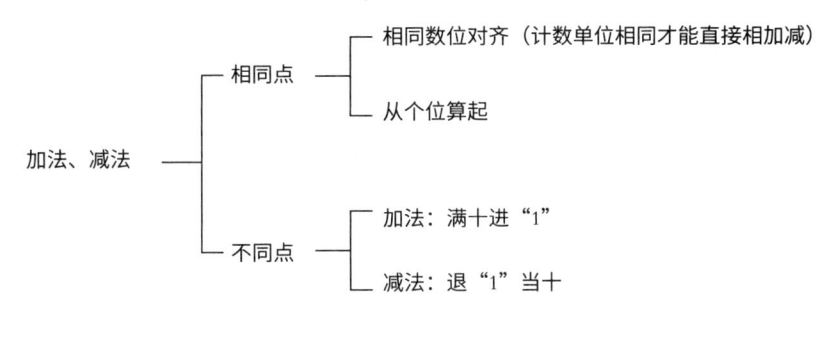

```
                  ┌─ 相同数位对齐（计数单位相同才能直接相加减）
          ┌ 相同点 ┤
          │       └─ 从个位算起
加法、减法 ┤
          │       ┌─ 加法：满十进"1"
          └ 不同点 ┤
                  └─ 减法：退"1"当十
```

图5-2-2 板书设计

（二）"四何"问题在问题解决教学中应用的教学分析

1.课堂教学行为数据概览

师生课堂行为数据如表5-2-1所示。

表5-2-1 师生课堂行为数据表

	项目	本节课数据	与全国常模数据相比
教学模式	师生行为转换率	52.00%	高于
	教师行为占有率	34.00%	低于
	学生行为占有率	66.00%	高于
有效性提问	问题类型		
	常规管理性问题	4.65%	高于
	记忆性问题	11.63%	低于
	推理性问题	74.42%	高于
	创造性问题	6.98%	低于
	批判性问题	2.33%	低于
	挑选回答方式		
	点名提问	0%	低于
	让学生齐答	19.23%	低于
	叫举手者答	76.92%	高于
	叫未举手者答	1.92%	低于
	鼓励学生提出问题	1.92%	低于
	学生回答方式		
	集体齐答	11.76%	低于
	讨论后汇报	0%	低于
	个别回答	80.39%	高于
	自由答	7.84%	高于
	学生回答类型		
	无回答	0%	低于
	机械判断是否	0%	低于
	认知记忆性回答	12.73%	低于
	推理性回答	78.18%	高于
	创造评价性回答	9.09%	低于

续表

项目			本节课数据	与全国常模数据相比
教师回应	回应方式	言语回应	70.37%	低于
		非言语回应	29.63%	高于
	回应态度	简单肯定	40.00%	高于
		重复肯定	27.27%	高于
		提升肯定	3.64%	低于
		简单否定	0%	低于
		纠正（解释）否定	0%	低于
		引导否定	0%	低于
		无回应	0%	低于
		打断学生回答或代答	0%	低于
		追问	29.09%	高于
"四何"问题		"是何"问题	50.00%	低于
		"为何"问题	13.89%	低于
		"如何"问题	27.78%	高于
		"若何"问题	8.33%	高于
对话深度		深度一	60.00%	低于
		深度二	24.00%	低于
		深度三	12.00%	高于
		深度四	4.00%	高于
		深度五	0%	低于

2.教学模式分析

（1）师生活动曲线

师生活动曲线图（图5-2-3）反映的是课堂中学生行为（S行为）、教师行为（T行为）随时间的变化。通过对教学过程中教师行为和学生行为进行两个维度的编码，每隔30秒进行采样，界定是T行为还是S行为并记录，经过数据处理后反映课堂的教学模式。

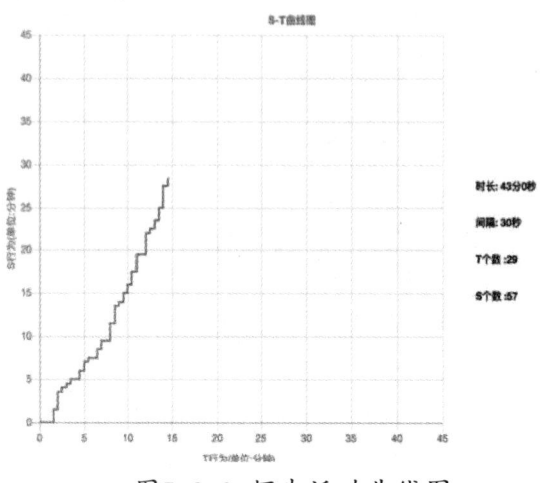

图5-2-3 师生活动曲线图

（2）教学模式

教学模式图（图5-2-4）以图形的方式区分四种典型的教学类型。教学模式由Rt值（表示T行为占有率，即T行为在教学过程中所占的比例）和Ch值（表示师生行为转换率，即T行为与S行为间的转换次数与总的行为采样数之比）所在的位置确定。由上图看出，该节课为对话型的教学模式，其中师生行为转换率为52%，高于全国常模数据；教师行为占有率34%，低于全国常模数据；学生行为占有率66%，高于全国常模数据。

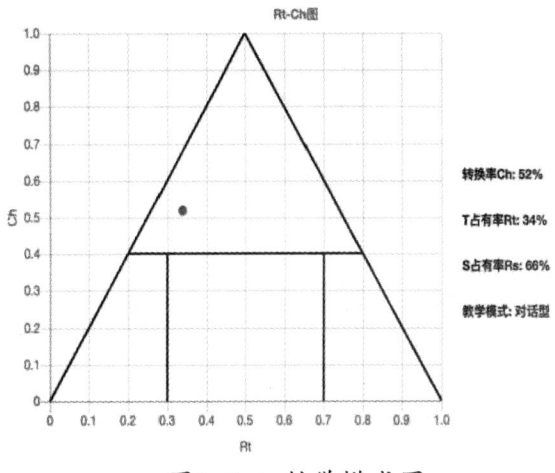

图5-2-4 教学模式图

3.有效性提问分析

（1）问题类型

本节课的问题类型评分等级为C，得分超过全国40%的同类型课程得分。本节课中常规管理性问题（是一种用于课堂管理的、提醒式的提问）为4.65%，高于全国常模数据；记忆性问题（是教师梳理出的与本节课的新知识学习密切相关的学生已有知识、生活经验方面的问题）为11.63%，低于全国常模数据；推理性问题（是能引起学生依据一个或几个已有的知识或经验，经过思维的加工，推导出带有学习者个性化特征的概念、判断或推理的问题）为74.42%，高于全国常模数据；创造性问题（是围绕学生创造力的开发而设计的问题，要求学生致力于原创性和评价性思考，主要表现为要求学生能做出预测，解决生活中的问题）为6.98%，低于全国常模数据；批判性问题（是需要学生变换问题角度做深层次思考或反思的问题）为2.33%，低于全国常模数据。

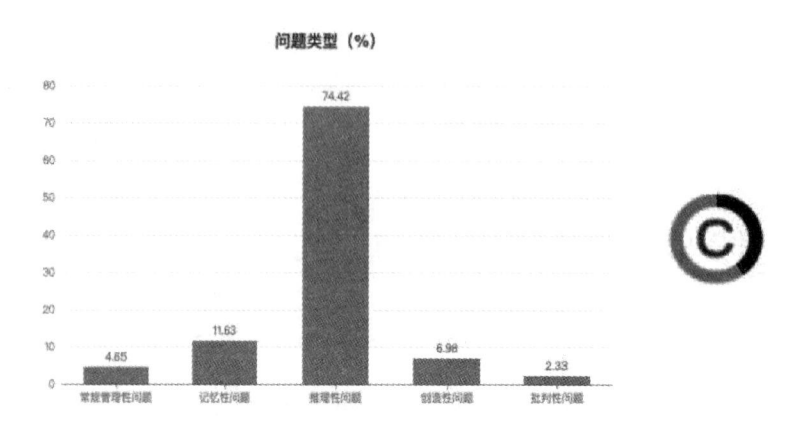

图5-2-5 问题类型统计图

（2）挑选回答方式

本节课的挑选回答方式评分等级为B，得分超过全国71%的同类型课程得分。本节课采集到的点名提问为0%，低于全国常模数据；让学生齐答为19.23%，低于全国常模数据；叫举手者答为76.92%，高于全国常模数据；叫未举手者答为1.92%，低于全国常模数据；鼓励学生提出问题为1.92%，低于全国常模数据。

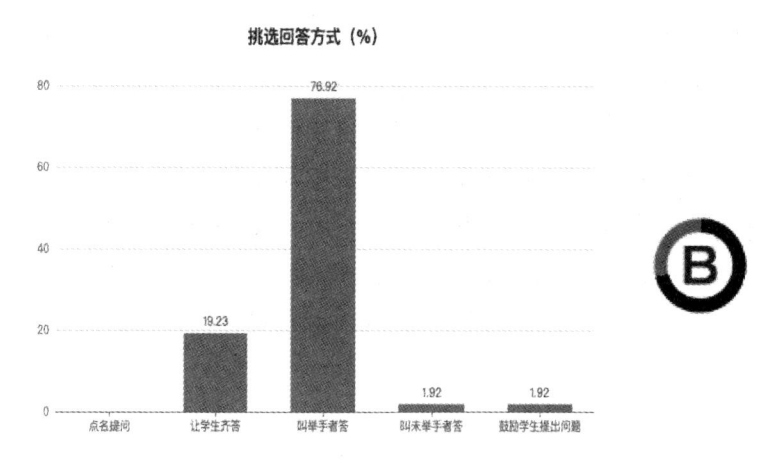

图5-2-6 挑选回答方式统计图

（3）学生回答方式

本节课的学生回答方式评分等级为B，得分超过全国43%的同类型课程得分。本节课采集到的集体齐答为11.76%，低于全国常模数据；讨论后汇报为0%，低于全国常模数据；个别回答为80.39%，高于全国常模数据；自由答为7.84%，高于全国常模数据。

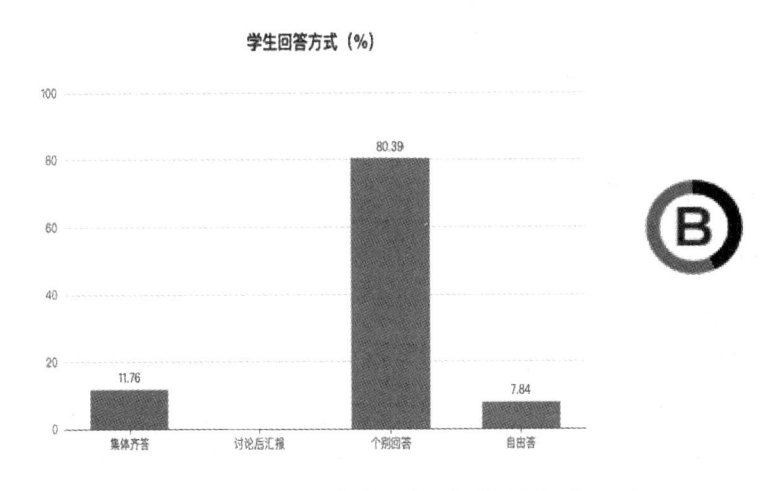

图5-2-7 学生回答方式统计图

（4）学生回答类型

学生回答类型与教师提出的问题类型相对应。本节课的学生回答类型评分等级为A，得分超过全国85%的同类型课程得分。本节课采集到的无回答为0%，低于全国常模数据；机械判断是否为0%，低于全国常模数据；认知记忆性回答为12.73%，低于全国常模数据；推理性回答为78.18%，高于全国常模数据；创造评价性回答为9.09%，低于全国常模数据。

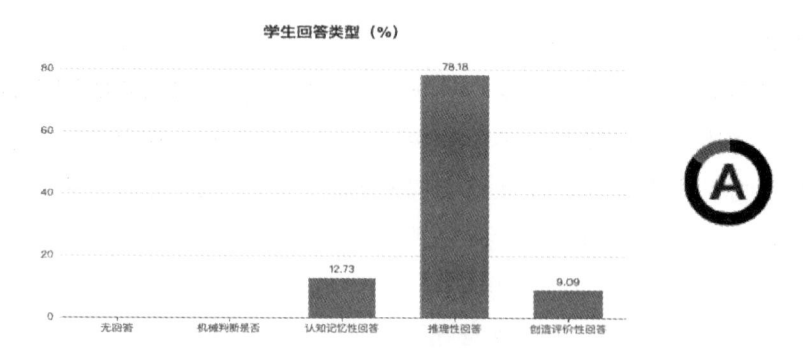

图5-2-8 学生回答类型统计图

4.教师回应分析

（1）回应方式

本节课回应方式评分等级为A，得分超过全国99%的同类型课程得分。本节课中言语回应为70.37%，低于全国常模数据；非言语回应为29.63%，高于全国常模数据。

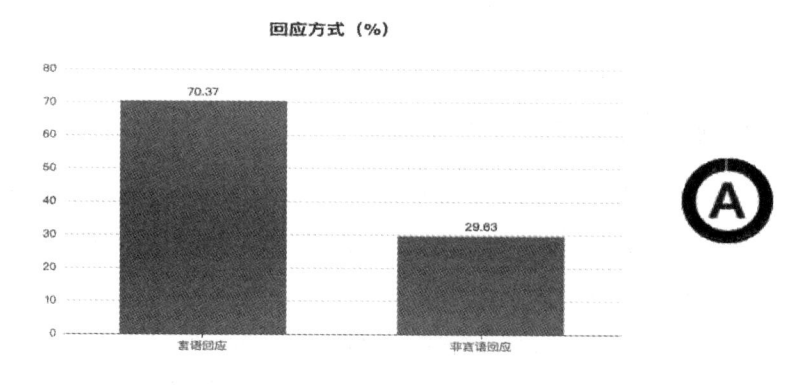

图5-2-9 回应方式统计图

（2）回应态度

本节课回应态度评分等级为B，得分超过全国70%的同类型课程得分。简单肯定为40.00%，高于全国常模数据；重复肯定为27.27%，高于全国常模数据；提升肯定为3.64%，低于全国常模数据；简单否定为0%，低于全国常模数据；纠正（解释）否定为0%，低于全国常模数据；引导否定为0%，低于全国常模数据；无回应为0%，低于全国常模数据；打断学生回答或代答为0%，低于全国常模数据；追问为29.09%，高于全国常模数据。

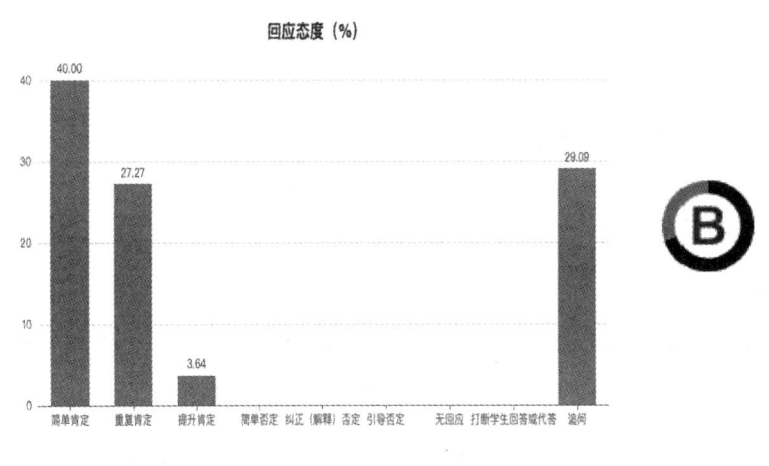

图5-2-10 回应态度统计图

5."四何"问题分析

从"四何"问题来看，本节课的"四何"问题评分等级为A，得分超过全国85%的同类型课程得分。本节课中采集到的"是何"问题（指向事实性问题，如定义性问题等，该类问题的解决意味着学习者事实性知识的获取）为50.00%，低于全国常模数据；"为何"问题（指向原理、法则、逻辑等问题，如推理性问题等，该类问题的解决意味着原理性知识的获取）为13.89%，低于全国常模数据；"如何"问题（指向表示方法、途径与状态，如技能与流程性问题等，该类问题的解决意味着策略性知识的获取）为27.78%，高于全国常模数据；"若何"问题（条件发生变化可能产生新结果的问题，如假设性问题等，该类问题的解决意味着创造性知识的获取）为8.33%，高于全国常模数据。"四何"问题在采集的时候要求问题中有明确的引导词。

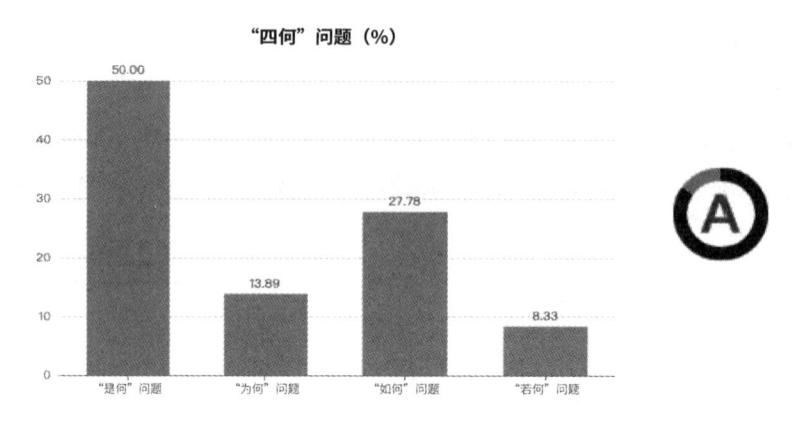

图5-2-11 "四何"问题统计图

6.对话深度分析

对话深度反映的是教师提出问题的难度与学生认知程度的匹配度，关注的是教师问题之间的逻辑关系和师生之间互动交流的深度，体现的是教师追问的能力。本节课对话深度评分等级为B，得分超过全国61.00%的同类型课程得分。本节课的对话深度一所占比例为60.00%，低于全国常模数据；对话深度二所占比例为24.00%，低于全国常模数据；对话深度三所占比例为12.00%，高于全国常模数据；对话深度四所占比例为4.00%，高于全国常模数据；对话深度五所占比例为0%，低于全国常模数据。

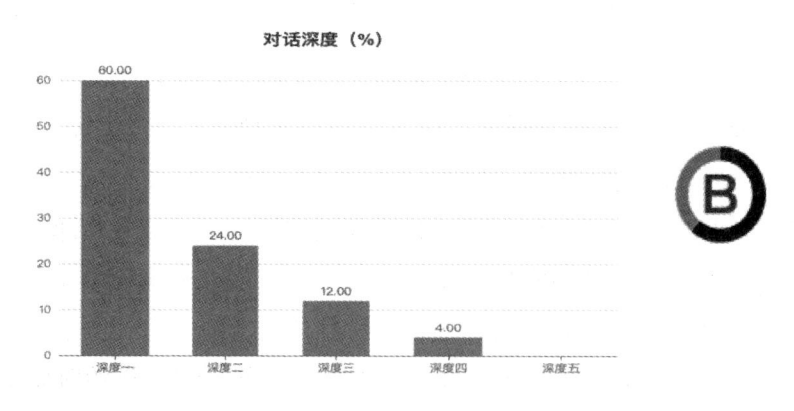

图5-2-12 对话深度统计图

7.总结

如图5-2-13所示，本节课有效性提问中，问题类型评分等级为C，挑选回答方式评分等级为B，学生回答方式评分等级为B，学生回答类型评分等级为A；教师回应中，回应方式评分等级为A，回应态度评分等级为B；四何问题评分等级为A；对话深度评分等级为B。故本节课的课堂观察各维度的评分等级的综合评分等级为A，得分超过全国94%的同类型课程得分。

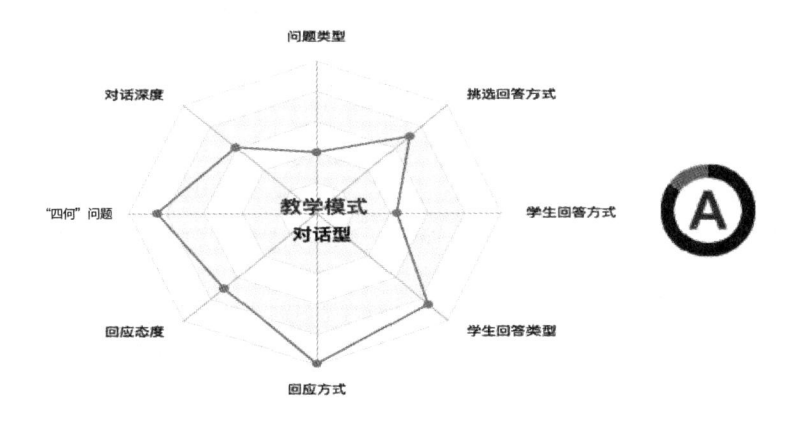

图5-2-13 课堂观察各维度评分等级图

蔡培婕老师本节课的亮点为：学生回答类型、回应方式、"四何"问题。建议蔡培婕老师结合本节课的课堂行为数据，在今后的课堂中着重关问题类型等方面问题的改进。

（三）"四何"问题在问题解决教学中应用的教学优化

根据以上各种数据统计分析及结论，针对"万以内的加法和减法复习"教学设计做出改进。原设计没有采集到小组讨论后汇报的数据，且存在优化问题类型设计的空间，为激发学生的学习者主体作用现对原设计进行优化，如表5-2-2所示。

四何问题与高阶思维

表5-2-2 "万以内的加法和减法复习"教学设计优化表

设计时间：2022年11月2日　　修订时间：2022年11月25日

原设计	现设计
2.辨析错例，回顾加减法的笔算方法。 预设1：相同数位不对齐。 预设2：没有进位。 预设3：没有退位。 　师：这些同学的计算方法你同意吗？你是怎么想的？ 　师：在计算过程中有没有要提醒大家注意的地方？	2.辨析错例，回顾加减法的笔算方法。 预设1：相同数位不对齐。 预设2：没有进位。 预设3：没有退位。 　师：老师这里有几位同学列的竖式，请同学们仔细观察，小组合作讨论下列问题： 　（1）这几位同学的计算方法你同意吗？ 　（2）在计算过程中有什么要提醒大家注意的地方？ 　师：哪个小组愿意上台分享你们的想法？
2.鼓浪屿历史悠久，岛上有很多美丽的民宿酒店。某时段，受各地疫情影响，岛上游客数量减少，很多民宿价格下降。聪聪选择了一家民宿，价格是竖式的得数。 　　　8 □ 3 　－ 2 □ 5 　────── 　师：价格可能是多少？你能在数轴上标出来吗？ 　　0　200　400　600　800 　师：同学们说得都很有道理。 　如果要让价格最低，□里应填多少？如果要让价格最高，□里应填多少呢？	2.鼓浪屿历史悠久，岛上有很多美丽的民宿酒店。某时段，受各地疫情影响，岛上游客数量减少，很多民宿价格下降。聪聪选择了一家民宿，价格是竖式的得数。 　　　8 □ 3 　－ 2 □ 5 　────── 　师：百位上的得数一定是6吗？为什么？ 　（学生讨论） 　小结：判断减法算式最高位的得数，需考虑到数位之间是否有退位的情况。 　如果你是游客，你希望价格是多少？□里填几？ 　如果你是民宿老板，你希望□里填几？

164

四、"四何"问题在问题解决教学中设计及应用的经验总结

在前文中我们已经对问题解决和小学数学问题解决教学进行了充分论述,简而言之,问题解决主要包括发现、提出、分析以及解决问题四个方面,且以发现问题和解决问题为主。小学数学问题解决教学,可以说是一场需要精心设计的教学旅程。教师在规划此过程时,需根植于数学核心素养,巧妙构建问题情境,激发学生的探索欲,促使他们自主发现并提出恰当问题。通过深入分析与解决这些问题,学生不仅能构建更为坚实的数学知识体系,还能在此过程中实现能力的提升与飞跃。

可见,课堂教学中的"四何"问题并非单独存在,而应该具有整体性,尤其是在以发现、提出、分析和解决问题为主要内容的问题解决课堂教学中,设计应用的"四何"问题之间更应该具有一定的层次结构、逻辑关系和先后顺序,教师应充分发挥"四何"问题的整体功能,使课堂问题解决更加全面。而这种层次结构、逻辑关系和先后顺序是由教学内容的本质和教学规律所决定的。在此基础上,结合对教学实践的研究和反思,以及有关"四何"问题、问题链、问题解决、高阶思维等方面的研究成果,我们对小学数学问题解决教学中"四何"问题的设计与应用进行了如下总结。

(一)立足问题解决的教学本质,设计主问题

1.问题解决教学的本质

教师在设计课堂教学中的"四何"问题时,应具有整体思维,整体性是从外部视角审视"四何"问题后总结出的特点。而在"四何"问题内部,各个问题之间也应具有一定的逻辑性和层次性,每个问题都具有各自的功能,问题有主有次,共同发挥培养学生数学高阶思维与提高学生数学核心素养的作用。

在小学数学问题解决教学中,设计"四何"问题的主问题(或称"四何"问题链的主问题),要先明确问题解决教学的本质。小学数学中的问

题解决教学需要教师引导学生运用所学的数学知识和技巧，分析和解决实际生活中的问题。这些问题可能涉及加减乘除、几何图形、时间、距离等方面，学生需要通过分析问题、提出解决方案、进行计算和验证等步骤，找到问题的答案并进行合理的解释。解决问题的过程，既锤炼了学生的数学思维，又促进了数学知识向生活实践的转化，增强了他们的实际问题解决力。为此，教学活动应紧密围绕问题情境创设、模型构建、求解与验证等环节展开，这些环节是培育数学模型思想的关键路径。其本质可以视为从具体模型出发，至一般化模型，再至运用模型的过程。因此，设计"四何"问题时，亦应紧扣这一本质。

2. "四何"问题链主问题的设计流程

"四何"问题链的主问题是按照一定的逻辑关系排列的几个核心问题，这些问题能够统整全课或某一教学环节，给学生留有较大的思考空间，也可将其称为"四何"问题链的主链。

构建"四何"问题链的主链，首要任务是深入剖析教材，既要把握显性的知识脉络，也要挖掘隐含的思维训练与数学思想线索，以实现对教材内容的全面深刻理解。随后，需精准把握学情，结合教材与学情分析，明确教学主线，进而将教学思路转化为问题导向的设计，提炼各关键环节的核心问题，串联成问题链的主链。具体来说，"四何"问题链主问题的设计流程如图5-2-14所示。

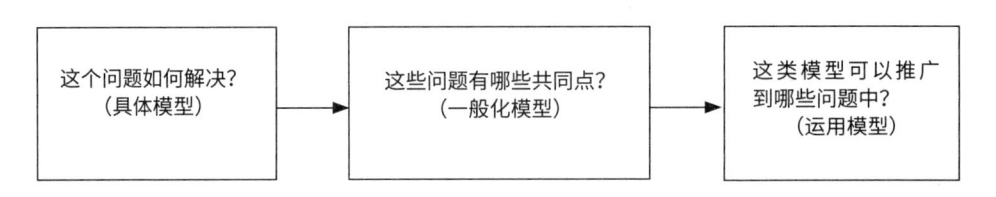

```
这个问题如何解决？  →  这些问题有哪些共同点？  →  这类模型可以推广
  （具体模型）              （一般化模型）              到哪些问题中？
                                                        （运用模型）
```

图5-2-14 "四何"问题链主问题的设计流程

（二）根据问题解决教学的一般规律，设计子问题

"四何"问题主链中的问题均聚焦于教学核心问题，赋予学生广阔的思维空间。在解题过程中，学生需将核心问题细化为多个小问题，逐一攻克，最终汇聚成解决核心问题的力量。

1. "具体模型"教学环节中的"四何"问题设计

"具体模型"环节是一个大问题、大环节，在解决问题的过程中需要进行拆解。小学数学教学中问题解决的基本过程主要包括三个环节，即"知道了什么？→怎样解答？→解答正确吗？"也可将其概括为"阅读理解→分析解答→回顾反思"。

（1）"阅读理解"环节的"四何"问题设计

小学生在数学解题中需历经双重转化：一是从复杂情境中提炼关键信息，并将其转化为数学问题；二是深入剖析数学问题，明确数量关系，探索解法并求解，同时反思解题过程。这一教学路径是锤炼学生"四能"的关键。前一转化关乎问题的发现与提出，后一转化则聚焦于分析与解决。所以，"阅读与理解"环节远不止步于"审题"或"理清题意"，它更是一个融合抽象、迁移等高阶思维的活动过程。因此，教师应通过构建情境、有序展示信息等手段，为学生提供实践与探索的机会，促进其高阶思维的发展。该环节的"四何"问题设计如图5-2-15所示。

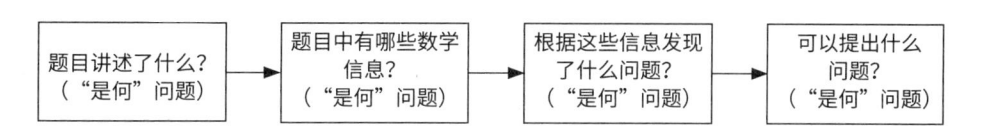

| 题目讲述了什么？（"是何"问题） | → | 题目中有哪些数学信息？（"是何"问题） | → | 根据这些信息发现了什么问题？（"是何"问题） | → | 可以提出什么问题？（"是何"问题） |

图5-2-15 "阅读理解"环节的"四何"问题设计

（2）"分析解答"环节的"四何"问题设计

在"分析与解答"这一环节中，我们需要实现第二个转化，也就是分析和解决问题。分析法和综合法是分析数量关系问题的常用方法。解决问

四何问题与高阶思维

题的关键在于使用方程法找到等量关系。

第一，用"分析法"分析数量关系的"四何"问题链设计。这里所说的分析法，是指以问题为出发点，逐步倒推，试图寻找结论成立的充分条件，直到找到明显成立的条件为止。学生掌握了分析的一般方法，或者说掌握了这种思维模式，就可以举一反三，将其应用到其他问题解决中。体现这种思维方法的问题链设计流程如图5-2-16所示。

```
要解决这个问题需要 → 数量关系是怎样 → 题目中能找到这 → 列式
知道哪两个条件？    的？用什么方法     两个条件吗？      解答
                   计算？
                                                      ↓ 不能
                                   要解决这个问题需要知道
                                   哪两个条件？（重复问题 → ……
                                   链，找齐关键条件）
```

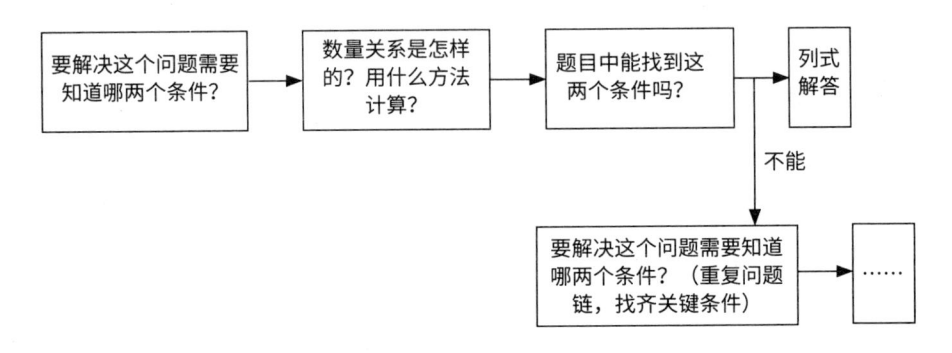

图5-2-16 "分析解答"环节的"四何"问题设计

例题：涵涵的妈妈买了2千克西红柿和1千克鸡蛋，总共花了23.4元。已知鸡蛋每千克4.5元，请问西红柿每千克多少钱？

对于这一问题，教师在教学中可以按照以上思路设计"四何"问题链，引导学生分析和思考问题。

师：要解决这个问题，我们需要知道哪两个条件？（"如何"问题，即引导学生思考解决问题的方法）

生：需要知道买了多少西红柿，以及买这些西红柿总共花了多少钱。

师：在题目中能找到这两个条件吗？（"是何"问题）

生：不能。

师：怎么办呢？（"如何"问题）

生：可以根据题目中的信息计算。

师：用什么方法可计算出每千克西红柿的价格呢？（"如何"问题）

生：用除法。

教师通过以上"四何"问题链，使学生的思路逐渐清晰，同时，教师可以带领学生简单记录思考的路径，以更清晰地体现思维过程。具体如图5-2-17所示。

$$西红柿的总价 \div 西红柿的数量 = 西红柿的单价$$

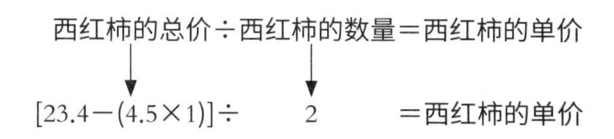

$$[23.4-(4.5\times1)] \div \quad 2 \quad = 西红柿的单价$$

图5-2-17 思考路径

第二，用"综合法"分析数量关系的"四何"问题链设计。用综合法分析数量关系，即以已知条件为出发点，进行逐步推理，最终解决问题。体现综合思维方法的问题链设计如图5-2-18所示。

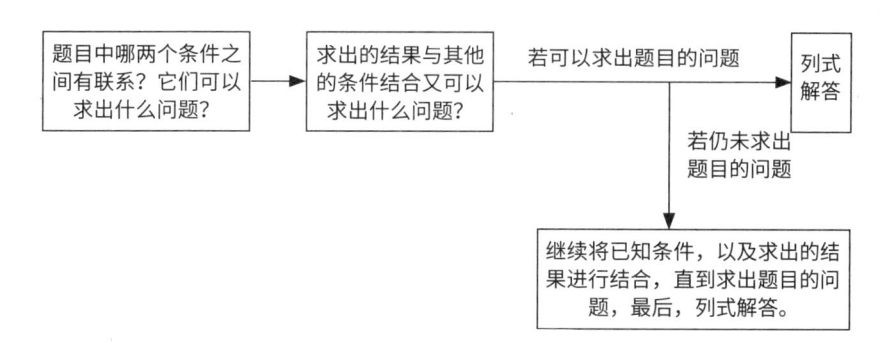

图5-2-18 "综合法"问题链设计

169

仍以上面的题目为例，记录通过"四何"问题引导学生运用综合法的分析过程，如图5-2-19所示。

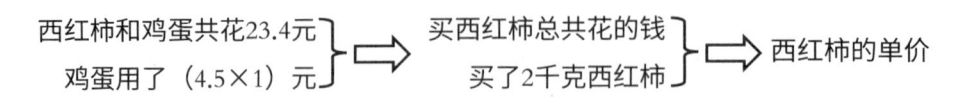

```
西红柿和鸡蛋共花23.4元  ⟹  买西红柿总共花的钱  ⟹  西红柿的单价
鸡蛋用了（4.5×1）元         买了2千克西红柿
```

图5-2-19 分析过程

第三，用"方程法"找等量关系的"四何"问题链设计。到了小学高年级，随着学生代数思维的发展，在问题解决中逐渐侧重使用方程的方法来解决问题。在使用方程法时，找到问题中的等量关系是重难点。虽然不同问题中的等量关系不尽相同，但是找等量关系的方法大多是通用的。另外，除了利用普遍通用的方法寻找问题中的等量关系外，小学阶段还有一些比较特殊的找等量关系的方法，比如，直译法、找不变量法，以及直接应用公式法等。在此对通用法和直译法的"四何"问题链设计进行具体分析。

①"通用法"的问题链设计

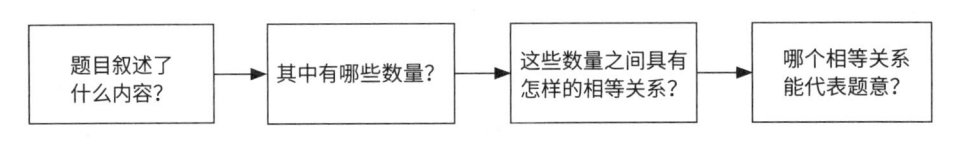

```
题目叙述了  →  其中有哪些数量？  →  这些数量之间具有  →  哪个相等关系
什么内容？                        怎样的相等关系？      能代表题意？
```

图5-2-20 "通用法"问题链设计

对于某些等量关系分析，并不是必须把上面的问题链走完，其实知道了"讲一件什么事情？"即可找到等量关系。如前述买西红柿、鸡蛋的问题，根据花费的钱这一信息可以直接写出等量关系"西红柿的总价＋鸡蛋的总价＝消费的总价"。

当然，把西红柿的数量、单价，鸡蛋的数量、单价，以及消费总价全部找出来之后，再从中找代表全题意思的等量关系也可，这就是"通用法"问题链的完整运用。

②"直译法"的问题链设计

直译法就是将题目中的文字表达直接翻译成等量关系式，例如，题目中的"多"对应的就是"＋"，"少"对应的就是"－"，不需要转换，直接按照意思改写即可。在小学五六年级，尤其是六年级的分数、百分数乘除法等问题的学习中，直译法应用非常普遍，具体示意如图5-2-21所示。

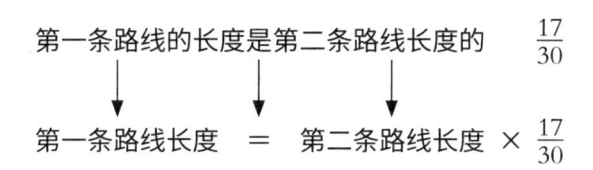

第一条路线的长度是第二条路线长度的 $\frac{17}{30}$

第一条路线长度 ＝ 第二条路线长度 × $\frac{17}{30}$

图5-2-21 "直译法"示意

直译法非常适用于体现题目中两个数量之间的差比、倍比等关系。在小学数学问题解决教学中，直译法也可以通过"四何"问题链进行导学，其设计流程如图5-2-22所示。

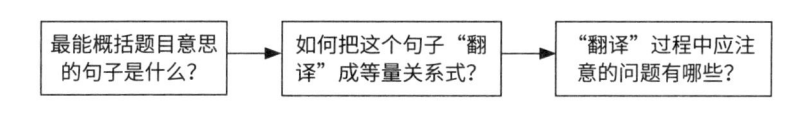

最能概括题目意思的句子是什么？ → 如何把这个句子"翻译"成等量关系式？ → "翻译"过程中应注意的问题有哪些？

图5-2-22 "直译法"问题链设计

（3）"回顾反思"环节的"四何"问题设计

"回顾与反思"环节承载的任务和发挥的功能非常丰富，在这个环节中，学生不仅要对计算的结果进行检验，还要对解决问题的整个过程进行回顾，以便从中总结出解题的思路、步骤、方法等，感悟数学思想，锻炼数学高阶思维。这一环节的"四何"问题链设计流程如图5-2-23所示。

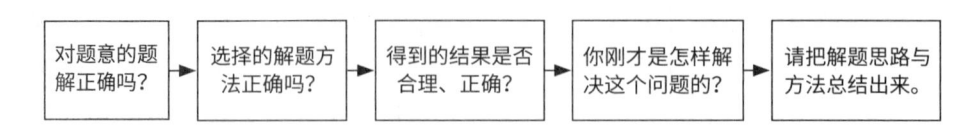

对题意的题解正确吗？ → 选择的解题方法正确吗？ → 得到的结果是否合理、正确？ → 你刚才是怎样解决这个问题的？ → 请把解题思路与方法总结出来。

图5-2-23 "回顾反思"环节的"四何"问题设计

2."一般化模型"教学环节中的"四何"问题设计

上述问题解决例题的教学建立的只是具体模型，我们还需要进一步引导学生从具体模型中抽象出更具有一般意义的模型。由具体模型抽象出一般化的模型通常运用对比法，即在对比中发现具体模型本质上相同的地方，并对其进行抽象和概括，从而建构起一般化的模型。

例如，六年级上册"分数除法"单元中有一道经典的工程问题（如下"例题"所示）。在课堂教学中，教师引导学生求解出这道题目之后，又给出了两道类似的题目，并引导学生对这三道题目进行对比观察，从而抽象概括出一般化的模型。具体如下。

例题：一条道路，如果甲队单独修，12天能修完；如果乙队单独修，18天能修完。如果两队合修，多少天能修完？

根据题意列出算式：$1 \div \left(\frac{1}{12} + \frac{1}{18} \right)$。

习题1：一批货物，只用甲车运，6次能运完；只用乙车运，3次能运完。如果两辆车一起运，多少次能运完这批货物？

根据题意列出算式：$1 \div \left(\frac{1}{6} + \frac{1}{3} \right)$。

习题2：某水库准备打开泄洪口调节水位。只打开A口，8小时可以完成任务；只打开B口，6小时可以完成任务。如果两个泄洪口同时打开，几小时可以完成任务？

根据题意列出算式：$1\div\left(\dfrac{1}{8}+\dfrac{1}{6}\right)$。

在这个环节的教学中，教师可以运用以下"四何"问题链进行导学。

师：这三个题目有哪些相同的地方？请用简洁的语言概括你的发现。（"是何"问题。引导学生从题目的结构特点，以及解决问题的思路、方法等方面进行观察和对比）

学生通过观察总结出三个题目中都包含"一项工程"，即一条道路、一批货物、某水库（一个水库），但并未告知工程的总量具体是多少；都包含"两个施工队伍"，即例题中的甲队和乙队，习题1中的甲车和乙车，习题2中的A口和B口，并告知了每个"施工队伍"单独完成工程任务的时间；问题都是"两个施工队伍"合作完成工程任务所需要的时间。另外，三个题目解题的思路和方法也是一样的，即$1\div\left(\dfrac{1}{a}+\dfrac{1}{b}\right)$，其中，$a$、$b$分别代表"两个施工队伍"单独完成工程任务所需要的时间。

师：同学们的发现可以推广应用到其他同类的问题中吗？（"如何"问题。表面上看这是一个"是何"问题，但它的本质实际上是引导学生思考他们发现的这一模型如何应用到其他同类问题中。）

学生思考总结得出：如果没有告知工作总量，只告知了各自单独完成任务的时间，要求算出合作完成工作的时间，就可以用$1\div\left(\dfrac{1}{a}+\dfrac{1}{b}\right)$，或者$1\div\left(\dfrac{1}{a}+\dfrac{1}{b}+\cdots+\dfrac{1}{n}\right)$，来进行计算。

最后，如果我们将问题解决教学各个环节的"四何"问题链整合起来，就可以形成一个问题解决教学的"四何"问题链框架，如图5-2-24所示。其中，横向的是问题主链，纵向的是问题子链。

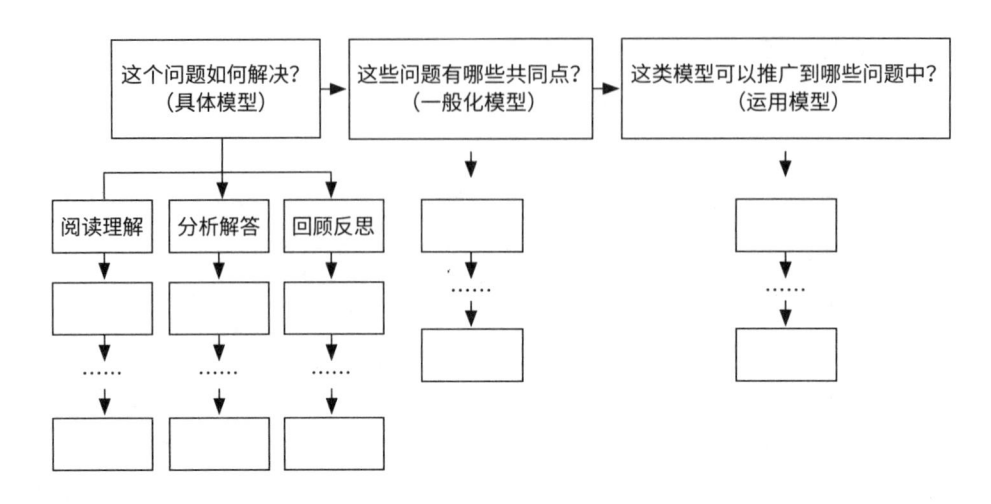

图5-2-24 问题解决教学中的"四何"问题链框架

在小学数学问题解决教学中,设计与应用"四何"问题链,是从宏观到微观逐步引导学生思维的一种有效方式。一节课的问题链框架体现了教师教学思路的具体化设计,因此,在设计"四何"问题链时也要注意不同的课型、教学内容、学情,以及教与学的规律等重要因素。教学有法,但并非定式,关键在于找到适合的方法。

第三节 在复习课中的应用

复习课也是小学数学教学中不可或缺的内容,是帮助学生回顾所学、查漏补缺、巩固知识的重要途径。与概念教学和问题解决教学相比,复习课的教学角度更加概括和系统,更有利于帮助学生从宏观上审视所学习的数学知识,并在此基础上锻炼和培养批判性思维、创造性思维等高阶思维。正是鉴于复习课的以上特点和重要作用,本节特别结合大量具体的教学案例,对"四何"问题在复习课中的应用进行了全面分析。

一、"复习课"的概念

不同的学者对于复习课的定义存在着差异。西方近代教育理论的奠基者夸美纽斯认为,复习课是指在某一单元或学段学习结束后,对所学知识进行系统复习整理的一种课程形式。[①]也有人提出复习课是对已学内容的再次回顾、重新组织、再次应用和再次反思的过程。另外,还有学者认为复习课不仅仅是简单的重复,还需要在旧知识的基础上引入新知识。除了关注知识和技能的目标,复习课还注重学生在过程、方法、情感态度以及价值观等方面的目标达成,通过思辨、变式和说辩等教学策略,实现复习课的价值,即通过复习课实现知识梳理、结构完善、思维发展、能力提升、主体回归、自我实现等目的。因此,复习课作为一种独特的课程类型,在数学学习中扮演着不可或缺的角色。

综合有关"复习课"概念的研究,本书将复习课定义为一种课程类型。当一个教学阶段结束后,教师根据一定的教学目标,引导学生通过思辨、变式、说辩等过程,对所学知识进行系统复习和拓展延伸,实现知识梳理和完善、思维发展和能力提升、主体回归和自我实现。

在小学数学复习课中应用"四何"问题,有助于激发学生对课堂内容的兴趣,帮助他们在逻辑思考中提升思维层次,实现高阶思维的锻炼和发展。因此,对小学数学复习课中"四何"问题的设计和应用进行研究,有利于改变以往传统复习课简单梳理知识点、划重点等教学方式,提高小学数学复习课的教学实效,促进学生数学高阶思维的发展。

二、理论基础

除了前文提到的最近发展区理论、认知发展理论、建构主义学习理论、元认知理论等理论基础外,"四何"问题在小学数学复习课中的设计

---

① 夸美纽斯. 大教学论:教学法解析[M]. 任钟印,译. 北京:人民教育出版社,2006:194.

与应用研究还参考了其他一些更有针对性的理论，其中最有代表性的是布卢姆—特内教学提问模式和变式教学理论。

（一）布卢姆—特内教学提问模式

美国教育家特内基于布卢姆的《教育目标分类学》，创立了"布卢姆—特内教学提问模式"。该模式将教学中的提问分为六个层次，分别是知识、理解、运用、分析、综合和评价。这六个层次的提问，思维水平从低到高，可以帮助学生逐渐深入思考，从而提高他们的思维水平。

知识层次的提问，旨在检验学生是否掌握了所学内容。理解层次的提问，帮助学生理解知识的含义，并能够用自己的语言表达出来。运用层次的提问，旨在促使学生将理论知识与实践情境相结合，通过解决实际问题的过程来锻炼其分析与解决复杂难题的能力。分析层次的提问则侧重于引导学生深入剖析知识的内在结构，识别并解析各要素间的关联与影响，进而培养其细致入微、条理清晰的思考方式。而综合层次的提问，则鼓励学生跨越既有知识框架，以新颖的视角和创造性的方式整合所学，构建出前所未有的知识关联与应用模式，从而激发他们的创新思维与综合能力。这一过程不仅丰富了学生的学习体验，也极大地促进了学生思维水平的飞跃。评价层次的提问，是提问的最高层次，它要求学生根据一定的标准来评价材料的价值。

在教学中，教师可以根据课程标准、教学内容的难度和学生的接受能力，选择适当的提问层次，以保证所设计的课堂提问符合学生实际情况，且层次分明、有条理性，从而提高学生的思维水平。布卢姆—特内提问模式，可以帮助教师更好地引导学生思考，培养他们的创造力和解决问题的能力，提升他们的思维水平。

（二）变式教学理论

变式教学理论主要发源于我国，它是我国传统数学教学理论的重要组成部分。变式教学是指在教学中利用不同形式的直观材料或对象来说明事物的本质属性，或对相似事物的非本质特征进行改造，以突出事物的本质特征。在教学过程中，教师通过不断变换条件、结论、问题形式、添加限制条件等，实现命题的科学、合理、真实转化，使学生真正掌握命题的本质属性。①在变式教学的探索与实践中，顾泠沅在上海青浦进行了一系列变式训练的教学实验，这些实验又被称为"青浦实验"。这些实验进一步解释了两种传统的变式类型：概念性变式和过程性变式。②

依据变式教学理论，课堂提问的设计需融入多维度变化元素，鼓励学生跨越不同视角审视问题，深化理解，促进概念的内化过程，并精准把握知识体系的内在逻辑。同时，将变式教学理念融入"四何"问题教学模式中，能够有效构建问题间的关联网络，为"四何"问题的构思开辟新颖的思考路径，增强教学的灵活性与深度。

三、小学数学复习课中"四何"问题的设计与应用

（一）小学数学复习课中"四何"问题的设计策略

教学前端分析作为教学设计的关键一环，其重要性不言而喻。它不仅助力教师精准把握教学精髓，明确学生的个性化学习需求，还促使教师高效整合各类教学资源。此外，这一过程能敏锐洞察教学实施中的潜在问题，促使教师迅速采取针对性措施进行调整与优化，进而提升教学设计的实效性与针对性。本研究特别强调了教学前端分析需根植于对学习者特性的深入剖析与教学内容的细致梳理，同时依托对教学环境的全面审视，即教学场域分析，为后续基于"问题链"策略的小学数学复习课教学设计奠定坚实的前期基础。

---

① 谭国华.高中数学解题课型及其教学设计[J].中学数学研究（华南师范大学版），2013（15）：12-16.

② 吴补连，陈惠勇，唐遥.青浦实验与高中数学课程标准的耦合初探：兼谈中国的数学教改实验[J].内江师范学院学报，2022（10）：1-6.

1.做好"四何"问题设计的准备工作

（1）深入分析学生及教学内容

从本质上看，无论是复习课的设计，还是"四何"问题的设计，都是为学生服务的。为此，深入剖析学习者的特征与需求成为设计契合学生实际"四何"问题的关键前提。这涉及两个层面的分析。一是学习者的初始状态。学习者一开始并不是一无所知地进入教室的，他们之前积累的经验和知识可以帮助教师了解他们的学习能力和知识水平，为设计"四何"问题时难易度的把握提供标尺。所以，学生既有的知识基础、技能水平及学习态度，构成了评估其学习起点与适宜难度的基石，是需要教师把握的重要问题之一。二是学习者的普遍性特征，涵盖心理与社会发展特点，要求教学策略依据学生年龄段的差异灵活调整，比如，针对小学中段的学生，可利用其思维转型期的特性，在复习课中融入竞争与合作元素，以促进学生积极心态与自信心的构建。

教师需要明确的是，学习需求分析聚焦于学生现状与目标愿景之间的差距，旨在激发学习内驱力。通过对比学生当前的学习状况与期望达成的水平，教师能精准识别挑战点与兴趣焦点，进而有的放矢地设定复习重点与学习的起始点、方向及路径。同时，明确学习目标也是不可或缺的一环，它为学生指明了努力的方向。

此外，教师需要明确小学数学复习课与"四何"问题的设计实施均需扎根于课程标准与教材内容。因此，在设计"四何"问题体系前，细致剖析教学内容及其内在逻辑关联，构建清晰的教学内容框架，是奠定问题链逻辑结构的基础。这一过程确保了教学活动既符合教学大纲要求，又能有效引导学生深化理解，提升学习效果。教材是教师教学内容的主要来源，但教材呈现的是零散的知识点，而教师需要关注的是知识的连贯性和形成过程。因此，教师需要挖掘和整合教材中的知识，让知识的形成过程清晰可见。同时，课程标准能够帮助教师准确把握教学内容的程度和重点。通过对教材内容的细致剖析与课程标准的准确把握，教师能够明确界定教学的核心要点。随后，采用一条清晰的"主线"，将这些内容巧妙地串联起来，形成逻辑严密的框架，包括递进、并列、对比或发散等多种结构模式。这一框架不仅是"四何"问题链设计的蓝本，更指引着教学内容的组织与呈现，确保教学过程的连贯性与深度。

（2）深入分析教学环境因素

课堂教学的顺利推进离不开多维度环境因素的支撑。在聚焦于学习者特性与教学内容分析的同时，预先对教学环境进行深入剖析同样至关重要，这涵盖了物理、心理以及知识应用等多个层面。物理环境指的是直接影响教学活动的硬件设施与工具，如教学设备的配备与利用。例如，在"图形的运动"复习课中，教师巧妙融入多媒体课件，构建生动的"四何"问题情境，利用动态视觉元素吸引学生注意力，不仅丰富了教学手段，也显著提升了学生的课堂参与热情。心理环境作为另一关键因素，侧重于课堂氛围与师生关系的营造。鉴于"四何"问题解决过程高度依赖于师生间及生生间的互动与交流，构建一个宽松、和谐的学习环境显得尤为重要。这种环境鼓励自由表达与民主讨论，为"四何"问题应用的高效性奠定了坚实的基础。此外，知识应用环境的考量亦不可忽视，它关乎学生如何在实际情境中灵活运用所学知识。以"小数加减法"的复习为例，设计蕴含类比与迁移思想的"四何"问题链，不仅能够加深学生对知识点的理解，还能培养他们解决复杂问题的思维能力，为未来的学习与实践奠定坚实的思维基础。可见，对教学环境的全面分析与优化，是提升"四何"问题应用效果、促进教学质量提升的重要途径。

（3）案例展示

案例："长度单位"复习课"四何"问题设计的准备。

首先，进行学习者分析。在探讨"长度单位"这一小学二年级上册的教学重点时，我们需深入进行学习者特征分析。此阶段的学生正处于认知发展的关键转折期，正由前运算思维向具体运算思维过渡，其思维活动高度依赖具体实物。他们天生好奇，却往往面临注意力难以长时间集中的挑战，自我控制力尚待加强，同时表达欲、表现欲十分旺盛。

在"长度单位"的复习课中，学生需整合已学测量知识，构建起涵盖"毫米、厘米、分米、米、千米"等单位的系统性认知框架。鉴于这个阶段的学生普遍对"复习"这一概念理解不深，缺乏自主整理与归纳知识的意识与技能，复习意识薄弱，因此可能对复习课感到迷惑、反感。为克服这些障碍，教师需精心设计贴近学生生活的教学情境，以激发其学习兴趣。同时，注重教授有效的知识整理与复习策略，帮助学生建立并强化复习的自觉性。此外，鉴于学生生活经验有限，解决实际问题的能力尚待提升，教师应通过案例分析和实践活动，增强学生的实践能力和问题解决技巧，确保"长度单位"复习课既富有成效又充满趣味。

其次，进行教学内容分析。在完成了"量一量，比一比"的学习后，通常会紧接着安排对"长度单位"的全面复习。在此之前的学习旅程中，学生们已经对毫米、厘米、分米、米、千米等长度单位有了初步且直观的理解，他们的脑海中已构建起长度的基本框架，并掌握了各长度单位间的基本关联，能够执行简单的测量任务。因此，在复习阶段，教师的任务不仅是促使学生通过回忆、梳理、总结与关联的方式，将这些长度单位的知识系统化，构建出一个完整的知识网络，更重要的是，要鼓励学生在这一基础上进行知识的综合运用，从而深化他们对长度概念的理解，并进一步拓展和提升他们的空间想象与感知能力。另外，要对课程标准中对长度单位和测量的要求进行分析，如"结合生活实际，体会建立统一度量单位的重要性，认识长度单位米、厘米。能估测一些物体的长度，并进行测量""在图形认识与测量的过程中，形成初步的空间观念和量感"，以便更好地把握复习课和"四何"问题设计的关键。

通过对教材内容和课程标准的分析，确定本节课的教学内容为建立长度单位的知识结构，培养学生灵活运用长度单位的能力。主要包括深入理解长度单位、构建多维度的长度概念、理清长度单位之间的比较关系、在不同情境下选择合适的单位进行估算等。教学将采用递进式的"四何"问题链形式，帮助学生系统地掌握长度单位相关知识。

最后，进行教学环境分析。在教学过程中，教师应致力于构建一个宽松且鼓励自由表达的学习环境，激励学生采用多样化的形式展现个人思考，并积极促进师生及生生间的思想交流。此外，为了辅助学生构建完整的知识体系，教师可以巧妙地运用投影技术，直观展示知识要点，形成全面的知识网络图，这有助于学生自我检查与补充知识漏洞。教学中教师还应重点介绍整理和复习的方法，以便学生今后能够更好地自主复习。

2.围绕教学目标，设计"四何"问题

（1）在知识与技能层面，体现"四何"问题的系统化和结构化

"四何"问题链乃是由一系列逻辑严密的"四何"问题编织而成的体系，这些问题间通过紧密的相互关联与巧妙组合，构筑了一个有机的问题群组，每个问题均精准对应特定的知识点。这一结构化的特性，体现在问题排列与组合遵循的特定模式上，如对比、并列、递进、发散等多样形态，从而催生出多样化的问题链类型。在这样的框架下，知识点也随之呈现出清晰的逻辑层次与体系化结构。

将"四何"问题链融入小学数学复习课教学中，核心在于利用这一链条的引导力，促使学生将原本零散、孤立的知识点整合为条理清晰、结构严谨的知识体系。此过程不仅增强了学生对知识的整体把握能力，还促进了他们自主构建知识网络的能力发展。在设定教学目标时，教师应充分彰显"四何"问题链的系统性和结构化优势，通过问题的巧妙串联，有效桥接数与代数、图形与几何、统计与概率等数学领域的基础知识与技能，助力学生实现知识的深度整合与灵活运用。

（2）在过程与方法层面，体现"四何"问题的启发性

"四何"问题链是由一系列逻辑紧密的问题构建而成的，其中的每个问题均针对学生特性与教学目标精心设定，确保了难度的适宜性、深度的挖掘性以及广度的覆盖性，形成自然递进的难度梯度，激发学生的思考潜能。这正是"四何"问题链蕴含的启发性精髓。在小学数学复习课中，该链条扮演了引领角色，师生围绕其展开探索之旅，从发现问题到提出、分析直至解决，整个过程以对话为媒介，相互激发灵感。

值得注意的是，这种启发性并非仅限于预设的教学目标或成果，它更

广泛地体现在学生全面发展的各个环节中，包括知识的积累、能力的提升乃至人格的塑造，展现出高度的灵活性与动态生成性。无论是"四何"问题链本身固有的启发性特质，还是教学过程中不经意间激发的灵感火花，均源于这一问题体系，并贯穿整个教学活动。

因此，在追求过程与方法的教学目标时，应充分彰显"四何"问题链的启发性优势。这要求学生不仅经历完整的问题解决周期，还需在此过程中，通过积极的沟通、协作、分享与展示，将内在的思维过程外化为可观察、可评价的行为表现，实现思维的"可视化"。同时，这一过程也是学生领悟数学思想、锻炼数学思维、提升数学素养的宝贵契机。

（3）在情感态度与价值观层面，体现"四何"问题的发展性

"四何"问题在教学实践中的融入，为学生全面发展铺设了坚实基石，其显著特点在于其全面的发展性。这一特性不仅体现在认知领域，如促进学生感知、想象与思维能力的深化，更触及非认知层面，如激发学习兴趣、培育良好情感与习惯。在探究"四何"问题的过程中，学生借助思辨、变式讨论等多元化方式，实现了个性与能力的自由成长，收获了丰富的情感体验。此类问题在促进情感、意志、习惯等维度上有独特优势。

因此，在设定情感态度与价值观的教学目标时，应明确体现"四何"问题的发展性特质，旨在以这些问题作为桥梁，将抽象的数学知识与学生的日常生活紧密相连，进而助力学生形成积极思考、乐于合作、勇于面对挑战的良好品质，满足其个人成长与自我实现的深层需求。同时，值得注意的是，在设计小学数学复习课中的"四何"问题时，需充分考虑不同学段学生的特定需求与发展水平，确保教学活动既能顺利推进，又能真正实现学生主体地位的回归与自我潜能的充分发掘。

（4）案例展示

案例："小数的意义"复习课"四何"问题与教学目标的融合。

在设定教学目标时，我们力求三维目标与"四何"问题深度融合，全面推动学生的综合发展。

第五章 "四何"问题的教学应用

知识与技能层面：力求学生深化对小数意义的理解，并能将其灵活应用于解决实际问题，同时，利用"四何"问题框架对小数的性质、意义及大小比较进行系统归纳与整理，构建坚实的知识基础。

过程与方法层面：旨在通过解决"四何"问题，促进学生从多角度、多维度深入理解小数，培养其发散思维能力。此外，强调在解题过程中融入数形结合的数学思想，让学生在思辨、实践与表达中，不仅锻炼技能，更感悟数学之美，提升其归纳总结与知识整合的能力。

情感态度与价值观层面：以"四何"问题为媒介，鼓励学生团队合作，共同探索，在解决难题的过程中体验合作的乐趣与成功的喜悦，进而激发其学习热情，培养积极向上的学习态度与团队合作精神。整体而言，这一教学设计旨在通过"四何"问题的巧妙运用，实现学生认知与情感、能力与价值观的全面和谐发展。

设计意图：本教学设计旨在将三维教学目标与"四何"问题策略紧密融合，以促进学生在认知与非认知领域的均衡发展。具体而言，在知识构建与技能提升上，利用"四何"问题框架深化学生对小数意义的理解，并培养他们解决相关实际问题的能力。通过设计富有启发性的发散式"四何"问题链，引导学生自主构建关于小数意义的知识体系，强化其知识结构的系统性和连贯性。

在过程体验与方法掌握层面，本设计强调以"四何"问题为驱动，激发学生的思辨兴趣，鼓励他们在变式思考与口头辩论中拓宽学习视野，实现全面成长。同时，通过精心设计的"四何"问题链，引导学生在动手操作（如画图）与口头表达（如讨论）中，深刻体会数形结合的数学精髓，提升其归纳整理与逻辑推理能力。

在情感态度与价值观培养上，本设计将"四何"问题作为合作学习的催化剂，促进学生与小组成员之间的积极互动与协作，共同面对挑战，克服学习障碍。这一过程中，学生不仅能够获得解决问题的成就感，还能体验到合作的乐趣与价值，进一步激发其学习的内在动力与积极情感。

3.着眼教学内容，设计"四何"问题

（1）围绕复习重难点，设计具有针对性的"四何"问题

在设计"四何"问题链之前，首先需要确定其内容的组成。通常情况下，"四何"问题链中包含三个或三个以上的问题。其中，核心问题的设计聚焦于课堂教学的重难点，要求学生基于既有知识，通过综合分析和归纳方能攻克。这一过程彰显了核心问题解决的渐进性，强调了前期准备与铺垫的重要性。相应地，基础问题作为阶梯，逐步引导学生从浅显到深入，从简单到复杂，为破解核心问题铺平道路，有效突破教学障碍。为了高效利用课堂时间，复习环节应精准定位，围绕复习的关键要点构建"四何"问题链，以此为导向，使教学活动更具目标性和实效性。

第一步，需根据复习重难点确定和设计小学数学复习课中的核心问题，所设计的核心问题要满足简明扼要和有利于实现复习课教学目标这两个基本条件。例如，"图形的运动"复习课，其重难点应是"运用平移、旋转、轴对称进行图形的变换，培养学生的空间观念"，对此设计核心问题"如何运用平移、旋转和轴对称进行图形的变换？"又如，"因数和倍数"复习课，其重难点应是"巩固倍数、因素、奇数、偶数、质数、合数的概念，建立因数与倍数的知识体系"，对此设计核心问题"如何理清倍数、因素、奇数、偶数、质数、合数之间的联系？"再如，"小数加减法"复习课，其重难点为"联系小数加减法与整数加减法，掌握一位小数和两位小数加减的竖式计算方法"，对此设计核心问题"小数加减法与整数加减法有哪些异同点？"

第二步，在明确核心问题的基础上，课堂教学聚焦于一个清晰的目标，即将解决这一核心问题的过程转化为实现教学目标的路径。核心问题具有复杂性，它要求学生运用综合、分析与归纳能力，而非直接得出答案。为此，教学策略中融入了前置性步骤——提出基础问题，这些问题是核心问题的细化与简化，既降低了难度，又保持了与核心问题间的逻辑连贯性。通过循序渐进地解答这些基础问题，学生得以逐步构建知识框架，

最终触及并解决核心问题，这一过程契合了学生认知发展的自然轨迹。

以"因数和倍数"复习课为例，核心问题"如何系统梳理倍数、因数、奇数、偶数、质数、合数间的关系？"被拆解为多个层次分明的基础问题，即"如何识别并列举某数的倍数，特别是2、3、5的倍数特征？""倍数与奇数、偶数之间有什么关系？""如何寻找一个数的因数？""因数与质数、合数有什么关系？""倍数与因数之间又隐藏着怎样的内在联系？"这样的拆解帮助学生分步掌握知识，深化对核心知识的理解。

同样，在"小数加减法"复习课上，核心问题"小数加减法与整数加减法的异同？"也被细化为更具操作性的基础问题，如"在进行小数加减运算时，如何正确列竖式？""竖式计算时，有哪些特别的注意事项？""通过对比小数加减与整数加减的竖式计算过程，你能发现哪些共性与差异？"这些基础问题鼓励学生动手实践，细致观察，从而在比较与归纳中深化对小数加减法运算规律的认识。

值得强调的是，基础问题的提出者不应局限于教师，在课堂上，教师可以鼓励学生围绕核心问题展开积极思考，提出他们自己的基础问题。这种开放性的学习模式不仅能够促进学生对数学知识的深度理解，还能有效提升其应用能力、思维灵活性和创造力，使数学学习过程更加生动、有效。

（2）依据逻辑类型，整合"四何"问题

在前一步骤中，我们已经确定了"四何"问题链的内容，但这些内容目前还是零散的，缺少明确的主次关系，不利于引导学生进行逻辑思考。所以，教师还需要对每个"四何"问题进行梳理、排列，整合这些问题，使得核心问题和基础问题之间按照一定的逻辑关系排列，构成具有一定逻辑关系的"四何"问题链，以便学生在思考、解决基础问题的过程中，循序渐进地梳理出解决核心问题的思路。

第一步，如前所述，问题链的逻辑类型大致可以分为递进、并列、对比和发散四种。这些逻辑类型的选择与融合，深刻依赖于所探讨知识体系的内在结构。通过细致剖析基础问题间的相互关联，我们能够精准把握课程知识的逻辑脉络，进而灵活搭配问题链的逻辑模式。以"图形的运动"复习课为例，该课程中的基础问题展现出了一种并列的逻辑关系，每个问题均聚焦于图形运动的不同方面，如平移、旋转、翻折等。然而，为了引导学生深入探索这些运动之间的内在联系与变化规律，还需巧妙地融入递进关系，形成并列式＋递进式问题链结构。这种结构不仅保持了知识点的并行展示，还促进了学生思维的层次性发展。再如"因数和倍数"复习课，基础问题间的对比关系显得尤为突出。质数、合数、因数、倍数等概念之间的区别与联系，构成了课程探讨的核心。为了使学生能够全面而深刻地理解这些概念，问题链设计需采用对比式逻辑，同时辅以递进式探索，即对比式＋递进式问题链结构。这样的设计能够帮助学生在对比中发现差异，在递进中深化理解。而在"小数加减法"复习课中，基础问题则呈现出清晰的递进关系。从理解小数加减法的计算规则，到掌握其运算技巧，再到分析小数与整数加减法的异同，每个问题都是对前一个问题的深化与拓展。因此，递进式问题链结构成为最为贴切的教学设计。这种结构有助于学生逐步构建完整的知识体系，提升问题解决能力。可见，问题链逻辑类型的恰当选择与组合是基于对课程知识结构的深入分析与精准把握的。通过灵活运用不同的逻辑类型，我们能够设计出既符合学生认知规律，又能有效促进知识内化的教学方案。

第二步，继续以前文列举的复习课为例，根据选择和组合的"四何"问题类型，把每节课中的核心问题和基础问题按照一定的逻辑规律进行排列组合，构成"四何"问题链。如图5-3-1所示。

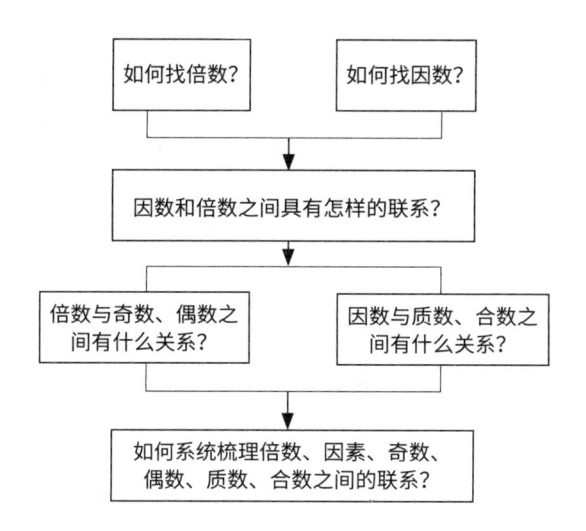

```
        ┌──────────────┐      ┌──────────────┐
        │  如何找倍数？ │      │  如何找因数？ │
        └──────┬───────┘      └───────┬──────┘
               │                      │
               └──────────┬───────────┘
                          ▼
        ┌──────────────────────────────┐
        │  因数和倍数之间具有怎样的联系？│
        └──────────────┬───────────────┘
               ┌───────┴────────┐
               ▼                ▼
   ┌──────────────────┐  ┌──────────────────┐
   │ 倍数与奇数、偶数之│  │ 因数与质数、合数 │
   │ 间有什么关系？    │  │ 之间有什么关系？ │
   └──────────┬───────┘  └────────┬─────────┘
              └───────────┬───────┘
                          ▼
        ┌──────────────────────────────┐
        │ 如何系统梳理倍数、因素、奇数、│
        │ 偶数、质数、合数之间的联系？  │
        └──────────────────────────────┘
```

图5-3-1 "因数和倍数"复习课中对比式＋递进式"四何"问题链

不难看出，实际上每个"四何"问题链并不仅限于一种逻辑结构，例如，"因数和倍数"复习课中的"四何"问题链包含对比与递进两种逻辑结构，但主要以对比结构为主。所以，在构建"四何"问题链逻辑的过程中，需要根据具体的教学内容灵活选择问题链逻辑类型，不必局限于一种逻辑结构。

（3）围绕学生兴趣，创设"四何"问题情境

经过以上步骤，构建"四何"问题链的工作已经基本完成，为了确保其在课堂上的有效实施并激发学生浓厚的学习兴趣，教师需进一步创意性地融入情境教学法。直接呈现问题虽直接明了，却可能因缺乏吸引力而难以持久抓住学生的注意力。因此，设计生动、鲜活且贴近学生生活经验的情境变得尤为重要。以"因数和倍数"复习课为例，教师可以匠心独运地创设一个"大侦探破译密码锁"的情境，这一情境不仅新颖有趣，还能巧妙地将"四何"问题链嵌入其中。

在这个情境中，学生化身聪明勇敢的大侦探，面对一系列由倍数、因数、奇数、偶数、质数、合数等元素构成的复杂密码锁，通过解答一系列

环环相扣的问题，逐步揭开密码的真相。随着"四何"问题链的逐一提出与解答，学生仿佛置身于一场紧张刺激的解谜游戏中，他们在寻找答案的过程中，自然而然地构建起这些数学概念之间的紧密联系，实现了知识的内化与思维的飞跃。

这样的教学设计，不仅极大地提升了课堂的趣味性和互动性，还让学生在享受游戏乐趣的同时，潜移默化地掌握了数学知识，锻炼了逻辑思维和问题解决能力。因此，通过创设富有创意的情境，教师能够有效地激活学生的学习动力，使"四何"问题链的教学更加生动、高效。

4.小学数学复习课中"四何"问题的实施

面对多样化的课程类型，设计思路亦需灵活多变。传统的小学数学复习课侧重于逻辑思维能力的锤炼，而引入"四何"问题链的复习课则开创了一种以问题为导向的教学新范式。在此模式下，教学流程紧密围绕精心构建的问题链展开，遵循其内在的逻辑脉络，旨在引导学生思维的有序深化与拓展。为进一步提升教学质量，克服单一教学策略可能带来的局限性，教师应当根据课程内容的独特性质，灵活选用多元化的教学方法。例如，对于强调实践应用与问题解决能力的部分，可采用任务驱动法，通过设定具体任务，让学生在完成任务的过程中主动探索、合作学习，从而加深对知识的理解和运用。而对于需要深入探究、激发创新思维的内容，合作探究法则是一个理想选择，它鼓励学生之间形成学习共同体，共同面对挑战，通过集思广益、相互启发，促进思维的碰撞与融合。所以，基于"四何"问题链的小学数学复习课，不仅要求教学过程紧密贴合问题链的逻辑顺序，还倡导教学方法的多元化与灵活性。通过综合运用任务驱动、合作探究等多种教学策略，不仅能够丰富课堂形式，提升学生的学习兴趣与参与度，还能够有效促进教学目标的达成，确保教学活动的高效、顺利进行。

（1）以"四何"问题链为教学主线，推动学生思维有序发展

在以"四何"问题链为核心驱动的小学数学复习课中，教学规划需深

度融合问题链的严谨逻辑结构与学生的个性化认知特征,确保每一教学环节都精准定位,高效促进学生的思维进阶。

教学环节一:再现知识,锚定复习要点

不同于传统的新课讲授或零散复习,此阶段旨在通过精心设计的活动,唤醒学生对既有知识的记忆,并精准锚定复习的核心要点。教师需巧妙引导学生回顾学习历程,特别是针对初次学习时遇到的困惑与难点,鼓励学生以批判性思维审视既有概念,通过变式练习与口头辩论等形式,促进知识的深度整合与灵活应用。这一过程不仅帮助学生巩固了知识基础,更为后续基于"四何"问题链的深度探索奠定了坚实的基础。因此,教师在课前就应对学生的各种情况有充分的了解,如学生的兴趣点、学生在相关知识掌握方面普遍存在的问题等,以便确定复习的要点,更有针对性地帮助学生攻克难点、建构知识、锻炼思维。在课堂开始时,教师应积极与学生互动,唤起他们对相关知识的回忆,引导他们回顾旧知识、关注复习要点,对整节课要复习的知识初步形成思维层面上的认识。

案例:"因数和倍数"复习课教学环节一。

师:同学们,"因数和倍数"部分的学习已经结束了,你对这些知识还有疑惑的地方吗?在做练习题的时候有没有遇到什么困难?哪些地方容易出错呢?请大家畅所欲言。

生1:对于奇数、偶数、质数、合数这几种数,我经常分不清,稍不注意就会出错。

生2:找因数的习题,我有时会找成倍数。

生3:感觉我对这个单元的知识都没理清,各种各样的"数",感觉很混乱。

…………

师:看来大家普遍觉得这个单元的知识有些乱,我们今天就来理一理这个单元的知识,看看能不能把这团乱麻理清楚,编织成一件漂亮的衣服!

设计意图：先和学生以聊天的方式谈论刚学习的知识，鼓励学生畅所欲言，说出对所学知识的理解和感受，发现学生在知识掌握方面存在的问题。再用生动形象的语言（把乱麻理清楚、编织成漂亮的衣服），点明本节课的复习要点（梳理各种"数"，如倍数、因数、奇数等之间的区别和联系），理清知识脉络。

教学环节二：创设情境，引出基础问题

让小学生在课堂上保持注意力集中是小学课堂教学需要关注的重要问题，小学生的注意力不稳定，很难持续集中精力。因此，教师需要创造出符合学生喜好的有趣的情境，引发他们的兴趣，从而引出"四何"问题链中的基础问题。这样才能让课堂不再乏味，吸引学生的注意力，让他们更好地参与学习。

案例："因数和倍数"复习课教学环节二。

问题情境：现在假设我们是一支探险队的成员，在探索一座宝藏的时候，得到了一串由11个数字组成的密码51abc995822，据说这串密码可以打开宝藏的大门。但这串数字中有三个未知数字，它们分别用字母a、b、c表示。现在有三条线索，我们要根据它们破译出这三个字母到底分别代表哪个数字，让我们开始解谜吧！

基础问题：这三条线索和我们刚刚学习的"因数和倍数"的知识有关，请认真思考，并说说你对这三条线索的理解。

设计意图："因数和倍数"教学中涉及多个抽象概念，容易使学生感觉混乱，并对课堂教学失去兴趣。如果能够设计一个有趣的情境，将这些概念有机地融入其中，便可以使学生在情境中更加直观地理解知识点，加深对这些概念的印象，更好地理解和掌握这些概念之间的区别和联系。对此，教师设计了小学生感兴趣的"破译密码"问题情境，将三个未知数有关的信息融入三条线索中，同时，每条线索指向不同的概念。学生在感兴趣的情境中探索知识，为后续进一步理解各个概念，并在头脑中建立它们之间的联系奠定良好基础。

教学环节三：循序渐进，攻克基础问题

经过前两个环节的教学，我们已经开始揭示了基础问题的一些端倪，为学生指明了学习的方向。接下来，需要深入挖掘这些基础问题，加以解决，为后续的总结和联系做好准备。无论采用何种教学方式，都应保证学生的主体地位，在"四何"问题链教学中也不例外。在这个环节，教师可以设置一些探究性问题，引导学生在自主分析问题时锻炼发现和解决问题的能力，锻炼数学思维。

案例："因数和倍数"复习课教学环节三。

基础问题1：线索一，a是12除以2的商，那么a是多少？对于$12÷2=6$，你能想到哪些知识点？它们之间有什么的关系？

基础问题2：线索二，b是2的倍数中最小的数，那么b是多少？2的倍数有哪些特点？你还知道哪些数的倍数特征？

基础问题3：线索三，c是15的因数的个数，那么c是多少？观察15的因数，你有哪些发现？

设计意图：通过三个已知条件（线索）引导学生在思考、探究中回顾相关知识，体会相关概念之间的联系，为下一步的联系归纳奠定基础。在以上案例中，线索一引导学生复习因数和倍数的关系。线索二引导学生复习倍数知识，以及倍数、偶数、奇数之间的联系。线索三引导学生复习因数知识，并在头脑中建立因数、质数、合数之间的联系。可见，以上三个基础问题都有明显的指向性，并且后两个问题具有明显的对比关系，可以帮助学生辨别相关概念之间的区别和联系。

教学环节四：联系归纳，揭示核心问题

在攻克核心难题的征途中，除了前期在具体情境中细致入微的难题攻克准备，更为关键的是将学生在这一系列分析旅程中的丰富实践经验，升华为理性的认知，深刻挖掘并提炼出问题的本质内核。这要求我们在广泛联系与深刻归纳的框架下，精准把握本节课的核心精髓，从而开辟出解决核心问题的有效路径。为此，教师可以巧妙利用前一环节中的基础问题作为跳板，进一步提出更具挑战性、更为抽象的深化问题，以此作为揭示核心难题奥秘的钥匙。这些问题设计旨在激发学生的深度思考，促使他们在热烈的讨论与思想碰撞中，逐步构建起自己的知识架构网络。在这一过程中，学生不仅得到了逻辑思维的锤炼，更在不断地归纳与概括中，提升了数学思维的层次与高度，为日后解决更为复杂的数学问题奠定了坚实的基础。

案例："因数和倍数"复习课教学环节四。

基础问题1：结合破解线索一的过程，说一说因数和倍数之间的联系。

基础问题2：结合破解线索二的过程，说一说倍数与偶数、奇数之间的关系。

基础问题3：结合破解线索三的过程，说一说因数与质数、合数之间的关系。

设计意图：在先前的教学环节中，我们巧妙地运用三条并行的线索，精心铺设了三个相互对照的基础问题，引领学生在逐一攻克这些难题的过程中，深切感受不同数学概念间微妙的相互关联与交织。然而，值得注意的是，当前学生对于这些知识的领悟尚局限于具体案例的生动描绘之中，尚未触及其背后的普遍规律与本质精髓。因此，教师需扮演好引导者的角色，引导学生从纷繁复杂的具体案例中抽丝剥茧，提炼出潜藏于其间的普遍原理与核心思想。这一过程不仅是对学生抽象思维能力的一次考验与锻炼，更是帮助他们跨越从具体到抽象的认知鸿沟，实现知识深度整合与体系构建的关键一步。通过引导学生进行深入的归纳与联系，我们能够促使他们在脑海中构建起更加稳固、系统的知识框架，为后续的学习与探索奠定坚实的基础。因此，在第四个教学环节中，教师虽然延续上个环节中的三个"线索"，但这次将问题的本质提炼并展示出来，即三个"线索"分别对应因数和倍数的联系，倍数与偶数、奇数的关系，因数与质数、合数的关系。为了防止有些学生此时依然无法脱离之前的情境，教师又在这一环节引导学生用自己的语言将情境中提炼出来的问题本质表述出来，促使他们进一步加深对相关知识的理解。也许在实际教学中，学生的表达不尽清晰、完整，但只要他们经历过这样的思维过程，便实现了对知识的进一步理解和掌握。教师可以引导学生发挥集体的力量，共同使相关表述更加完善，这也相当于再一次带领学生回顾了相关知识。因此，通过这一环节的思考和分析，学生在头脑中基本已经梳理出较为清晰的知识结构，理解了因数、倍数、偶数、合数等概念之间的关系，并能够运用这些知识来解决问题。

教学环节五：综合运用，解决核心问题

在历经一系列精心设计的、条理清晰的基础问题探究之旅后，学生已然掌握了攻克核心难题的初级方法。此刻，教师作为学习旅程的引路人与支持者，应适时搭建起展示与交流的舞台，鼓励学生们主动站到台前，将他们在探究过程中积累的宝贵经验与深刻见解，以清晰、连贯的方式总结和表达出来。这一环节不仅是对学生学习成果的一次检验与展示，更是对他们思维能力、表达能力及团队协作能力的一次综合锻炼。在总结与表述的过程中，学生需要回顾整个探究历程，梳理思路，提炼要点，这不仅能加深学生对核心问题解决方案的理解与记忆，更能让学生在分享与交流中碰撞出新的思想火花，在知识的归纳总结与综合运用中锻炼数学高阶思维。

案例："因数和倍数"复习课教学环节五。

核心问题：现在我们已经破译了宝藏密码，回忆刚才的解题过程，看看自己是否已经弄清了倍数、因数、奇数、偶数、质数、合数之间的关系。大家可以写一写、画一画，尝试把它们之间的关系表现出来。

设计意图：在经历了广泛的联系和归纳后，学生的脑海中已悄然织就了一幅错综复杂的认知地图。这张地图不仅勾勒出因数与倍数间千丝万缕的联系，还清晰展现了倍数如何与偶数、奇数交织成网，以及因数如何与质数、合数共舞。他们通过语言的桥梁，将这份内在的认知结构外化为可交流的思想火花。鉴于本节复习课的精髓在于构建并强化这些数学概念间的联系网络，教师在此关键时刻，鼓励学生以个性化的方式，如绘制知识树、思维导图等，将这份内在的逻辑关系具象化、可视化。这一过程，不仅是对学生知识掌握程度的一次深度检验，更是对他们创造力、总结能力及思维水平的全面锻炼。

（2）融合其他教学方法，提高学生课堂参与

在教学活动中，学生都是独立的个体。在面对教学内容时，他们可能会有不同的需求，因此可能导致课堂教学中出现一些教师预料之外的情况。从这个角度来看，如果在课堂教学中仅应用"四何"问题链，便显得有些难以有效应对复杂多变的课堂教学了。对此，小学数学复习课的"四何"问题链教学还应灵活地与其他教学方法综合使用，以更好地满足学生的不同需求和各种课堂状况，以更好地提高学生的课堂参与度，有效促进其思维的锻炼和发展。例如，在"图形的运动"复习课中，重难点是掌握图形的平移、旋转和轴对称的要素。如果只用教师提出问题，以及学生思考问题、回答问题的方式回顾这些知识，容易使学生感到枯燥，也不利于培养他们的空间想象力。因此，教师可以结合直观演示的方式，充分利用现代信息技术，以直观、生动的方式为学生展示图形的运动过程，再结合"四何"问题的提出和解决，不仅能够让学生更容易理解抽象的知识，也会使学生对教学内容印象深刻，更有助于培养学生的空间感和想象力，发展他们的高阶思维。

第四节 "四何"问题的应用评价

教学评价是教学的必要环节，是回顾教学过程、检验教学策略、核验教学目标、发现教学问题、优化教学实践的重要手段。本节从构建面向高阶思维培养的"四何"问题观察量表、选取评价和研究对象两个方面，对"四何"问题在小学数学高阶思维培养教学中应用的评价工作进行了分析，为具体教学评价工作提供一定的思路和模型参考。

一、构建面向高阶思维培养的"四何"问题观察量表

面向高阶思维培养的"四何"问题设计与实施观察量表,应当包括两个维度,即高级思维与课堂行为。分别确立以上两个维度的相关指标及其内涵,并将其进行有机组合,形成针对高阶思维培养的"四何"问题观察量表,使其形成一个有机整体,用以综合衡量"四何"问题在小学数学教学中应用的效果。

需要指出的是,为了更好地理清评价的思路,此处所提及的"课堂行为"是一个广泛的概念,不仅包括教师和学生在课堂教学中提问、回答、反馈等行为,也包括教师的"四何"问题设计。这种设计行为一般是在课堂教学前进行的,但为了使分类更加清晰(即分为思维与行为两大部分),将其纳入"课堂行为"范畴。

(一)观察量表指标确立

1.进行分类研究的必要性

在课堂教学的广阔图景中,教师与学生的互动行为纷繁复杂。为了深化理解并优化这些行为,采用多维度分项、分类的研究方法显得尤为重要。此方法不仅为研究者开辟了一条清晰的分析路径,预先设定的观察维度与指标减少了主观臆断,确保了研究结果的客观性、精确度和科学性,使分析过程更加流畅高效。

对于一线教师而言,这种分类研究如同一面明镜,让他们能够更细致地审视课堂教学的各个组成部分,深化对教学活动本质的理解。分类研究也为设计高效、目标明确的课堂教学活动提供了有力支持。此外,分类研究还为教师技能培训提供了精准靶心,能够针对不同类型的教学行为进行专项提升,有效促进教学效率与教师专业成长的双重飞跃。

鉴于本研究聚焦于"四何"问题设计在培养高阶思维方面的效果评估,首要任务是确立一套涵盖课堂教学行为分类与高阶思维层次的指标体系,并据此构建观察量表。这一举措旨在确保研究能够精准对接目标,深

入探索问题设计的实际应用成效。

2.课堂行为指标的确立

本研究从三个核心维度来分类分析课堂行为：一是教师对"四何"问题的精妙设计，二是教师针对学生回答的即时反馈（即理答），三是学生的应答表现与主动发言的积极性。这些维度构成了课堂互动的主体框架，对教学效果与质量具有直接且显著的影响。

（1）教师对"四何"问题的精妙设计

在"四何"问题设计上，提问艺术是教师激发课堂活力、引导学生深度思考的关键工具。它不仅唤醒学生的兴趣与注意力，还促使他们回顾旧知、挑战新知，是推动思维跃升至更高层次的有效杠杆。正如美国教学法研究专家斯特林·G.卡尔汉强调的，提问是教师促进学生思维、进行教学效果评价以及推动学生实现教学目标的基本控制手段。多种教学目标的实现都可以借助提问来进行，好的提问是有效教学的关键，能够激发学生的学习兴趣与动机，促进学生的行为投入。

（2）教师针对学生回答的即时反馈

教师反馈作为教学互动的桥梁，其重要性不言而喻。它不仅是信息的传递渠道，更是情感的交流契机，可以为学生在知识的海洋中导航，引导他们自我反思与深化理解。通过反馈，教师能够精准调控教学进程，激励学生思维的深化，促进深度学习的发生。同时，良好的反馈机制还能强化学生的学习动机，塑造积极的情感态度，实现知识学习与人格成长的双重目标。

（3）学生的应答与主动发言行为

学生作为学习过程的主体，其应答与主动发言行为是衡量学习效果与参与度的重要指标。学生的应答不仅是对知识掌握程度的直接反映，也是师生间沟通的重要渠道，而主动发言则进一步彰显了学生的积极性与思维深度。但需要注意的是，学生在课堂上的主动发言并非全部由教师的课堂提问所引起，因此，在评价时需要降低其权重，或将其作为评价参考项。

可以说，课堂教学是一个动态交互的过程，教师通过讲述、提问与反馈的灵活运用，与学生进行深度互动，共同推进知识的探索与理解。这一过程中，学生的应答与主动发言如同风向标，指引着教学调整的方向，确保教学目标的有效达成与教学效果的持续优化。

3.思维层次指标的确立

提及高阶思维的经典分类框架，布卢姆的教育目标分类学无疑是最具影响力的理论之一。该理论在认知领域内，将教学目标细化为六个层次，从基础的知识、领会、应用，逐步过渡到更为复杂的高级阶段——分析、综合与评价。随着教育理论与实践的演进，安德森在2001年对布卢姆的分类体系进行了重要修订，调整了高阶思维的构成，将"综合"替换为"创造"，从而形成了新的高阶思维三角：分析、评价与创造。这一变动凸显了创新思维在现代教育体系中的核心地位。

按照认知加工的深度与复杂性来划分，分析、评价与创造活动被普遍视为高阶思维的体现，它们要求学习者不仅掌握信息，更要能批判性地审视、创造性地运用这些信息。自布卢姆分类学提出以来，其作为教学设计的指导性工具，在全球范围内得到了广泛应用与验证，而安德森的修订版本更是进一步巩固了高阶思维分类在教育领域中的认可度，成为众多学者探讨与实践的重要参考。

但对于教学评价来说，布卢姆的教育目标分类则过于笼统，难以符合教学评价严谨、科学、细致、全面的要求，所以，在此我们选择采用分类更为细致的马扎诺教育目标分类理论作为确立评价指标的参考。

21世纪初，美国教育专家罗伯特·J.马扎诺针对布卢姆教育目标分类的缺陷，设计了有关人的学习行为模式和教育目标分类的二维框架图以及教育目标新分类的二维模型，该模型包含自我系统、元认知系统、认知系统、认知领域四个部分。

同时，通过深入研究人类的学习和行动，马扎诺提出了人的学习行为模式，如图5-4-1所示。他认为，面对新任务或刺激时，个体的自我系统会首先判断任务的重要性以及成功的概率与效果，以此决定是否接受该新任务。如果自我系统选择接受新任务，那么后续将会启动个体的元认知系统，建立相应的目标或行动计划，并选择执行策略，同时监控认知过程。最后，个体的认知系统开始发挥作用，加工处理任务相关信息，完成任务的相关操作。以上三个环节的系统运作都需要个体已有知识的支持，因此，最终的作用效果很大程度上取决于个体已有的知识储备。[①]

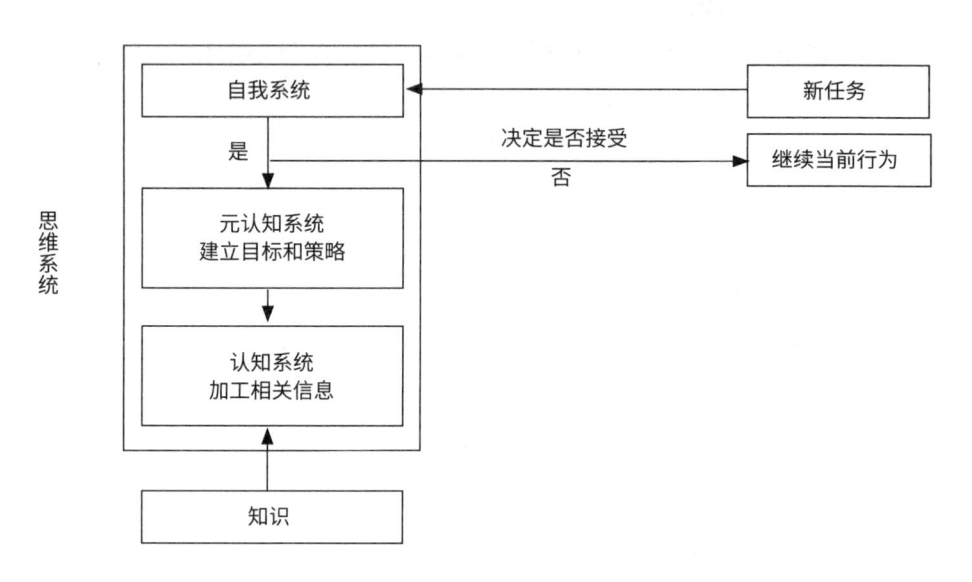

图5-4-1 人的行为模式

马扎诺的学习行为模式比较清晰地展现了人类学习过程中的思维活动，他也在此基础上提出了教育目标的二维模型，如图5-4-2所示。

---

① 黎加厚. 新教育目标分类学概论[M]. 上海：上海教育出版社，2010：26.

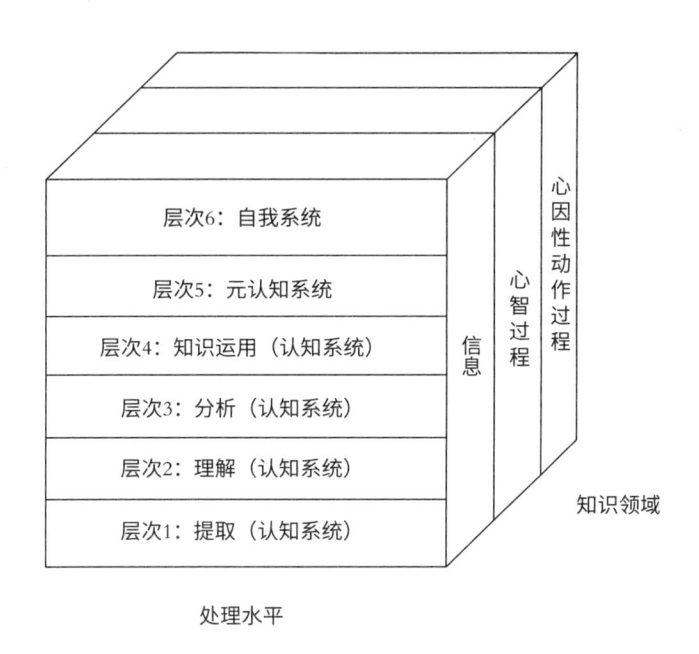

图5-4-2 马扎诺教育目标新分类的二维模型

在探讨教育目标的深度架构时，马扎诺引入的这个二维模型独辟蹊径地将认知过程依据意识调控的强弱划分为三大系统：认知系统、元认知系统及自我系统。认知系统内部又被细致区分为四个渐进的亚层——从信息提取作为起点，逐步过渡到理解深化、分析透彻，最终达到知识应用的顶峰。值得注意的是，自我与元认知系统虽在内部结构上未明确展现层次性，但认知系统的层次划分却清晰可辨，其中提取行为占据最低意识层面，而知识运用则代表最高意识层次的运作。

有趣的是，在实际学习场景中，复杂度的评估往往超越了直接的层级对比。有时，深刻的理解尽管处于高层次思维范畴，却因学习者的熟悉度而显得相对容易驾驭；反之，简单的认知操作若对学习者而言较为陌生，亦可能构成不小的挑战。这一观察强调了马扎诺分类体系的实用性和贴近教学现实的特质，它不仅为教学活动提供了精细化的指导框架，还鼓励教育者关注学习者的个体差异与认知适应性，从而实施更加高效和个性化的教学策略。

（二）观察量表的建构

面向高阶思维培养的"四何"问题应用效果观察量表包括思维层次维度与课堂教学行为维度，对两个维度的具体指标及其具体内涵进行描述，以建构整体的观察量表。

1.思维层次指标的建构

马扎诺的教育目标分类体系深度剖析了认知过程，将其精妙地划分为三大系统，并细化为六个层次，每个层次内又蕴含着丰富的亚层次结构。

（1）提取层次

在这里，"提取"可以理解为信息检索。在这一层次中，核心在于从长时记忆库中高效检索并激活相关知识至工作记忆区域。此过程不仅涵盖了对既有知识的简单回顾，还涉及执行性的知识应用步骤，确保知识能以准确无误的方式被重现。此环节聚焦于评估学习者对先前学习内容的记忆保留程度，不涉及对知识的深入解析或创造性运用。

（2）理解层次

在这里，"理解"可以理解为知识内化。相较于信息的提取，理解层次或称知识内化层次对学习者提出了更高的认知挑战。它侧重于将工作记忆中的信息转化为长时记忆中稳固且结构化的知识体系。这一过程并非简单的复制粘贴，而是经过学习者精心加工的，学习者将信息重塑为易于记忆与提取的格式和框架。具体而言，这包括两个关键步骤：整合与表征。整合阶段要求学习者识别并提炼知识的核心要素，构建内在的逻辑联系；表征阶段则是将这些整合后的知识以图形、图表等直观形式编码，创造出富有象征意义的认知模式，从而加深对知识的理解和记忆。

（3）分析层次

分析，作为一种认知活动，其核心在于基于既有知识框架，对信息进行深度拓展与重组，这一过程伴随着新知识的创造与生成。分析不仅指细致雕琢旧有认知，还囊括了对新知的高度概括。具体而言，分析层次涵盖了五个关键过程：比较、分类、错误分析、概括和具体化。

比较，旨在揭示不同知识元素间的共性与差异，如同探索平行四边形与菱形特性间的微妙平衡。这一过程深化了学习者对知识的理解维度，为其知识体系的拓展奠定了坚实基础。

分类，则是将纷繁复杂的知识依据其内在属性有序排列，构建成意义明确的类别体系。这一过程不仅锻炼了学习者识别知识层级与关联的能力，还促进了记忆的巩固与思维的灵活性，是认知发展中不可或缺的一环。

错误分析，则是对信息逻辑合理性的严格审视，它要求学习者依据既定标准，精准识别并批判性分析知识中的潜在错误，这一过程培养了学习者的批判性思维与问题解决能力，是提升认知质量的关键步骤。

综上所述，分析通过比较发现异同，通过分类构建体系，通过错误分析确保准确，加上概括和具体化等多元手段，全面促进了学习者认知结构的丰富与深化。例如，"判断 $\frac{2}{5}+\frac{3}{4}=\frac{5}{9}$ 对吗？为什么？"这是一种判别知识真伪的过程。

概括是从已知信息中归纳、总结出新的结论或原理。它是一种较为复杂的思维，要求学生将已有信息组织起来，并对其进行归纳，从而总结出新的知识。例如，"学习了两位、三位、四位数的大小比较之后，你现在是否能总结出比较数的大小的步骤，你运用了哪些信息得出结论？"

具体化是将已知的结论或原理进行新的应用。它要求学生根据已知结论或原理，对新的特定环境中可能和必然发生的事情进行总结或预测。例如，"如果将这幅轴对称图形的对称轴转移到另一个位置，那么生成的新图形是什么样子的，请你将这个新图形画出来，并解释你这样画的原因。"

（4）知识运用层次

知识运用作为学习旅程的实践性环节，指的是个体利用已掌握的知识体系来解决现实问题或执行具体任务的过程。这一过程涵盖了决策制定、问题解决、实验探究以及调研分析四大维度。

在决策制定阶段，学习者面对的是多个相似却各异的方案，需运用所学知识评估各方案的优劣，最终择优选之。例如，在测量三角形内角和时，学习者需凭借既有知识筛选最佳测量策略。这一过程展现了决策的智慧。

问题解决则是一场与障碍和限制较量的智慧之旅。学习者需激活头脑中的相关知识，创造性地构思解决方案，并付诸实践，直至达成目标。这一过程不仅考验了知识的运用能力，更锻炼了问题解决的灵活性和韧性。

实验探究是科学探索精神在学习领域的体现。学习者针对自然现象或社会现象提出假设，并设计实验方案进行验证，以此深化对现象本质的理解。这一过程鼓励了学习者的好奇心和探索欲，推动了知识的创新与发展。

调研分析则是一种基于现有资料和前人研究的深入剖析。学习者运用所学知识，对特定事件或现象进行假设，并通过调研数据或文献资料进行验证。与实验探索不同，调研分析更侧重于对现有信息的整合与分析，以及对已有观点的批判性审视。这一过程提升了学习者的信息筛选能力和批判性思维水平。

（5）元认知系统层次

元认知即对认知的认知，它作为认知的自我意识与管理机制，关乎学习者如何理解和调控自身的思考过程。这一系统广泛覆盖所有思维活动，执行着监控、评价与调节的关键职能。具体而言，元认知系统具备四大核心功能，即目标设定、过程监控、监控清晰度、监控精确度。

目标设定：在面临新任务时，元认知首先引导学习者明确任务目标，并据此规划出实现目标的路径，包括所需策略、资源分配及时间框架，确保学习行动有的放矢。

过程监控：一旦目标确立，元认知随即转入对任务执行过程的细致监控，评估所采策略的有效性及任务进展的顺利程度，确保学习路径始终朝向既定目标。

监控清晰度：此功能聚焦于学习者对当前知识或任务要求的把握程度，检查是否存在理解上的模糊地带。通过提升理解的清晰度，元认知促使学习者聚焦并澄清模糊概念，从而提升学习效率。

监控精确度：元认知还扮演着知识质量的守护者角色，要求学习者基于个人理解对知识的准确性进行判断，并提供判断依据。这一过程不仅强化了学习者的批判性思维，也确保了知识体系的严谨性。

（6）自我系统层次

自我系统作为马扎诺教育目标分类中的最高层次，聚焦于学习者的自我驱动与任务参与度的深层次调控。该系统由四大核心要素构成：检验重要性、检验效能、检验情感反应、检验总体动机。

在检验重要性阶段，学习者主动分析知识或任务的价值所在，评估其对自身的重要性，并据此决定投入资源的程度。这一过程促使学习者优先关注并深入学习那些他们认为至关重要的知识。

检验效能则要求学习者审视自身资源与能力是否足以应对学习任务，形成对成功可能性的主观判断。若自我评估不足，可能引发效能感缺失，进而影响学习动力与效率，形成负向循环。

检验情感反应涉及学习者对知识或任务产生的情感反应，区分其积极或消极性质，并追溯情感根源。积极的情感联结能够激发学习热情，成为推动学习进程的重要内驱力。

检验总体动机则是上述各要素的综合体现，学习者在此阶段全面评估知识学习的重要性、自我效能及情感因素，形成整体动机水平。这一过程深刻影响着学习者的学习态度与持续努力的程度，是自我系统调控学习行为的关键所在。

2.课堂行为指标的建构

（1）教师提问行为

在讨论课堂中的提问行为时，我们聚焦于那些旨在激发学生思考、需要学生深入探索与解答的明确问题，而非仅是形式上的疑问句或教师的自

203

问自答。此类提问旨在促进学生主动思考，而非单纯的信息传递或吸引注意力，后者更多被视为讲述行为，且与之相伴而生的学生的简短回应亦不计入有效应答范畴。

基于英国学者的研究视角，课堂问题可划分为两大类：封闭式与开放式。封闭式问题有明确的界定、固定的结构和唯一答案，常用于检验学生对特定知识与技能的掌握情况；开放式问题则有开放的框架、多样的解法和不确定的结论，常用于鼓励学生展开高阶思维，激发个性化与创新性的表达。

为了更细致地解析提问策略，本研究进一步将教师提问细化为三类：封闭式、半封闭式及开放式。封闭式提问直接明了，答案唯一，如询问"三角形的内角和是多少度"；半封闭式提问则在结构上略显灵活，答案虽可能唯一或有限，但提问方式留有探索空间，如"你认为答案是A还是B，或者你还有其他想法吗"；而开放式提问则最为宽泛，不仅问题本身开放，还鼓励学生依据个人经验和创意自由作答，如探讨"生活中哪些物体的面积接近一平方米"，此类问题鼓励学生跳出框架，发挥想象。

通过这样的分类与解析，我们得以更清晰地理解不同提问方式在促进学生学习与思维发展中的作用与差异。

（2）教师反馈行为

教师的反馈行为在教育互动中占据核心地位，依据其内容的不同，可细化为三大类别：思维导向型反馈，此类反馈聚焦于学生的思维路径与层次，旨在促进学生的深度思考；结果评判型反馈，侧重于直接评价答案的正确性，有时可能忽略了学生解题过程中的思维火花与独特见解；情感价值观型反馈，这类反馈关注学生的情感态度与价值观培养，通过正面激励或引导，增强学生的学习动力与正面情绪体验。

（3）学生行为

学生行为可划分为教师引导型与学生自主型两大模式。前者指学生在教师提问或指令下做出的回应行为，体现了教学互动中的基本参与；后者则凸显了学生的主动性，包括学生自发地表达个人见解、提出疑问，以及自由阐述思路或创新观点。这些行为不仅是学生主体地位的体现，也是衡量其是否参与高阶思维活动的重要观察窗口。

具体到行为表现上，应答行为是学生对教师提问的直接回应，无论是被点名回答还是在构建的对话情境中发言，都反映了学生的即时反应能力；而主动发言行为，则是学生主动性的直接展现。他们不仅分享自己的想法，还通过提问激发讨论，这种积极性与创造性对于促进学生思维发展具有不可估量的价值。通过观察这些行为，教育者能够深入了解学生的思维层次与活跃程度，进而调整教学策略，促进更高层次的学习活动发生。

3.整体观察量表的建构

将上文确定的思维层次指标，以及课堂行为分析指标进行结合，并对其进行交叉观察和分析，从而构建起面向高阶思维培养的"四何"问题应用观察量表的二维框架，如表5-4-1所示。

表5-4-1 面向高阶思维培养的"四何"问题应用观察量表

思维层次			教师行为					学生行为	
			提问			反馈			应答	主动发言
			封闭式提问	半封闭式提问	开放式提问	思维过程	结果对错	情感态度与价值观		
认知系统	提取	回想								
^	^	执行								
^	理解	整合								
^	^	表征								
^	分析	比较								
^	^	分类								
^	^	错误分析								
^	^	概括								
^	^	具体化								

205

续表

思维层次		教师行为						学生行为	
		提问			反馈			应答	主动发言
		封闭式提问	半封闭式提问	开放式提问	思维过程	结果对错	情感态度与价值观		
认知系统	知识运用	决策							
		问题解决							
		实验探究							
		调研分析							
元认知系统	目标设定								
	过程监控								
	监控清晰度								
	监控精确度								
自我系统	检验重要性								
	检验效能								
	检验情感反应								
	检验总体动机								

在综合分析教学互动时，我们可以将教师的提问策略、反馈行为与学生的回应行为均置于思维层次的框架下进行考量。

首先，针对教师的提问，我们不仅要识别其类型（如开放式或封闭式），还需进一步解析其旨在促进学生哪一层次的思维活动。比如，当教师询问"这两者之间的异同点"时，这不仅是一个典型的开放式问题，更体现了对学生分析比较能力的高层次思维挑战。

其次，考察教师的反馈行为时，我们需判断其反馈内容的类型（思维过程、结果对错或情感态度与价值观），并深入分析这些反馈如何促进学生的思维层次发展。例如,"请阐述你的思考过程"这样的反馈,直接指向学生的思维过程,鼓励学生进行元认知层面的深入反思,从而提升其思维层次。

最后,在评估学生的应答与主动发言时,我们应结合其具体内容,判断其思维活动所处的层次。以"长方体的认识"学习为例,学生若能就长方形与长方体的性质进行比较,并详细阐述异同,这不仅展示了他们的分析能力,也反映了他们在进行高层次思维活动。

通过这样的多维度、层次化观察,我们可以更全面地理解教学互动中师生的思维交流过程,为优化教学策略、促进学生深度学习提供有力支持。

二、评价和研究对象的选取

评价对象的选取可以根据具体的评价目的来确定。如对某位小学数学教师课堂教学中"四何"问题的设计与应用效果进行分析和评价,可以选取这位教师的一节或多节课的教学实录视频作为研究、评价的对象;如希望了解某个年级教师的"四何"问题设计与应用效果,可以选择该年级所有教师的教学实录视频作为研究、评价的对象;如希望了解专家型教师或年轻新晋教师的"四何"问题设计与应用效果,可以选择多位专家型教师或年轻新晋教师的教学实录视频作为研究、评价的对象。

对于观察评价对象的方式,也并不局限于课堂教学实录视频,评价者也可以通过直接观摩课堂教学来进行记录和评价。但由于实录视频具有多角度呈现、反复观摩、快进、慢放等优势,更有助于评价者全面、细致地对评价对象进行分析和研究。

需要特别指出的是,对小学数学教学中"四何"问题的设计与应用进行评价是一个十分复杂的问题,在实际的评价工作中还需要根据具体的教学内容、学生情况、评价目的等进行进一步的细化、充实或删减,如本章第二节中对"是何""为何""如何""若何"问题比重的分析、对学生回答问题的方式或类型进行细分等。因此,以上评价指标的划分和框架的构建仅在于提供一种评价思路，且存在很多不足之处，希望能够以此抛砖引玉，引起更多学者、教师关注和研究小学数学教学中"四何"问题应用的评价问题。

第五节 "四何"问题的应用经验

通过对教学实践中"四何"问题设计与应用的反思，以及对相关研究资料的分析，笔者对服务于小学生数学高阶思维培养的"四何"问题的设计总结出了以下经验，希望能够为小学数学教学中"四何"问题的设计与应用提供一些有价值的思路。

一、培养数学高阶思维的"四何"问题设计理念

（一）明确问题设计目的：由低阶思维到高阶思维

通过对相关研究的整理和实际调查发现，当前我国小学数学教师的课堂提问状况值得反思，有些提问的方式比较随意，缺乏科学性，很难引发学生深层次的思考。思维通常都是从问题开始的。正如杜威所说，思维不会无缘无故地产生，它通常伴随着一些困惑、怀疑、疑问、难题或混淆，问题的本质决定了思考的结果，思考的结果又影响着思维的过程。[1]问题与思维紧密相连，优质问题如同催化剂，能激发学生思维的火花，促进其思维能力质的飞跃。然而，在小学教育阶段，部分教师倾向于采用大量孤立、封闭且缺乏深度的问题作为教学手段，仅将学生的正确答案视为知识掌握的标准，迅速推进教学流程。这种做法实际上将提问简化为答案验证的工具，忽视了其激发思考、促进思维进阶的核心价值，无形中限制了学

---

[1] 王帅. 国外高阶思维及其教学方式 [J]. 上海教育科研，2011（9）：31-34.

生思维向更高层次发展的可能。

尤其对于初涉基础教育的小学生而言，他们的思维正处于高速发展阶段，被视为培养抽象思维、逻辑思维与创造思维等高级认知能力的黄金窗口。数学作为一门强调思维锻炼的学科，更应成为这一过程中不可或缺的助力。因此，在小学数学课堂上，教师应将焦点从问题的数量转移到质量上，精心设计那些能够触动学生心灵、激发深度探索欲望的问题。这样的提问策略，不仅能够为学生提供宝贵的思维训练机会，更能引导他们跨越浅层次学习的局限，向更加复杂、深邃的思维领域迈进。

在小学数学课堂中，我们努力追求高质量、启发性提问的艺术，旨在点燃学生高阶思维发展的火花，而高阶思维使得学生超越了基础的知识记忆与理解，跃升至分析、评价与创造的广阔天地。它对应着布卢姆教育目标分类中的分析、评价和创造，这些能力不仅赋予学生深度剖析复杂情境的能力，更赋予了他们评估价值、创造新知的力量。拥有高阶思维的学生，在面对未知与挑战时，能够迅速洞察问题的核心所在，灵活运用所学知识，以创新的视角和策略，开辟解决问题的新径。这样的能力，不仅是学术成就的基石，更是未来社会所需的关键素养，它让学生在未来的生活与工作中游刃有余，成为能够引领时代潮流、创造无限可能的佼佼者。因此，在小学数学课堂中，我们致力于通过精心设计的提问，激发学生的高阶思维潜能，为他们铺设一条通往智慧与成功的康庄大道。因此，学校需要承担起培养学生高阶思维的重要任务。如前所述，问题往往是思维的起点。在设计和应用"四何"问题的时候，教师应牢牢把握住这个中心点，明确"四何"问题设计和实施的目的，通过高质量的"四何"问题引发学生的思维，从而帮助他们逐渐发展高阶思维能力。

"四何"问题的设计旨在培养学生的高阶思维和问题解决能力。它通过一系列富有挑战性的障碍与谜题，激发学生的主动探索欲与深度思考力。学生在这一过程中，如同探险家般穿梭于知识的密林，面对难题不退缩，勇于挑战，力求突破。每当他们跨越一道障碍，解开一个谜题，那份豁然开朗的领悟与深刻理解便如同晨曦初照，照亮了他们思维的每一个角落。这样的历程，不仅是对学生智慧与勇气的双重磨砺，更是其思维层次跃升的重要阶梯，引领他们向着更高层次的认知境界迈进。

总的来说，目前很多教师实施课堂上提问的主要意图是检查学生是否知道正确答案，因此设计的问题通常是封闭的、松散的，不利于触发学生的高阶思维，也在一定程度上限制了学生学习和思考的思维阶层。相比之下，培养学生高阶思维导向下的课堂提问旨在打开学生高层次的思维，设计的问题通常具有一定的难度，学生难以利用现有知识顺利解决，需要他们进行分析、综合、创造等一系列高层次的思维活动才能得到答案。因此，以培养学生高阶思维为导向的小学数学课堂提问设计，首先应该明确提问的目的。

（二）确定问题内容：由学科事实到学科观念

在课堂上，教师通常用提问来检查学生对知识的掌握情况，但这些问题往往局限在事实性和程序性知识上，缺乏思维深度。有相关研究表明，教师的提问内容主要集中在学生需要记忆的事实性知识上。[1] 传统的小学数学课堂教学过于注重教授零散的公式和定理，忽视了引导学生真正理解和掌握重要概念的内涵。这导致学生往往只停留在机械记忆和浅层认知上，而缺乏对知识的深层理解和灵活运用。在这种教学方式下，学生可能也会取得不错的考试成绩，但他们在解决现实生活中的问题时通常会显得束手无策。因此，如何让学生能够长期保留并灵活运用所学知识，成了值得教师深入思考的问题。

小学数学教学设计的核心不仅聚焦于知识的直接传授与应用，更在于引导学生从学科视角深刻领悟并灵活运用这些知识。学科观念，作为从具体事实中提炼出的具有普遍指导意义的思维框架，是学生深化理解、构建知识体系及应对复杂问题的关键桥梁。其长远价值在于，即便具体知识细

---

[1] 钟志贤. 促进学习者高阶思维发展的教学设计假设 [J]. 电化教育研究，2004（12）：21-28.

节被遗忘，学生仍能凭借学科观念有效分析和处理问题，展现了超越具体内容的迁移能力。然而，高度概括、抽象的学科观念并不能依靠简单的灌输来培养，而是需要通过适宜的方式，促进学生切实对问题进行思考、探究才能真正获得。

要培育学生的高阶思维能力，课堂互动中的提问策略需紧密围绕学科观念精心构建。这样的设计旨在促进学生对知识本质的深刻洞察，把握知识间的内在关联，形成系统化、结构化的知识网络，进而赋能学生以灵活性和创造力解决新问题。学者指出，学科观念是教学的强大支撑，它能促进学生概念间的融会贯通，是深化理解不可或缺的基石。因此，基于学科观念进行"四何"问题设计，有助于通过更有针对性的课堂提问，使学生对学科内容基本构架和重要脉络有更深入的理解。

例如，在"多边形面积"的教学中，教师可引入"化归思想"作为核心观念，通过设计启发性的"如何"问题，如"如何将非规则图形的面积计算转化为已知规则图形的面积计算"，鼓励学生回顾并创新应用先前学习的长方形、正方形面积知识，从而在解决问题的过程中建立新旧知识间的桥梁，锻炼其数学逻辑思维。

综上所述，传统课堂提问多聚焦于孤立的事实或信息，限制了知识的整合与应用能力发展。相比之下，以高阶思维为导向，围绕学科观念设计的课堂提问，能够有效促进学生将零散知识点整合为连贯的知识体系，提升其在新情境下的知识迁移与问题解决能力。因此，这样的"四何"问题设计与实施策略，对于革新课堂提问内容，促进学生全面发展具有重要意义。

（三）把握提问类型：由封闭问题到开放问题

在当前小学数学课堂上，一个显著的现象是教师倾向于提出封闭性问题，这类问题往往限定了学生的思考边界，减少了他们自主探索和思维拓展的空间，使学生更多地处于被动接受知识的状态。正如一些学者通过大量研究发现的那样，目前的课堂教学中开放性问题相对较少，封闭性问题

四何问题与高阶思维

不仅数量较多，而且主要集中在记忆类的问题上。[①]例如，"1米等于多少分米""什么是周长""三角形的内角和是多少"等，这类问题的解答直接且唯一，难以窥见学生的思考轨迹。

为了促进学生高阶思维的发展，课堂教学需转向设计能够激发深度思考与心智挑战的问题。这些问题鼓励学生超越简单记忆，要求他们提供论据、阐述理由，并通过综合、反思和创新等高阶思维活动来求解。它们促使学生从多角度审视问题，探索多样化的解决方案，从而在实践中锤炼批判性、分析性和创造性思维能力。

在此背景下，小学数学教师应积极调整教学策略，增加开放性问题的比重。这类问题鼓励多元答案和灵活解法，旨在拓宽学生的思考维度，促使他们主动探索、验证并发现问题的内在规律。开放性问题不仅能够打破封闭性问题对学生思维的束缚，还能激发学生的好奇心和探索欲，使他们成为学习过程中的主动探索者和问题解决者。

具体而言，教师可以通过转换问题形式来促进学生高阶思维的发展。例如，将传统的"4×5等于多少"转变为"你能解释为什么4乘以5的结果是20吗"经过这样的变化，虽然问题的本质相同，但后者更能激发学生的深层思考，促使他们运用已有知识和经验进行逻辑推理，而非仅仅依赖记忆。

综上所述，培养学生高阶思维的小学数学课堂，应强调学生的主体性和参与性，通过设计开放性问题，引导学生主动思考、积极建构知识，从而全面提升他们的思维能力。这一过程不仅关乎知识的获取，更在于思维方式的培养和思维习惯的塑造。

[①] 杨九诠. 好的问题与好的提问 [N]. 中国教育报，2016-03-23.

二、培养数学高阶思维的"四何"问题设计策略

（一）将激发学生深度思考作为设计"四何"问题的目的

在构建以促进学生高阶思维发展为核心的小学数学课堂中，"四何"问题的设计策略显得尤为重要。其首要考量在于明确提问的初衷——旨在触动学生的深度思维引擎。提问这一教学互动环节，不仅扮演着即时评估教学成效的角色，让教师能够精准把脉学生的学习动态，精准定位学生的知识盲区并提供个性化指导，还促使教师自我审视教学策略，灵活调整教学路径。更深远的意义在于，它成为学生思维训练的催化剂，推动学生主动探索、内化知识，构建个人化的知识体系，这一过程本身就是对思维能力的深度锻造。

在追求高阶思维培养的数学课堂上，教师的角色转变为引导者，通过匠心独运的问题设计，激发学生的质疑精神、批判性思维及深层次反思。这样的学习成果，不仅知识更加稳固，更能在学生心中种下数学之美、数学思想的种子，促进其核心素养的全面提升。值得注意的是，传统教学中那种孤立、封闭式的提问方式，往往难以触及思维的深处，限制了学生的思维活力。

因此，在设计"四何"问题时，教师需要尤为注重策略性。这意味着问题应富含启发性，能够引领学生跨越浅表理解，深入探究数学的本质与规律。同时，问题间需构建逻辑链条，形成系统性思考框架，让学生在解答过程中经历从疑惑到清晰、从片面到全面的认知飞跃。此外，问题设计还需兼顾开放性与层次性，鼓励学生从不同角度审视问题，运用多元思维解决问题，从而在一次又一次的思维挑战中，实现高阶思维能力的显著提升。

首先，教师应形成关注学生思维成长的意识。这是行动的先导。唯有深刻认识到思维发展对学生长远学习的重要性，教师方能在教学实践中自然融入思维培养的要素，确保问题设计蕴含深度思考的价值。其次，深入剖析教学内容是激发思维火花的基石。教师需沉浸于知识的逻辑脉络中，

洞悉其内在联系，从而在设计课堂提问时，能够依据知识的自然演进路径，巧妙铺设一系列循序渐进的问题，既引导学生逐步深入，又能在关键时刻精准纠偏，这一过程要求教师具备对教学目标与课程内容的深刻洞察与精准把握。再次，明确思维目标是问题设计的指南针。教师应基于期望达成的思维层次，灵活调整问题设计策略，使每一个问题都成为通往思维目标的桥梁。这要求教师对思维目标与问题设计之间的微妙关系有独到见解，能够精准拿捏，以问题为引，促思维飞跃。最后，在"四何"问题的具体构思中，趣味性与挑战性并重是不可或缺的考量。趣味性旨在使问题贴近学生生活，激发其探索兴趣，让学习成为一场愉快的探索之旅。而挑战性则意味着问题需设定在学生"跳一跳，够得着"的区间内，既非轻易可得，亦非遥不可及，以此激发学生的求知欲与解决难题的成就感。教师在设计时应精准评估学生的现有认知水平，精心调控问题难度，确保问题既能激发学生的潜能，又不至于挫伤其积极性，让每一次提问都成为促进学生思维成长的黄金机遇。只有如此，教师设计的"四何"问题才能够激发学生的好奇心和求知欲，引发他们深入思考问题的冲动。

例如，有位教师在"分数除以整数"的教学中，在课堂伊始就抛出三个问题："我们生活中有哪些问题可以用$\frac{4}{5} \div 2$来解决""请思考如何用折一折或画一画的方式表示出$\frac{4}{5} \div 2$""尝试计算出$\frac{4}{5} \div 2$的结果"。这三个问题紧密相连，对初学者来说有一定挑战。第一个问题需要学生基于分数除以整数的数学算式，逆向构建生活实例。这不仅要求学生调动丰富的生活经验，还要求学生深刻理解除法和分数的本质，从而进行逆向思维，以算式为蓝本编织生动的情境。此举不仅点燃了学生的好奇之火，更引领他们步入高阶思维的殿堂，使得他们的认知得到深化与拓展。第二个问题巧妙地融入了实践操作环节，鼓励学生通过折叠、绘图等直观手段，自主探索分数除以整数的内在奥秘。这一过程不仅是对知识理解的直观化，更是对学生动手能力与探究精神的双重滋养。学生在动手实践中，不仅"看"到了数学的真谛，更"做"出了知识的味道，实现了从理论到实践的跨越。第三个问题鼓励学生依托既有知识储备，探索多样化的解题路径，这一过程要求学生跳出思维的舒适区，勇于尝试，积极思辨。学生在寻找答案的过程中，不仅锻炼了思维的灵活性与创新性，更在不知不觉中培养了独立思考与解决问题的能力。这种以学生为中心的问题设计策略，无疑为学生高阶思维的发展铺设了坚实的基石。可见，这位教师的课堂提问设计，不仅是对学生思维的精心雕琢，更是对学生潜能的深度挖掘。它以一种润物细无声的方式，激发了学生深度思考的潜能，让学生在解决问题的过程中，不断攀登思维的高峰，实现自我超越与成长。因此，卓越的课堂提问设计，其核心价值在于点燃学生思维的火花，引领他们走向高阶思维的广阔天地。

（二）以学科观念作为设计"四何"问题内容的来源

在深度学习的框架下，小学数学"四何"问题的设计应根植于学科观念的沃土之中，将这一深层次、可迁移的学科思维精髓作为问题内容的灵感源泉。学科观念是指特定学科事实或主题抽象出来的、可迁移的学科思维或思想，一般是学科专家构建的探索和认知世界的思维结构或图式。[①] 这些观念不仅是学科精髓的凝练表达，更是连接零散知识点与基本技能的桥梁。

相较于单纯的知识传授，学科观念的教学更侧重于培养学生的概念性理解能力，使学习不再局限于表面的记忆与复现，而是深入到知识的内在联系与结构之中。缺乏学科观念引领的课堂，往往显得空洞且难以激发学生兴趣，学生所掌握的也仅是孤立的知识碎片，难以形成系统性的认知结构。因此，学科观念在学科教学中的地位举足轻重，它如同一张网，将纷繁复杂的事实、信息、概念与原理紧密编织在一起，帮助学生构建起既稳固又灵活的知识体系，进而提升他们的应用与迁移能力。

为了有效提取并融合学科观念于"四何"问题设计中，我们可以从以

---

① 张华. 论学科核心素养：兼论信息时代的学科教育[J]. 华东师范大学学报（教育科学版），2019（1）：55-65，166-167.

下两个方面入手。

一方面，要深入研究课程标准。学科课程标准或内容标准是教师进行教学工作的指导性文件，它规定了课程内容和教学要求。教师可以通过仔细查看内容标准中频繁出现的关键名词、形容词、动词来推测和判定学科观念。[①]一般而言，陈述句中与关键性动词一起出现的名词，通常可以作为重要概念来理解。例如，在《义务教育数学课程标准（2022年版）》中，第一学段的目标中提到"形成初步的量感和空间观念"，在第二、三、四学段的目标中又分别提到"形成量感、空间观念和初步的几何直观""形成量感、空间观念和几何直观""发展空间观念和几何直观"。可见，"空间观念"是教师在设计相关内容的"四何"问题时需要特别彰显的学科观念。

另一方面，要归纳总结教学内容。尽管课程标准为学科教学提供了重要指导，但并非所有关键的学科观念都能直接从中显现，部分观念需要教师基于对具体教学内容的深度剖析与总结进行提炼。以小学四年级"小数的意义与性质"这一单元为例，该单元的内容涵盖了小数的意义、性质、读写、大小比较、小数点移动、单位换算及近似数等。通过细致梳理，不难发现这些知识点均紧密围绕"计数单位"这一核心概念展开，构建了一个以"计数单位"为核心的知识框架。计数单位因此成为本单元的核心学科观念，它不仅是知识的联结点，也是深化理解的钥匙。教师在设计该单元的教学活动时，应敏锐捕捉并围绕"计数单位"这一学科观念精心策划课堂提问，引导学生从不同维度探索"计数单位"的内涵与外延，进而在主动探究中深化对小数意义与性质的理解，逐步构建起关于小数的完整知识体系。这一过程不仅是对课程内容的深化学习，更是对学生高阶思维能力和自主学习能力的有效培养。具体而言，在实施"四何"问题设计策略时，教师应确保每一个问题都巧妙地融入"计数单位"的学科观念，鼓励

---

① 格兰特·威金斯，杰伊·麦克泰格. 追求理解的教学设计[M]. 闫寒冰，宋雪莲，赖平，译. 上海：华东师范大学出版社，2017：56.

学生从不同视角审视问题，通过实践操作、逻辑推理、对比分析等多种方式，加深对"计数单位"在小数体系中作用的认识。通过这样的教学策略，学生不仅能够掌握小数相关的知识技能，更重要的是能够学会如何运用学科观念去分析问题、解决问题，实现真正意义上的深度学习。

（三）以学生生活作为设计"四何"问题情境的灵感

在追求学生高阶思维发展的小学数学课堂上，教师巧妙地融学生生活实例于问题情境之中是激发学习潜能的关键。将数学知识从抽象的理论世界拉回生动的现实场景，不仅降低了理解门槛，更激发了学生的学习兴趣与探索欲，促使他们主动构建起知识的桥梁。当学习内容与学生的日常经验紧密相连时，学生得以亲眼见证知识的实际应用价值，这种直观的认知转化为强烈的学习驱动力，驱使他们全身心融入教学活动。此外，贴近学生生活的问题情境如同一把钥匙，解锁了他们记忆中的知识宝库，使先前的学习经验与新知识发生碰撞与融合，促进了知识的迁移与深化。这不仅是对既有知识的回顾与巩固，更是向新知探索的勇敢迈进。为此，教师在设计问题情境时，需精准把握学生生活的脉搏，确保情境既反映数学学科的本质特征，又能与学生的前概念形成巧妙的认知冲突，从而激发学生的思考火花，引导他们在解决现实问题的过程中，实现高阶思维能力的飞跃。具体而言，教师可以从以下几方面入手创设问题情境。

首先，教师应植根于数学学科的核心精髓，细致剖析其深层构造，锁定那些构筑知识大厦的基石——即核心内容的精髓所在。在此基础上，匠心独运地编织那些能激发学生深层思考与探究欲望的关键问题，巧妙嵌入问题情境的织锦之中。数学作为一门学科，其核心内容往往蕴含着数学本质的纯粹性、思维逻辑的严密性、教学设计的精妙性以及学习方式的独特性，这些特性共同织就了数学学科的独特风貌。围绕这些核心内容展开的教学设计，将数学的核心素养、深邃的思想以及精妙的方法，如涓涓细流般渗透至每一节课堂、每一个知识点之中，鼓励学生跨越知识点的孤立岛屿，发现它们之间的内在联系，从而构建起对所学内容全面而深刻的理解框架，使他们能够触类旁通，灵活运用所学知识解决实际问题。以"数的认识"这一数学领域的核心内容为例，教师在设计"四何"问题情境时，可以紧扣数的抽象本质，通过生动的实例和巧妙的设问，引导学生从具体的数量或关系中抽丝剥茧，逐步领悟"数"这一概念的抽象内涵。这一过程不仅是对学生认知能力的挑战，更是对他们数学思维的深度锤炼。因此，在创设"四何"问题情境时，教师应始终坚守数学核心内容的阵地，深入挖掘教学内容的本质，确保每一个问题情境都能成为引领学生探索未知、启迪智慧的灯塔。

其次，设计问题情境时，教师应巧妙利用学生既有的前概念作为催化剂，创造认知上的张力与冲突，以此激发学生的深度反思。学生踏入课堂前，其脑海中已绘制了一幅幅关于世界运作的初步图景，这些先验知识与经验如同双刃剑，既可能为学生吸收新知铺设坦途，也可能成为其学习路上的绊脚石。因此，教师需细致洞察学生的既有认知框架，以此为基石构建问题情境，使场景能够映射出学生对于核心议题的多元视角与见解，从而推动教学互动的深化。在分析学情时，教师不仅要评估学生是否已奠定学习新知的坚实基础与心理准备，还需预见到他们在探索过程中可能遭遇的障碍与挑战。唯有基于这样全面的了解，教师创设的情境方能精准触动学生的认知敏感点，诱发其内在的认知冲突。这种冲突，正是促使学生跳出思维舒适区，深入探索新知本质的驱动力。以"小数除法"的教学为例，教师可匠心独运地模拟超市促销的日常生活场景，并提出问题："5袋牛奶共15元，请问1袋牛奶的价格是多少？如果买5袋赠送1袋，请问1袋牛奶的价格又是多少？"这一情境贴近学生生活实际，易于引起共鸣。然而，在解决第二个问题时，学生将遭遇前所未有的挑战——传统的整数除法知识在此显得捉襟见肘，因为15元无法直接均摊至6袋牛奶上。这一认知冲突迫使学生重新审视并调整其除法运算的思维方式，从整数除法的"舒适区"迈向小数除法的新领域。正是这样的冲突，成了学生跨越认知障碍、深刻理解小数除法本质的桥梁。

最后，"四何"问题情境的构建应深深植根于学生的日常生活经验之中，以此激发学生内在的学习热情与动力。经济合作与发展组织将问题情境主要分为三个领域：个人生活、工作和休闲、社区和社会。[①]在设计过程中，教师应依据具体教学内容，精心挑选与之契合的情境领域，并依据学生的生活实际与认知水平，将这一领域具象化为生动可感的学习场景。以"图形与几何"为例，教师可巧妙融入社会现实元素，让学生通过辨识与应用日常所见图形，深化空间观念。此外，在选择情境类型时，教师应敏锐捕捉学生的认知特征，优先选取那些学生曾有亲身体验或深刻印象的场景，以此作为激发思维活力的火种。这样的安排不仅增强了知识与学生个人经验的关联性，还促进了知识的活化与迁移，使学生能够在解决实际问题的过程中体验到学习的乐趣与价值。在小学阶段，问题情境的设计可广泛涉猎购物、游戏、旅行、环保等贴近学生生活的领域，这些情境不仅有助于高阶思维的培养，还能引导学生关注社会问题，增强其社会责任感。例如，在"小数除法"的教学实践中，一位教师匠心独运地设计了"平摊餐费"的情境，通过模拟学生聚餐后分摊费用的真实场景，巧妙地搭建起生活与数学之间的桥梁。这一情境不仅让学生感受到数学在日常生活中的无处不在，还激发了他们解决实际问题的能力，实现了知识从理论到实践的完美跨越。

（四）以开放式问题作为"四何"问题的主要类型

在追求学生高阶思维发展的课堂教学中，教师需精心雕琢提问的方式，尤其要重视开放式问题的巧妙设计与布局。开放式问题以其答案的多元性和思维的开放性，成为激发学生多维度思考的催化剂。教师需将学生视为思维活跃的独立个体，借助"四何"框架下的开放式问题，激活他们的知识储备与经验积累，鼓励他们跨越常规界限，探索解决问题的多元化路径与策略。这一过程不仅锤炼了学生的分析、反思、批判与创新能力，

[①] 金轩竹，马云鹏．小学数学教学中真实情境的理解与设计策略［J］．课程教学研究，2018（9）：69-75.

还显著提升了其问题解决意识与高阶思维品质。具体而言，开放式问题的设计引领着学生从被动接受知识的状态向主动探索未知的角色转变，为他们提供了更多应用所学、融会贯通新旧知识的机会。与之相对，封闭性问题虽能在一定程度上促进学生对事实性知识的回顾，但其固有的引导性与局限性往往使学生陷入被动记忆的窠臼，难以将知识灵活迁移至实际情境中。因此，为了更有效地促进高阶思维的发展，教师应有意识地调整教学策略，减少封闭性问题的频次，转而增加开放式问题的比重，让学生在更广阔的思维空间里自由翱翔，真正实现知识的深度理解与灵活运用。

开放式问题可以为学生提供更多思考空间，让他们有足够的时间进行深入的思考，并且充分表达自己的观点。这种问题常常使用"怎样""为什么""以何种方式"等词语，即"四何"问题中的"为何""如何""若何"问题，以引导学生进行深入的思考。在小学数学课堂中，可以通过以下几个方面来设计开放式"四何"问题：（1）要求学生为给出的结论或其得出的结论提供证据或解释。例如，请你为××的说法做出解释；请你分析××得出这个答案的过程。（2）要求学生思考出多种解决方法或结论。例如，请用至少两种方法来解决这个问题；你还能想到其他的方法吗？（3）给出一个结论，请学生分析可以使这个结论成立的条件。例如，请你设计问题，使其可以用（15＋6）÷3来解决。（4）让学生比较两个或多个对象之间的异同。例如，三位数和两位数相乘的计算方法，与两位数和一位数相乘的计算方法有什么相同和不同之处？（5）给出一定的条件，让学生设计解决实际问题的计划或方案。例如，一位油漆工要粉刷一个房间的墙面，房间内墙的墙体高4米、宽10米，其所用的油漆定价为每罐128元，并且已知一罐油漆可以粉刷9平方米的墙面。油漆工在粉刷之前应该考虑哪些方面的问题？请你为他制定一个油漆购买计划，以满足其粉刷墙面的工作需求。（6）使用"假如不是这样会怎么样"。例如，教师先引导学生通过量、撕、折等实践活动，体会了从猜想到得出结果的活动过程，进而提问"假如不是三角形，而是四边形、五边形，结果还一样吗"。

例如，在"异分母分数加、减法"的教学中，有位教师便充分设计和应用了开放式"四何"问题，如请你根据情境中蕴含的数学信息，提出一些数学问题；分析这两个算式和以前学过的分数加、减法的不同点；请你用学过的知识解决这个问题；回顾以上几种方法，你发现了什么？为什么都用通分的方法？这些开放式问题成功点燃了学生的学习热情，激活了他们头脑中已有的相关经验，帮助他们在头脑中建立了新、旧知识之间的联系，还促进了学生高阶思维的发展。

第六章 "四何"问题的困境与应对

第一节 现实困境

理论和实践之间总是存在差距,将理论应用于实践的过程中也会不断发现理论研究中所忽略或无法预见的问题。因此,本节结合教学实践体验和其他学者的研究,重点审视当前"四何"问题应用于小学数学高阶思维培养过程存在的问题,全面把握当前的现实困境,为探索问题解决办法、优化教学实践奠定基础。

一、提问忽视了对学生学情的关注

在当今教育改革的浪潮中,以学生为中心的核心理念日益凸显,这要求教师在运用"四何"问题链培养学生高阶思维时,对提问策略的时机把握需更加细腻且精准。教师应成为学生思维旅程中的敏锐观察者,紧密贴合学生当下的学习状态与认知水平,细致捕捉他们思维过程中的波折与亮点。具体而言,提问的契机应聚焦于学生思维遭遇瓶颈、理解尚显浅薄之处,以及那些与学生日常生活紧密相连的情境,以此作为激发思维活力、疏通思维障碍的切入点。遗憾的是,当前教学实践中,部分教师在设定提问时机时,仍过于依赖既定的教学目标与知识重难点,倾向于从数学知识的逻辑结构出发,而忽视了对学生个体差异、学习进度及心理状态的深入考量。这种倾向下，教师不仅可能错失促进学生深度思考与知识内化的良机，还可能因提问时机不当而增加学生的学习负担，阻碍其高阶思维能力的有效发展。因此，教师需深刻反思并调整提问策略，确保每一个提问都能精准对接学生的学习需求与思维发展轨迹，让教学成为助力学生思维成长的引擎。

例如，在"百分数（一）"的教学中，教师出示问题"六年级这次参加书画比赛的作品，比上一次增长了110%。这句话是什么意思呢？应该怎样分析呢？"对于这个问题，学生普遍感觉很迷茫，教师进一步提醒："是谁占谁的？占多少呢？"有学生说："我认为是这次占上一次的110%。"教师提醒学生再仔细思考，并注意"增长了"这几个字。学生陷入沉默。

教师设计这道题目的初衷是引领学生深入剖析两次比赛作品数量间的动态关系，理清"增长了110%"这一表述背后的深刻含义，旨在通过这一过程深化学生对百分数概念的理解。然而，由于前期知识铺垫的缺失，学生面临理解障碍，难以准确把握问题的核心，这反映出教师在提出问题时，过分聚焦于知识传递本身，未能充分预估并适应学生的既有知识结构和认知水平。进一步而言，即便学生已具备解决该问题的知识基础，教师却可能因过度追求教学目标的即时达成，而忽视了课堂时间的高效利用与学生学习的真实需求。这种情况下，课堂可能演变为对已学知识的简单重复，而非促进学生高阶思维发展的舞台。教师的提问策略，在某种程度上仍然被束缚于传统的教学框架之中，过分强调每节课的知识要点与难点突破，却未能真正将目光投向学生高阶思维能力培养的长远目标上。因此，优化提问时机，使之更加贴近学生的学习实际与思维发展轨迹，成为提升课堂效率、促进学生全面发展的关键所在。

二、提问忽视了对学生价值观的关注

当前，新课程改革的浪潮正深刻改变着教育的面貌，它倡导的是一种超越单纯知识传授与技能习得的素质教育范式。这一转型旨在全方位提升学生的综合素养,不仅让他们成为学习的能手,更在品德修养、价值观念上实现质的飞跃。教师作为这一变革的引领者,需深刻领悟知识的深层教育价值,即它不仅是技能的基石,更是塑造学生世界观、价值观的关键媒介。因此,教师应将价值观教育与技能教育视为不可分割的整体,精心设计教学活动,使学生在掌握实用技能的同时,也能在思想的沃土上播种并培育正确的价值观念。通过融入批判性思维与评价思维的培养,我们旨在激发学生的独立思考能力,使他们学会以更加审慎和全面的视角审视世界,进而形成独立的价值观。这一过程,不仅是学生智力成长的阶梯,更是他们人格完善的必经之路,最终将引导学生成长为既有深厚学识,又具高尚品德的时代新人。

任何学科的教学都应该或直接或间接地给予学生思想道德的培养,使其具备良好的社会公德和个人品格。对于小学数学教学来说,虽然严格来说道德教育不属于其教学目标范畴,但教师依然有责任有义务在实际的教学过程中,寻找时机并通过适宜的方式对学生进行思想道德的渗透和影响,使学生在掌握学科知识和能力的同时,提高道德素养,真正实现全面发展。然而,有学者曾对32节小学数学课堂教学进行观察统计,发现教师提出的高级思维问题总共140次,其中需要学生价值观参与的评定型提问和对比型提问仅有4次。这表明教师不善于利用评价型提问,忽视了对学生评定、判断问题能力的培养。

三、对问题链的应用不够充分

唐恒钧等学者指出,为了培养高级思维能力,学习者需要积极而充满思考地参与意义建构过程,问题链提供了一个可能的途径。[①]问题链教学策略鼓励学习者沉浸于思维的海洋,通过自我探索与深思,逐步构建知识的内在逻辑与体系。教师在此过程中扮演着至关重要的角色,他们需精

---

① 唐恒钧,张维忠,陈碧芬. 基于深度理解的问题链教学[J]. 教育发展研究,2020(4):53-57.

心策划，为学生提供能够激发深度思考的契机。问题链以其独特的结构，不仅引导学生沿着清晰的脉络进行学习，还通过设置具有挑战性的主干问题，延展了学生思考的广度与深度，促进了学生思维的层级跃升。

然而，反观当前小学数学课堂实践，问题链这一高效的教学策略并未得到广泛应用。部分教师面对问题链时显得手足无措，他们或是对其概念认知模糊，难以界定何为真正的问题链；或是缺乏有效设计与实施的能力，导致在课堂上鲜有实践。一些教师坦言，他们在设计问题时往往难以形成连贯的链条，即便偶尔尝试，也常因问题数量不足或质量不高而难以发挥其应有的作用。这一现象凸显了教师在问题链理解与应用上的不足，也揭示了当前教学实践中对高级思维能力培养策略应用的局限性。

也有教师提到，自己在课堂中使用问题链并没有达到预想的效果，例如，有教师表示"有时候问题链会使问题变得太零碎""有时问题链的跨度太大，学生无法理解"。可见，教师对于问题链中问题的把控存在困难，无法很好地处理问题内容和难度的梯度。

例如，在"分数除法"的教学中，有位教师提出了如下问题。

师：刚才我根据哪些信息设出了方程？
师：根据哪句话得出了等量关系式？
师：等量关系式应该怎样列？

上述问题，是这位教师在尝试运用"分析策略""解题思路探索"及"验证方法应用"这一连贯问题链时，不慎将其过度拆解而设计的问题链。原本旨在引导学生自主探索与深度思考的问题序列，因问题设置得过于细碎与密集，反而束缚了学生的思考，剥夺了他们独立思考与自由探索的宝贵空间。这一现象揭示了部分教师在实际操作中可能存在的误区——即过分关注问题的细致拆分，而忽视了问题链整体结构的逻辑性与连贯性，以及其在促进学生高阶思维发展方面的潜在价值。因此，我们不难发现，尽管问题链作为一种有效的教学策略备受推崇，但许多教师仍在这条道路上艰难探索，尚未能完全掌握其精髓，将问题链的潜力充分发挥出来，为学生构建起一座通往高阶思维领域的坚实桥梁。这需要教师们在实践中不断反思与调整，学会在问题的广度与深度之间找到平衡点，确保问题链既能激发学生的思考兴趣，又能引导他们逐步深入，实现思维的飞跃与提升。

第二节　原因分析

问题的解决大致需要经历三个阶段，即发现问题、分析问题、解决问题。同时，这也是各种调查研究的主要过程。在上一节"发现问题"的基础上，本节对当前"四何"问题在培养小学生数学高阶思维方面存在的问题进行深入研究，发现造成这些问题的原因主要有：教师对高阶思维理论知识缺乏了解，传统教育观念和习惯的影响犹在，教师设计高阶思维问题的能力不足，未充分发挥教师群体作用，等等。

一、教师对高阶思维理论知识缺乏了解

高阶思维是一个相对较新的研究领域，教师只有准确、透彻地理解了相关理论，才能有效地设计和实施培养这种思维能力的课堂提问。当前小学数学教师对高阶思维理论知识缺乏了解的原因主要如下：

一方面，教师获取的有关高阶思维的信息相对较少，对高阶思维理论知识的具体内涵不够了解。调查发现很多教师并不了解高阶思维这一概念，有些教师虽然听说过，但无法准确表述其内涵，还有些教师则根本没有听说过这一概念。理论知识构成了实践活动的坚实基石，而教师在高阶思维理论方面的认知不足，显著地制约了他们在教学实践中设计和实施促进学生高阶思维发展的课堂提问。具体而言，许多教师对高阶思维内涵的理解仅停留在宽泛的理解层面，往往将其简化为一种深度与拓展性的思维

形式，缺乏对其多维度、多层次特性的细致剖析。这种理论知识的匮乏，直接导致教师在课堂提问时难以精准捕捉那些能够激发学生高阶思维火花的问题。正如部分教师所言，由于对高阶思维概念及其具体构成要素存在模糊认识，他们在设计问题时往往难以评估其对学生高阶思维发展的实际效用。另外，高阶思维这一概念在教师队伍中的普及度不高，多数教师尚未系统接触并深入理解其内涵与外延，这不仅削弱了他们在课堂中主动对学生进行高阶思维培养的意识，也使他们难以自觉地在提问环节中体现这一教育理念。缺乏明确的理论指导与自我监控机制，教师在促进学生批判性、评价性乃至创造性思维等高阶思维能力的发展上显得力不从心，错失了诸多在日常教学中潜移默化提升学生综合素养的宝贵机会。因此，加强教师对高阶思维理论的学习与理解，成为提升教学质量、促进学生全面发展不可或缺的一环。

另一方面，教师获取高阶思维理论知识的渠道相对单一。多数教师表示自己获取教育教学知识和信息的主要渠道是微信公众号，此外，还可能通过查看教育教学杂志，以及互联网等途径获取相关信息。然而，通过公众号推送获取高层思维理论知识的方式使教师处于被动接受状态。从客观角度来看，教育教学类的微信公众号、杂志，以及知网等渠道中有关高阶思维的内容影响着教师对高阶思维理论知识的了解。但从实际来看，当前这些渠道中有关高阶思维的内容都相对较少，虽然知网上的有关内容比较丰富，但由于教师主观上缺乏对高阶思维的关注和了解，使得他们难以主动地去搜集、寻找，进而学习、研究相关资料。可以说，教师的主动学习意识薄弱，这往往阻碍了他们对新知识、新理念（包括高阶思维理论在内）的积极探索。这种缺乏主动性的态度，不仅限制了教师对高阶思维理论知识的深入了解，也削弱了他们对这些理论在实际教学中应用价值的思考与反思。例如，有些教师未能主动投身于高阶思维理论的学习之中，他们难以清晰界定高阶思维的真正内涵，更无法准确判断哪些教学策略和提问方式能有效促进学生高阶思维的发展。在教学实践中，这种知识的空白和意识的淡漠直接反映在教师提问的质量上，使得他们难以设计出既能激发学生深度思考又能培养其批判性、创新性等高阶思维能力的问题。这不仅限制了教师对学生学习潜能的充分挖掘，也影响了教师自身教学能力的提升和教学质量的优化。所以，增强教师的主动学习意识，特别是针对高阶思维等前沿教育理论的学习，对于提升教师提问的艺术性、促进学生高阶思维的发展具有不可估量的作用。

二、传统教育观念和习惯的影响犹在

当前很多小学数学教师依然在很大程度上受传统教育观念的影响，在教学过程中仍然过于注重知识本身，而忽视了学生的主体地位。例如，有的教师表示："我通常会选择在重难点处提问，以帮助学生掌握知识，突破重难点，完成教学目标。"可以看出，教师大多重视教学目标的达成。在教学过程中，教师不应只关注教学目标的达成，还应该充分考虑学生的学习情况，关注学生的思维状况。学生是学习的主体，因此，在课堂提问时，应该更多地考虑学生的需求，如此才能使教学、课堂提问真正为学生服务，真正促进学生高阶思维的发展。

由于传统教育观念的深刻影响，很多小学数学教师没能充分重对学生高阶思维的培养，更遑论通过课堂提问来培养学生的高阶思维。传统的教育观念对教师产生了负面影响，使他们低估了学生的潜力。学生是处于成长过程中的个体，他们的思维尚未完全成熟，需要教师引导其不断发展。教师应该认识到学生拥有巨大的发展潜能，并坚信在有效的引导和帮助下，每个学生都可以获得积极地发展。认为学生年纪太小，能力不足，需要"手把手"地教他们，让他们"记住"各种数学公式、定理、法则，等他们长大了，思维自然也就成熟了，这样的观点是片面的。也正是这种观念的存在，使得教师无法以发展的眼光正确看待学生的成长，也使他们无法有意识地通过提问帮助学生锻炼高阶思维。

三、教师设计高阶思维问题的能力不足

教师要实施基于高阶思维培养的"四何"问题，就必须具备良好的提

问能力。然而目前很多教师在这方面存在不足，无法充分发挥"四何"问题应有的效果。

一些教师设计问题链的能力不够强。要设计出优质的问题链，教师需要透彻理解学情、教学内容等情况，以便更准确、有效地促进学生的思维逐步深入发展。然而，实践中，不少教师尤其是新晋教师对教学内容的理解不够充分，导致问题链设计得不合理，问题间的跨度不合适，难以充分发挥问题链的作用。有些教师表示，"如果涉及的知识过多，会使问题链变得零碎"。这也是因为教师在设计问题之前，没能将知识进行整合，使其结构化，进而无法通过问题链合理地呈现知识点。有些教师表示，"有时候把握不好问题链的难易度，不知道自己设计的问题链对于学生来说难易度如何，有时设计的问题之间跳跃性太强，或者连接不够紧密，学生感觉不到问题之间的联系"。只有准确把握学情，教师才能知道什么样的问题更适合学生，自然也能通过适宜的问题链使学生的思维层层深入。从整体上看，教师的问题链设计能力的欠缺，在很大程度上导致了问题链提问方式并未在小学数学课堂上充分实践。

教师在实施基于高阶思维培养的提问时存在困难。"这节课我本来想让学生分析百分数的含义，但是由于课程安排的原因，我们还没有讲到百分数这部分内容，学生缺乏必要的基础知识，所以很难理解我的问题。结果导致很多学生都无法回答我提出的问题，我感觉我的课堂问题设计是失败的。"某位小学数学教师提到自己的课堂提问经历时这样说。这位教师提问的本意是让学生理解百分数的含义，但由于课程安排不合理，学生缺乏必要的基础知识，因而觉得问题难度太大，无法应对。其实这并不是个例，在教学实践中，很多教师都有这样的经历，即有时过分追求教学目标的完成，在提出基于高阶思维培养的问题时没能充分考虑学生的实际情况，使问题与学生能力之间存在较大差距，导致提问未能达到预期效果。这也体现了教师选择提问时机主要以知识的难易程度为主导，未能从学生的实际情况出发。教师是否能够有效设计问题链、是否充分关注学生并考虑学生的学习情况等，这些都可以反映教师在设计和实施基于高阶思维培养的提问方面的能力。简而言之，教师实施基于高阶思维培养的提问的能力，将直接影响其课堂提问的实际效果。

四、未充分发挥教师群体作用

教师之间的交流和分享，能够有效促进教师基于高阶思维培养的提问行为。通过交流和分享，教师们可以更深入地思考如何提问能够促进学生的思维发展，从而更好地在课堂中落实这一目标。而实际上教师并没有充分发挥群体力量。笔者在访谈中了解到，教师们往往更多地关注问题的效果和是否达到教学预期，而较少围绕如何促进学生的思维发展展开探讨。此外，跨年级的教师之间也缺乏交流，导致教师之间的有益经验难以惠及更多的同事、同行。教师们认为，如果能够相互探讨，集思广益，一定会取得更好的效果。很多学校的师徒结对模式也未能在基于高阶思维培养的提问方面发挥积极作用。师徒结对模式原本是为了帮助教学经验相对匮乏的徒弟教师快速成长，但是师傅教师并未将自己的经验传递给徒弟教师，或者师傅教师自身在高阶思维培养方面的经验也存在不足，从而导致徒弟教师在基于高阶思维培养的提问方面缺乏指导和引领。

总之，教师之间的交流和分享以及师徒结对模式，都是提高教师在基于高阶思维培养的提问方面能力的良好途径。在实践中，教师需要更多地关注如何促进学生的思维发展，跨年级教师之间也需要更多的交流和分享，同时师徒结对模式也需要更好地发挥作用，让经验相对匮乏的年轻教师在这方面得到更多的指导和支持。

第三节 应对策略

鉴于当前"四何"问题在培养小学生数学高阶思维方面存在的问题，我们在深入分析其问题成因的基础上，认为可以采取以下几个方面的应对策略，以提高"四何"问题在培养小学数学高阶思维过程中的应用实效。

一、重视高阶思维相关理论的学习

小学数学教师肩负着双重使命：既要扎实传授基础知识，又要全面培养学生的多元能力，特别是要着眼于提升其思维品质，引领学生由浅表学习迈向深度探索与高阶学习的殿堂。这要求教师本身需对高阶思维有深刻的认识与掌握，持续学习相关理论，并勇于在教学实践中试错、反思与精进，不断提升自身在培养学生高阶思维能力方面的专业素养。具体而言，教师需深入理解高阶思维的本质与内涵，这不仅是开展有效教学的前提，也是在课堂上敏锐捕捉学生思维动向、适时引导其向更高层次发展的关键。在此基础上，教师应将高阶思维的培养融入日常教学的每一个环节，通过精心设计的问题链，激发学生的探索欲与批判思维，鼓励他们在解决复杂问题的过程中，不断锤炼分析、综合、评价与创新等高阶思维能力。总之，教师作为学生学习旅程中的引路人，需不断自我提升，重视培养学生的高阶思维，助力他们在知识的海洋中扬帆远航。

一方面，小学数学教师需深耕高阶思维理论之土壤，广泛涉猎专业书籍与前沿文献，不仅要精准把握高阶思维的内涵，更要积极探索与之相契合的教学策略。在此过程中，教师应超越传统的教学视野，将焦点从单纯的知识传授与技能训练，转向对学生思维能力尤其是高阶思维能力的深度培育，充分认识到这一转变对于促进学生全面发展、塑造未来社会所需人才的关键作用。另一方面，为增强学生对高阶思维理解的积极性，教师可深入挖掘高阶思维的深远意义：高阶思维不仅是学生解决问题、批判反思与创新创造的强大引擎，更是推动其核心素养全面提升，构建适应时代需求的必备品质与核心能力的基石。这一认识将促使教师从更宏观的视角审视课程设计，力求实现教学内容的综合性与结构化，为高阶思维的培养搭建坚实的平台。此外，教师应深刻领会课堂提问在激发与促进学生高阶思维发展中的关键作用，并致力于研究如何通过精心设计的提问策略，激发学生的深层思考与高阶思维活动。例如，通过灵活变换问题条件，引导学生跳出固定思维框架，学会在不同情境下灵活分析问题、筛选关键信息，从而培养其分析能力与问题解决的灵活性。同时，加强数学知识与学生生活实际的联系，通过生活化的问题设置，让学生在实际情境中感受数学的魅力与价值，学会从多角度审视问题，进行辩证思考，逐步推动其思维向更高层次迈进。

二、拓宽学习高阶思维理论知识的渠道

如前所述，小学数学教师了解高阶思维相关信息的渠道主要有微信公众号、教育教学类杂志、知网等。但由于教师对高阶思维认识的不足，导致其在了解相关理论知识方面存在很大的被动性，因此，教师实际上能够了解到高阶思维相关知识的主要渠道是微信公众号，确切地说这是教师被动地接受微信公众号推送的相关文章，而非教师主动搜索的结果。这远远达不到充分了解高阶思维理论知识和相关研究动态的境界。因此，教师应当积极提升对高阶思维认知的自主性，主动拓宽知识获取的边界，利用数字化时代赋予的便利，如网络平台与图书馆资源，深入探索高阶思维的广阔领域，保持对前沿理论的敏锐捕捉。具体而言，教师可借助知网、万方等权威学术平台，定期浏览最新期刊与论文，紧跟高阶思维理论的最新动态，确保自己的知识体系与时俱进。同时，不应忽视深度阅读、系统阅读的作用，阅读如《高阶思维：普通与卓越的分界线》《为高级思维能力而教：提升教师课程建设能力》等专业书籍，它们不仅是理论的宝库，更是实践智慧的源泉。此外，教师还应积极参与各类专业成长活动，如高阶思维主题讲座、工作坊及高级研修班，这些不仅为教师提供了系统学习的机会，更有助于教师之间交流思想。通过这些多元化的学习途径，教师能够广泛吸收关于高阶思维的新知识、新理念与新方法，不仅拓宽了教育视野，更在潜移默化中增强了自身基于高阶思维培养的提问技巧与能力。这样的持续学习与自我提升，不仅丰富了教师的专业素养，更为其在教学实践中有效促进学生高阶思维发展奠定了坚实的基础。

三、更新教育观念，尊重学生本位

（一）摒弃知识本位教学观，密切关注学生需求

在课堂上，教师应当将焦点置于学生的学习动态上，通过精准对接学生需求的课堂提问策略，有效促进学生高阶思维能力的培育，确保学习活动的真实性与有效性。例如，教师可巧妙运用课前学习单这一工具，预先布置认识性与理解性的预习任务，鼓励学生自主探索、初步思考，同时借助小组合作机制，让学生在互动中共同攻克较为基础的知识难题。当学生在这一过程中遭遇挑战时，教师则需扮演好引导者的角色，通过精心设计的、极具针对性的问题，引导学生从不同角度审视问题、深入分析或做出理性评判。此类提问不仅紧密贴合学生当前的学习状况，更能够有效激发学生的内在动力，促使他们主动调整思维路径，深化对知识的理解与掌握。通过这样的教学模式，教师不仅展现了对学情的细致关注，更在实践中为学生高阶思维能力的塑造铺设了一条直道。

（二）改变不重视学习过程的教育观，关注学生学习过程

培养学生解决复杂问题的能力，是小学数学课堂的重要任务之一。在解决复杂问题的过程中，学生可以发展思维，特别是高阶思维。而高阶思维与话语密不可分，学生在课堂上与同学、老师探讨问题，并反思自己的解题思路，这对他们的高阶思维发展具有巨大推动作用。因此，教师应该重视学生讨论的价值，为学生创造充分的讨论机会，鼓励学生之间进行有意义、有争议的问题讨论，这有助于学生将推理、批判、反思等内化为自己的认知，从而在面对新情境时，能够自主迁移，解决复杂问题，实现思维的进阶发展。[1]

因此，在教学中，教师应该注意设计和应用更多开放性问题，以培

---

[1] 夏雪梅. 在传统课堂中进行指向高阶思维和社会性发展的话语变革[J]. 华东师范大学学报（教育科学版），2019（5）：105-114.

养学生高阶思维。这些开放性问题答案并非唯一，甚至有些问题并没有固定答案。由于学生的知识和生活经验不同，他们解答这些问题时也可能会存在不同的见解，这有助于拓展学生的思维，特别是发散和创新思维。在课堂上，教师抛出开放性问题，并留给学生一定的时间，让学生在思考和讨论中产生思维碰撞，分享、交流想法，进而反思自己的思维过程、重新考虑问题、修正问题推理过程，在此过程中也会对其他学生的思路提出质疑、进行批判，锻炼推理和批判的能力。最终，通过自主反思与沟通交流，学生的思辨、决策、评价等能力都得到锻炼，获得思维水平的提升。例如，在"实际问题与方程"的课堂上，教师引导学生分析各种问题解决思路，虽然教师通过提问能够帮助学生锻炼分析思维，但这种学习过程依然是在教师"手把手"地带领下进行的。为了更好地锻炼学生的学习能力和思维，教师可适当放手，提出更加开放的问题，例如，"你能用自己的方式解决这个问题吗？说说你是如何解决的，你的方法与其他同学有那些不同呢？"学生在讨论和交流的过程中，不断进行对比、质疑、思考，这样学生既亲身经历了完整的问题解决过程，又在相互探讨，甚至争辩中进行同化、顺应，使思维达到新的平衡状态。同时，在讨论的过程中学生还能发现自己思维方面的错误或不足，通过审视他人的思维，在寻求更好的证据、论证和表达的基础上实现自我提升和超越。[1]又如，在学习小数时，教师可以提问"年龄可以用小数表示吗？"，并让学生自由讨论，充分体会知识在生活中和数学中的区别，感悟不同情境和条件下数学的应用，并发展批判思维等高阶思维。

（三）转变重知识轻育人的教育观，坚持以学生为本

一方面，教师在课堂教学中应积极利用提问来培养学生的高阶思维，引导学生形成正确的学习态度。培养学生的思维能力和创新能力是现代教

---

[1] 范建成.基于批判性思维培养的小学数学课堂重构[J].教育科学论坛，2019（32）：24-27.

育的重要目标，教师在课堂上应提出一些有挑战性的问题，引导学生深入思考和探索，激发学生的学习兴趣和动力。教师可以通过提问引导学生进行思维的碰撞和交流，促使他们在学习过程中不断思考、质疑和探索。同时，教师还应该注重引导学生形成正确的学习态度和找到适合自身的学习方法，帮助他们树立正确的学习观念，激发他们的学习潜能，从而实现教育的最终目标。教师应善于利用课堂提问发展学生思维的特点，在课堂中适当设置具有价值批判性的问题，如"这种方法是最有效的吗？""还有比这更简洁的思路吗？"，引导学生质疑、思考，并对相关问题、观点或方法，进行论证、评估、替代等。学生在解答价值批判性问题过程中，不断地批判、质疑、求异，深刻认识知识，让思维向更广、更深的维度发展，进而锻炼价值判断能力，实现评价思维的发展。又如，教师还可以改变问题条件，让学生感受不同条件下所用方案的不同；带领学生探讨知识在数学中与生活中的区别，感受知识的数学价值和生活价值，锻炼学生的批判思维、评价思维，提高学生的数学眼光。

另一方面，教师在课堂教学中应该注重挖掘学生的潜能，引导他们进行自主学习。每个学生都有自己独特的学习潜能和学习方式，教师应该根据学生的特点和个性化需求，灵活运用不同的教学方法和手段，帮助他们充分发挥自己的潜能，实现个性化发展。教师可以通过提问引导学生思考和探索，激发学生的学习兴趣和动力，培养学生创新意识和实践能力，从而实现教育的最终目标。

四、把握教材与学情并积极实践反思

（一）充分把握教材与学情

教师需在深入研读教材的基础上，对数学知识体系有全面而深刻的把握，通过细致梳理知识间的内在逻辑与关联，确保教学设计能够引导学生逐步深入，实现思维的连贯性发展。这一过程要求教师不仅要精通教学内容，更要能够洞察课堂的核心问题，精准把握教学主线，确保学习内容的精选与高效整合，避免信息过载，让课堂聚焦核心，目标清晰。

在设计课堂提问时，教师需将学情作为核心考量因素，问题的构建需紧密贴合学生的生活经验、认知发展阶段及情感需求。这意味着教师需要灵活运用分层教学策略，针对不同层次的学生设计具有差异化难度与深度的问题，确保每位学生都能在适合自己的"最近发展区"内获得成长。对于学有余力的学生，可适当提升问题的挑战性，激发他们的探索欲与高阶思维能力；而对于基础稍弱的学生，则需注重问题的适切性，既巩固其学习基础，又适度拓展其思维边界。同时，教师还需精心设计问题链，确保问题间的衔接既不过于跳跃以免学生难以理解，也不过于琐碎以致缺乏讨论空间，从而构建一个既紧凑又富有弹性的学习空间。

（二）积极进行实践和反思

教师应主动将高阶思维培养融入课堂提问之中，将其视为课堂活动的核心驱动力。课堂不仅是知识传递的场所，更是学生心智成长的沃土。教师应超越单纯的知识传授，致力于激发学生的思维活力，通过精心设计的问题，促使学生从被动接受转向主动探索。在此过程中，教师应敏锐捕捉学生的思维起点，鼓励他们勇于质疑、敢于批判、乐于创造，营造一种开放、包容的学习氛围，让学生在与同伴及教师的思想碰撞中，实现知识的重构与深化。此外，教师还需具备高度的课堂应变能力，灵活驾驭教学流程。当学生思考的活力被唤醒，且其讨论内容既富有价值又与教学目标紧密相关时，教师应不失时机地介入，运用高阶思维导向的提问策略，为学生搭建起深入探究的桥梁。这样的引导不仅能够满足学生探索未知、追求真理的渴望，更能在不知不觉中提升学生的思维品质，促进其综合素养的全面发展。

教师还应重视反思对于提升自身基于高阶思维培养提问能力的重要作用。教师的反思过程不仅是对自我教学实践的审视，更是向更高教学境界迈进的阶梯。首先，教师需深刻认识到，高阶思维导向的提问不仅是学生思维能力跃升的催化剂，也是教师自我成长的重要路径。它要求教师具备前瞻性的教育视野，认识到此类提问在促进学生深度思考与创新能力培养中的不可替代作用。其次，教师应将反思内化为日常习惯，形成对高阶思维提问行为的持续性自我评估机制。这包括但不限于对提问时机的敏锐捕捉、提问方式的创新探索、对学生思维多样性的全面关注，以及对学生反馈的积极响应与策略调整。通过撰写教学日志、进行课后复盘等方式，教师可系统化地记录下每一次提问的亮点与不足，为后续教学的改进提供宝贵的实证基础。再者，教师间的合作反思是不可或缺的宝贵资源。通过相互听课、评课，教师能够跨越个人视角的局限，从同行那里获得宝贵的建议与启发。这种交流不仅有助于教师拓宽教学思路，还能在思维碰撞中激发出更多创新的提问策略，共同推动基于高阶思维培养的教学实践向前发展。最后，教师应积极拥抱信息化时代的学习资源，充分利用多媒体平台与网络资源，如"国家智慧教育公共服务平台""一师一优课，一课一名师"等优质教育资源库，进行深度学习与观摩。通过对比分析优秀教师的提问技巧与策略，教师可以直观感受到高阶思维提问的魅力所在，进而反思自身在教学实践中的不足，并寻找问题根源。这种基于案例的学习不仅能够帮助教师快速吸收先进的教学理念与方法，还能激发其内在的创新动力，推动其课堂提问设计能力的持续提升，最终为学生的高阶思维发展奠定坚实的基础。

五、发挥教师群体智慧实现经验共享

（一）建立教师学习共同体

教师群体可携手构建学习社群，聚焦于高阶思维理论的深耕细作及其实践应用中的关键议题。例如，同年级教师可围绕共性知识点开展深度对话，共同挖掘教材内涵，旨在设计出既能触及知识本质又能激发学生高阶思维活动的提问策略。而跨年级教师间的交流则侧重于经验传承与创新碰撞，通过分享不同年级的教学心得，拓宽彼此的教学视野。这一教师学习共同体的建立，不仅有助于促进成员间的深度交流与合作，还可以搭建起一个资源共享与智慧碰撞的平台。教师们能够就高阶思维培养中的提问策略展开细致探讨，明确哪些类型的问题最能有效促进学生高阶思维的发展，以及提问时机的精准把握与提问方式的优化创新。通过不断的实践探索与经验交流，教师们能够更加精准地设计出能够最大化发挥提问效果的策略，从而充分挖掘并共享教师群体中的宝贵资源，共同推动学生高阶思维能力的发展。

（二）定期开展经验分享会

教师群体可以定期举办经验交流会，旨在构建一个开放共享的平台，让每位教师都能贡献并汲取高阶思维培养中提问艺术的宝贵经验。例如，教师们可深入探讨如何匠心独运地设计问题链，确保其既科学严谨又富有启发性，能够引领学生由浅入深、循序渐进地探索知识，拓展学生思维的深度与广度。此外，教师还可以分享个人在提问实践中的深刻感悟，比如如何通过精妙的问题设置点燃学生的好奇心，激发他们的探索热情，进而转化为持久的学习动力。这些感悟不仅是教学智慧的结晶，更是激发创新思维、提升教学质量的重要源泉。通过这样的经验分享会，教师们不仅能够相互学习、共同进步，还能将高阶思维培养的理念与提问策略更加有效地融入日常教学中，不断提升自身在这一领域的专业能力。最终，这将有助于构建一个更加生动、高效、富有成效的课堂环境。

（三）充分发挥师徒结对作用

在师徒教师之间，关于如何有效运用提问策略以促进高阶思维培养的探讨应当成为常态。师傅教师应发挥引领作用，深入徒弟教师的课堂环境，进行细致入微的观察与分析，专门就提问环节展开针对性评估，直接指出徒弟教师在促进学生高阶思维发展方面存在的不足，并结合自身深厚的教学积淀提出既具前瞻性又贴合实际的改进策略，助力徒弟教师迅速把握教学精髓。同时，徒弟教师应保持谦逊好学的态度，积极走进师傅教师的课堂，进行深度观摩与学习。在这一过程中，徒弟教师不仅要关注提问技巧的直接展示，更要深刻理解其背后的教学理念与逻辑框架，从而内化为自己的教学智慧。通过对比与反思，徒弟教师应当能够识别出自身在提问方面的短板，并以此为契机，不断探索与实践，逐步提升自己的提问设计能力和教学实施效果，实现个人教学技艺的飞跃。

第七章　他山之石：多维视角下的小学数学课堂提问

我们以"四何"问题与学生高阶思维培养为着眼点，深入研究小学数学课堂提问问题，并不是为了固守一隅。我们将"四何"问题视为一种课堂提问的"万能"方式进行研究，并寄希望于用它大大优化小学数学课堂教学，是为了掌握更丰富的教学理论和实践经验，为优化小学数学课堂教学效果提供更多思路和方法。所以，本章结合其他学者的研究成果和我们的教学实践，从多维视角审视小学数学课堂提问，以期为本研究，以及教学实践提供更丰富的研究角度。

另外需要指出的是，秉承发现问题、解决问题的思路，我们从多维视角来思考小学数学课堂提问，不仅在于总结经验，更在于发现不足，为教学实践提供借鉴，以及自我检视和完善思路。

第一节　深度学习视角下的课堂提问

2014年，我国教育部首次提出了"核心素养"的概念，并提出研究制订学生发展核心素养体系的要求。同年，为了探索培养学生核心素养的途径和经验，我国教育部基础教育课程教材发展中心在全国多个地区开展了"深度学习"教学改进项目研究。

第七章　他山之石：多维视角下的小学数学课堂提问

随着社会对人才要求的不断提高，人们提出了深度学习的概念，目的在于使学生通过深度学习掌握学科核心知识和思想，提高问题解决能力，尤其是复杂问题的解决能力，并在学习过程中与教师、同学之间积极合作互动，有效形成正向的情感态度和价值观，实现认知、自我、人际等各领域的深层发展。本节将从概念剖析出发，梳理深度学习视角下的小学数学课堂提问。

一、深度学习

由于分析的角度不同，学界关于深度学习的概念理解也不尽相同，例如，有的学者从学习者的角度出发，认为深度学习是学习者主动并批判性地学习新知识和观点，从而将其整合到自身已有的认知结构中，并能够将现有知识转移到新的环境中，以达到更高层次的思考和解决实际问题；有的学者从教育者的角度出发，认为深度学习是学习者在教室的引导之下围绕复杂的学习主题进行学习，在此过程中，学习者积极参与，深入思考，体验成功，获得成长。

综合有关深度学习的各种剖析，我们可以将其核心要义阐述为：学习者以自我发展为内在驱动力，展现出高度的主动性和自发性，深入探索学习的本质与过程，不仅仅满足于知识的表面获取，而是致力于知识的主动建构与内化。这一过程强调将学习成果转化为实践智慧，通过灵活运用所学知识解决实际生活中的问题，从而不仅促进高阶思维能力的培育，还激发积极的社会情感与强烈的责任感，最终形成一种全面、高效且富有创造力的问题解决策略与综合学习能力。这样的深度学习模式，旨在培养具备深度洞察力、广泛适应力及持续创新力的终身学习者。

深度学习与建构主义学习理论具有深刻的内在联系。在建构主义学习理论中，学习不是简单的信息传递、存储和检索的过程，而是旧知识、旧经验与新知识、新经验的双向互动，是学习者构建知识的过程。从教学的角度看，学生是学习的主体，他们并不是空着脑袋走进教室，而是在以往的学习和生活中积累了一定的知识与经验。因此，教学不能无视学生已有的知识和经验，而是要引导学生从已有的知识和经验中生发出新的知识和经验。[①]而深度学习主张发展高阶思维、引导学生主动参与、注重知识的联结性，这些都与建构主义学习理论不断深化的知识观、主动建构的学习观、主体性的学生观高度契合。

另外，课堂提问在师生交流、引发学生认知冲突等方面具有重要作用。虽然建构主义强调学习者的能动性，但并不否定教师的指导作用。所以，在小学数学课堂教学中，利用提问引导学生深度学习，符合建构主义理论，而建构主义学习理论的知识观和教学观也可以作为深度学习、课堂提问等相关实践和理论研究的重要理论依据。

二、深度学习视域下课堂提问的价值和原则

（一）深度学习视域下课堂提问的价值

1.课堂提问有助于引导学生进入深度学习

首先，课堂提问在塑造学生的情感态度方面扮演着不可忽视的角色。教师若能敏锐地捕捉并利用这一点，便能有效激发学生的主动学习意愿。例如，巧妙设计与学生既有认知形成冲突的问题，能够即刻激起学生的好奇心，驱使他们自发地踏上探索之旅，全心全意地沉浸在课堂学习中。

其次，课堂提问是促进学生思维跃升的重要推手。教师提问的本质在于启迪学生的思考并引导他们应答。因此，聚焦于学生思维的转折点或关键节点进行提问，能够极大地激发学生的思维活力，促使他们在解决问题的过程中不断磨砺高阶思维能力。另外，教师通过连续追问的方式，还能引导学生进行深入反思，引领他们步入深度学习的殿堂。

最后，课堂提问是学生知识体系完善过程中的关键助力。课堂提问立足于学生现有的知识框架与经验积累，通过巧妙的引导，促使学生将新知识与旧知识有机融合，从而在脑海中构建起一座座个性化、系统化的知识

---

① 陈琦，刘儒德．当代教育心理学［M］．北京：北京师范大学出版社，2007：73-74．

大厦。这一过程不仅丰富了学生的知识储备,更提升了他们的知识整合与应用能力。

2.课堂提问有助于促进学生深入思考

学生在思考问题时,其思维的深度不仅与其认知层次有关,还深受教师提问策略的影响。设计具有开放性和探索性的问题,或聚焦于核心议题,能够显著激发学生的深层思考与高阶思维能力。在回答问题的过程中,学生需细致斟酌言辞,构建逻辑严密的回答,同时,对自我认知过程的监控与调整——即元认知的运用,也悄然促进了其思维品质的升华。完成回答后,多数学生会回顾自己的思考轨迹与解答过程,这种自我反思不仅是深度学习的体现,也是促进知识内化与批判性思维发展的关键步骤。此外,当其他同学在阐述见解时,未直接参与回答的学生并未置身事外,他们同样在内心积极构建答案,进行无声的思维交锋,将自己的观点与其他同学的回答进行比对与评估。这一过程,实则是课堂内一场场隐形的思想交流盛宴,不仅加深了学生对知识的理解,也促进了同学间及师生间的思维碰撞与融合。

3.课堂提问有助于促进学生情感交流

某位哲学家曾说:"人是会思考的芦苇。"人并不是拥有固定"程序"的机器,所以,教师的提问和学生的回答,并不是简单机械的一问一答行为,而是综合协调了思想、语言、行为、情感等各种因素的有机整体。教师在与学生进行沟通时,还经常运用肢体语言帮助学生思考。在课堂上,情感交流是最深层次的交流,而教师可以利用适切的提问对学生的情感和态度进行直接或间接的引导,帮助他们建立积极的价值观,并进行深度学习。另外,良好的情绪也会对学生的学习、生活等多个方面产生积极影响,不仅有助于推动学生的深层学习,也有助于学生整体素养的发展。

（二）深度学习视域下课堂提问的原则

1.关注高阶思维

深度学习的核心要义之一在于培育高认知，这要求教育活动致力于提升学生的高阶思维能力，使其以更深刻的方式掌握知识并解决复杂问题。在课堂互动中，教师的提问显得尤为重要，它不仅是知识传递的媒介，更是激发高阶思维的关键。为此，教师设计的提问必须跨越低认知的界限，触及分析、综合、评价等高阶思维，这些提问能够引领学生深入探索知识的本质与内在联系。深度学习视角下的课堂提问，可以说是一场思维的盛宴，它鼓励学生从被动接受转为主动探索，通过一系列的思维活动，逐步构建起自己的认知体系。这一过程不仅是知识的积累，更是思维能力的飞跃。为了有效调动学生的高阶思维，教师需要精心创设问题情境，营造一种既具挑战性又具启发性的学习氛围。这意味着提问不应仅仅停留于识记、理解、应用等基础层面，而应深入挖掘，激发学生进行批判性思考、创造性联想以及系统性整合。具体而言，教师可以通过设计一系列层层递进的问题链，引导学生从具体到抽象，从局部到整体，逐步构建起对知识的全面理解。分析性问题促使学生深入剖析问题的各个组成部分，揭示其内在联系；综合性问题要求学生将多个知识点融会贯通，形成新的见解或解决方案；评价性问题鼓励学生站在更高的视角，对所学内容进行批判性评估，培养其独立思考与判断能力。总之，深度学习视域下的课堂提问，是教师与学生共同参与的思维之旅，它要求教师在设计问题时，不仅要关注知识的传递，更要重视思维的启迪与培养。高认知水平的提问能有效促进学生高阶思维的发展，为其未来的学习与生活提供强大的思维工具。

2.注重知识联结

在促进深度学习的教学实践中，知识的内在联结、灵活迁移及实际应用是需要重点强调的。在课堂的互动场景中，实现知识的深度联结要求教师匠心独运，设计出一系列跨越不同思维层次的"问题链"，这些问题如同阶梯，引导学生拾级而上。聚合性提问以其精准明确的导向性著称，它们如同灯塔,指引学生在浩瀚的知识海洋中精准定位,通过深度挖掘与整合已学知识,梳理、提炼出明确答案。这一过程不仅巩固了关键知识点,更促进了学生逻辑思维与归纳能力的提升。发散性提问则如同开启思维之门的钥匙,鼓励学生跳出常规框架,以更高层次的认知水平去探索、创新。这类问题往往源自具体却富有启发性的信息点,可激发学生的想象力与创造力,引导他们生成多元而合理的见解。以多边形面积的学习为例,各种图形之间的内在联系是知识迁移的桥梁,教师通过引导学生运用转化策略,将新旧知识巧妙融合,不仅帮助学生深化了对面积计算方法的理解,更培养了他们的跨领域思维能力。课堂提问的艺术,在于巧妙地将新知与旧识、理论与实践、直观与抽象编织成一张紧密的知识网络。教师需扮演好织网者的角色,利用精心设计的一系列问题,引导学生在思考与回答的过程中逐步实现知识的内化、整合与升华,加深学生对知识的理解和迁移应用。

3.引导批判反思

在促进深度学习的教学实践中,批判性思维与自我反思能力的培养至关重要,它们不仅要求学生对既有知识持怀疑态度,更倡导对问题本质的深度剖析与重构。课堂互动中,教师需巧妙设问,随后给予学生一段恰到好处的思考时光,旨在激发学生的内在驱动力,鼓励他们勇于质疑、细致分析并深刻反思所学内容。理想的教师"等待时间"应超越即时反应的阈限,至少3至10秒,以确保每个学生都能沉浸于思维的海洋,而非匆匆应对。对于旨在激发创造性思维的发散性问题,等待的时间应再长一些,给予学生充分的空间去联想、想象,乃至构建新的认知框架。这样的安排,一方面能为学生营造紧迫感,促使其思维如弦上之箭,蓄势待发;另一方面,又避免了因时间过长而可能导致的思维懈怠,确保了教学节奏的流畅与高效。总之,合理调控提问后的等待时间,不仅是教学艺术的一种体现,更是培养学生批判性思维能力与反思习惯的关键一环。通过这样的实践,学生能在日积月累中,逐渐锻造出独立思考、勇于质疑的精神,进而在深度学习的道路上走得更远、更稳。

4.保障学生主体性

在促进深度学习的教学实践中,高情感环境的营造强调以学生为核心,同时确保教育资源的均衡分配,惠及每个学生。在课堂提问这一关键环节,要想强化学生主体地位,教师应将视线聚焦于学生本身,精心挑选提问对象,确保每个学生都能成为学习舞台上的主角。此外,回答方式的多样性也是提升课堂参与度的重要策略,无论是个人独答、小组合作还是集体响应,抑或是教师自导自演的启发式提问,都应依据教学情境灵活选用,以最大化激发学生的参与热情。值得注意的是,当某个学生成为焦点时,教师应敏锐观察其余学生的反应,确保他们同样沉浸在思考之中,而非置身事外。在集体或小组活动中,更要警惕"搭便车"现象,即部分学生可能未充分投入思考,甚至并未思考。为此,教师可以通过设置明确的角色分工、鼓励个体贡献与反馈、实施多元化的评价机制来促进学生间的有效互动与深度参与。进一步而言,小组合作作为一种高效的学习模式,能够促进学生间的思维碰撞与智慧交融,通过团队协作降低问题的复杂度,使深度学习成为可能。然而,这一模式也伴随着挑战,即如何确保每个成员都能积极参与、贡献思想。教师需精心设计任务,使之既具挑战性又具包容性,同时加强过程监控与指导,采用激励与约束并重的手段,防止"沉默的大多数"现象,让每个学生都能在深度学习的旅程中扮演不可或缺的角色。

5.引导学生主动参与

在深度学习视域下,高情感投入是推动学生主动参与与深刻体验的核心要素。为在课堂提问中激发学生的积极性,教师应确保问题的设计与提出能够广泛覆盖,让每个学生都能感受到被重视,拥有平等表达见解的机会。从情感层面剖析,深度学习要求学生保持学习热情,这种热情源自深厚的情感联结与投入,它驱使学生以更加积极、主动的姿态探索知识。当学生处于无回应、机械式或仅依赖记忆回答的状态时,其学习层次往往处于浅表化,这也表明学生未能充分调动其认知资源,对问题的理解尚停留在表面,缺乏深入思考与情感共鸣。相反,当学生能够给出理解性回答,甚至展现出创造性解答时，这标志着他们已主动将思维触角延伸至问题核心，不仅理解了问题的本质，还能在此基础上进行创新性思考，这种高级别的思维活动伴随着强烈的情感参与，正是深度学习发生的明证。因此，教师在课堂提问中应巧妙设计问题，以激发学生的内在动机与情感投入，引导他们从被动接受转为主动探索，通过深化理解与创造性思考，实现深度学习的目标。

6.重视形成性评价

华东师范大学教育科学学院的孔企平教授经过研究发现，单纯的行为参与并不能有效培养学生的数学创新思维，只有注重积极影响和深度认知的整体参与才能提升学生的数学素养。课堂提问环节，教师的即时反馈与精心引导是推动学生深度学习不可或缺的驱动力。这要求教师不仅要对学生的回答给予明确而正面的评价，还需将评价具体化，比如直接针对学生答案中的亮点或独特见解进行口头赞誉或肢体语言的鼓励，以此增强学生的自信心与学习动力。更为重要的是，在肯定之余，教师应巧妙设置后续追问，这些追问如同思维的阶梯，引领学生跨越既有认知，迈向更为广阔的思维疆域。在这样的对话模式中，教师不仅是在评价学生的当前表现，更是在构建一条引领学生持续探索、深化理解的路径。因此，在深度学习的视角下，学生回答后的教师反馈超越了简单的对错评判，它成了一种动态的教学艺术，通过积极、具体且富有启发性的评价，激发学生的内在潜能，促进他们思维的飞跃与成长。这一过程不仅关乎知识的传递与掌握，更是培养学生思维能力、批判性思考及创新能力的关键所在。故而，教师在此环节中的评价反馈极其重要。

三、深度学习视域下小学数学课堂提问的策略

（一）将激发学生深度思考作为提问目的

在深度学习视域下设计小学数学课堂提问，可以将提问目的作为切入点，即触动学生的深度思维。提问这一教学互动的核心环节，不仅充当

了即时教学成效的测量表，让教师能精准把握学生的学习脉搏，及时帮助他们填补知识漏洞，同时也是教师自我审视、精进教学的宝贵镜鉴。但其深远价值在于，它是锻造学生思维的熔炉，促使学生在主动探索与知识内化中，构建起坚实的知识体系。深度学习追求的是超越知识表面的机械传递，转而通过匠心独运的问题设计，激发学生的质疑精神与批判性思维，引导他们步入思维的深邃殿堂。在这里，知识不再是冷冰冰的符号堆砌，而是经由学生深思熟虑后，焕发生命力的智慧结晶，深深植根于记忆之土，灵活应用于多变情境。也正因为有了深入思考，学生才能感受到数学的魅力、数学的思想和方法，才能将外在于他的知识内化成有助于自身发展的血液骨肉、形成内在素养。[1]然而，反观当前小学数学课堂，不少教师仍拘泥于琐碎而封闭的问题模式，这无疑限制了学生思维的发展，难以达到深度学习的高度。因此，在深度学习导向下，教师应将提问视为解锁学生思维潜能的钥匙，精心设计每一个问题，确保它们能像磁石般吸引学生深入探索，勇于挑战认知边界。概括而言，在问题设计时，教师应聚焦于问题的开放性、层次性与启发性，以问题为引，激发学生的好奇心与探索欲，引导他们逐步攀登思维的阶梯，最终达到深度理解与创造的境界。

第一，要具备关注学生思维发展的意识。这一意识犹如灯塔，引领着教学行为的航向，确保在每一教学环节中都能融入培养学生思维能力的元素，确保问题设计富含思维启迪的元素。唯有深刻认识到思维发展的核心价值，教师方能在教学实践中自然而然地融入促进思维发展的策略。

第二，要深入研究教学内容。教学活动犹如带领学生在知识海洋中的航行，教师只有把握知识的逻辑脉络，方能引领学生顺利遨游。在设计课堂提问时，教师应如同侦探般细致入微地探索教学内容的内在联系，确保问题设计能够遵循知识的逻辑链条，层层递进，引导学生逐步深入，从而在解决问题的过程中有效锻炼学生的思维能力。这要求教师不仅要对教学

---

[1] 郭华. 如何理解"深度学习"[J]. 四川师范大学学报（社会科学版），2020（1）：89-95.

目标了然于胸，更对课程内容有透彻的领悟，能够精准把握知识间的内在联系。

第三，要设定问题的思维目标。思维目标如同指南针，为问题设计指明了方向。教师应基于自身对思维目标与问题设计之间深刻关系的理解，精心构思每一个问题，以实现特定的思维训练效果。这意味着在设计问题时，教师需有明确的目标导向，确保每个问题都能有效地促进学生某一方面的思维能力发展，从而在整体上推动学生高阶思维能力的全面提升。

第四，要注意问题的趣味性和挑战性。趣味性强调问题应贴近学生兴趣，根植于他们的日常生活经验，以真实情境为依托，从而激发学生的探索欲。而挑战性则要求问题设定在学生的当前知识边界之外，促使他们运用现有知识进行延伸思考，但又无法轻易企及，需通过努力或教师引导方能触及。这种精心调控的难度设置，旨在让学生的问题解决过程落于其"最近发展区"，既能挑战其认知极限，又不至于因过于简单而使其失去探索动力，或因过于复杂而使其心生畏惧。

例如，在"分数除以整数"的教学中，教师可采用一种递进式问题链，首先引导学生跳出常规思维，逆向思考："想一想我们的生活中有哪些问题可以用 $\frac{4}{5} \div 2$ 来解决呢？"此问不仅要求学生从生活实例中抽象出数学模型，还鼓励他们运用创新思维构建联系，有效激发了他们的好奇心和联想能力。随后，教师设问："若不使用直接计算的方式，你能通过动手操作（如折纸、绘图）来直观展示分数除以整数的过程吗？"此问题鼓励学生动手实践，通过直观感知深化对抽象概念的理解，同时锻炼了他们的动手能力和实验探究精神。最后，教师提出："尝试用多种方法求解 $\frac{4}{5} \div 2$ 的结果，并分享你的解题思路。"这一开放性问题鼓励学生综合运用所学，积极探索不同解法，实现深度思考和问题解决策略的多元化，进一步推动了学生高阶思维的发展。可见，教师在设计课堂提问时，应着眼于学生思维的激活与拓展，通过巧妙设置既有趣又具挑战性的问题，引导学生主动探索、积极思考，从而在解决问题的过程中实现知识建构与思维能力的提升。

（二）将学科观念作为问题内容的来源

在深度学习视域下，小学数学课堂提问应当深刻根植于学科观念之中，视其为提问内容的核心源泉。这里的"学科观念"，亦可称"大观念"或"大概念"，即"特定的学科事实或主题抽象出来的、可迁移的学科思维或思想，其一般是以学科专家为中心所构建的探索和认知世界的思维结构或图式"[①]。它是由学科专家精心构建，旨在揭示和认知世界的内在逻辑框架。这些观念不仅提炼自丰富的学科事实，更蕴含着跨越情境的关键概念，体现了学科精髓与持久价值。与直接可用的学科知识相比，学科观念更多地扮演了一种概念性"透镜"的角色，它并不直接应用于实践，而是作为一座桥梁，将纷繁复杂的事实性知识与基本技能串联起来，赋予其深刻的意义与联系。缺乏学科观念引领的课堂，往往陷入零散与孤立，学生所获取的知识如同散落的珍珠，难以串联成璀璨的项链。反之，当教学深入至学科观念层面，它便如同一张网，将各种信息、概念与原理紧密交织，帮助学生构建起系统化的知识体系，使学习变得有章可循、有本可依。因此，学科观念在教学中发挥着提纲挈领的关键作用。它不仅促进了学生对知识的深度理解与概念化把握，还激发了他们的探索精神与创新能力，使他们能够在更广阔的情境中灵活应用与迁移所学知识。这样的教学方式，不仅避免了学习的枯燥与抽象，更赋予了学生解决实际问题的能力与智慧，为他们的终身学习与发展奠定了坚实的基础。

深度学习是在理解的基础上，通过解决生活实际问题进行的可迁移学习。换句话说，深度学习是在理解知识的基础上，实现知识的有机整合与意义联结，从而内化、迁移以及运用知识。它超越了零散、琐碎的学科事实或信息，从事实本位转向理解取向。因此，深度学习离不开基于学科观

---

① 张华. 论学科核心素养：兼论信息时代的学科教育[J]. 华东师范大学学报（教育科学版），2019（1）：55-65，166-167.

念的课程和教学设计。有学者指出："最好的问题是突出并指向大概念。通过它们，学习者可以对未被理解的关键概念、主题、理论、问题进行探索，在此过程中也能够加深自己的理解。"[1]可见，蕴涵学科观念的问题可以帮助学生理解所学知识，使他们实现知识间的联系和迁移。因此，教师在设计课堂提问时，可以根据学科观念选择提问内容。具体来说，学科观念可以从以下方面提取。

一是，解析课程标准。课程标准是国家教育体系的基石，为课程规划与教学实施提供了权威性的导向，是教师教学实践中不可或缺的指南性文件。通过深入剖析课程标准，教师能够捕捉到一系列高频关键词，这些词汇如同路标，引领我们洞察学科的核心观念。这些关键词不局限于名词，动词与形容词同样蕴含着丰富的学科意蕴，它们共同构建了学科知识的框架。在解析这些关键词时，一个有效的方法是聚焦于陈述句结构，特别是那些与关键动词紧密相连的名词，它们往往承载着学科的关键概念，这些概念正是课堂上需要引导学生深入探究的学科观念。例如，《义务教育数学课程标准（2022年版）》第一学段目标中提到"能辨认简单的立体图形和平面图形，认识长方形和正方形的特征，体验物体长度的测量过程，认识常见的长度单位，形成初步的量感和空间观念"。而第二学段目标中提到"形成量感、空间观念和初步的几何直观"。在第一学段的目标阐述中，"空间观念"这一名词伴随着对图形认知、测量体验及单位认识，预示其在学生早期数学学习中十分重要。进入第二学段，当"空间观念"再次被提及，并与"量感""几何直观"等概念并列时，其作为学科核心观念的地位更加凸显。因此，教师在设计教学问题时，应当敏锐捕捉并聚焦于这些重复出现的关键词，如"空间观念"，将其作为贯穿教学的主线，通过精心设计的问题情境，引导学生从多个维度、多个层面进行深度思考与实践，从而不仅掌握具体的知识技能，更在心中构建起完整的学科观念

---

[1] 格兰特·威金斯，杰伊·麦克泰格. 追求理解的教学设计[M]. 闫寒冰，宋雪莲，赖平，译. 上海：华东师范大学出版社，2017：205.

体系。

二是，归纳教学内容。尽管课程标准为学科观念提供了重要指引，但并非所有核心理念都能直接从中觅得，部分关键学科观念还需教师依据具体教学章节进行深入挖掘与自主提炼。以人教版小学四年级下册"小数的意义和性质"单元为例，该单元内容广泛，涵盖了小数的意义、读写、性质、大小比较、小数点位置变动对数值的影响，以及小数与单位换算等。通过细致梳理与分析这些内容，不难发现一个贯穿全单元的核心线索——计数单位。计数单位不仅是这一单元知识的核心观念，更是学生深入理解小数本质与性质的钥匙。教师应敏锐捕捉这一关键点，将其作为设计课堂问题的中心轴，引导学生围绕计数单位这一学科观念，从不同维度进行深度思考。这样的教学策略不仅能够促进学生对小数知识体系的全面构建，还能激发他们对计数单位背后逻辑的兴趣，从而在探索与发现中深化对小数意义与性质的理解，使学习更高效。

（三）创设与学生生活密切相关的问题情境

在深度学习视域下，设计小学数学课堂提问的一个有效策略是构建与学生日常生活紧密相连的情境。这样的情境不仅能拉近学生与抽象知识之间的距离，使之变得亲切可感，还能极大地激发学生的好奇心与求知欲，促使他们主动探索，积极构建自己的知识体系，并学会将所学应用于解决实际问题之中。儿童对于贴近自身生活的内容往往持有天然的"亲近感"，这种熟悉感能够有效降低他们对新知识的抵触情绪，增强学习的动力，使他们意识到知识的实用性与价值，从而全身心地投入到学习活动中。同时，与学生生活紧密相关的问题情境还具备激活学生先验知识库的功能，这些已有的经验成为他们理解新概念、解决新问题的有力支撑。在此基础上，教师应巧妙设计问题，使之既能体现教学内容的精髓，又能与学生的前概念形成一定的认知张力，激发学生的深度思考与反思。为了实现这一目标，创设问题情境时，教师可以考虑以下几个维度。

第一，根植于数学学科的核心内容，通过对相关内容进行深入剖析，

第七章 他山之石：多维视角下的小学数学课堂提问

找出掌握核心内容的关键点，进而在问题情境中巧妙嵌入能够触动学生深度思考的核心问题。数学学科的核心内容一般具有关键特性，具体指在数学本质、思维逻辑、教学设计、学习方式等方面具有一致性。[①]聚焦于这些核心内容设计问题，能够将数学核心素养、思想与方法深度融合于每一堂课中，使学生在学习过程中逐步构建起知识间的内在联系网络，从宏观视角把握学科的根本规律，达到触类旁通、深刻理解的学习境界。以"数的认识"为例，这一知识点不仅是数学学科的基石，更是展现数学抽象思维魅力的窗口。它涵盖了整数、分数、小数等丰富内容，每一部分都是对现实世界中数量关系的高度概括与抽象表达。然而，学生在学习过程中，往往容易陷入对具体的数的表象认知，难以触及数的本质——即作为抽象概念的"数"所承载的普遍意义与逻辑结构。鉴于此，教师在设计关于"数的认识"的课堂提问时，应创造性地利用数的抽象特性构建问题情境，引导学生跳出具体数的束缚，转而探索数背后的抽象逻辑与普遍规律。通过这样的提问策略，学生不仅能够更加深刻地理解"数"的抽象意义，还能在解决问题的过程中锻炼和提升自身的抽象思维能力，为后续的数学学习奠定坚实的基础。

第二，注意使问题情境与学生的相关前概念产生冲突，以激发学生的深度思考与探索欲。学生是带着丰富的先验认知踏入课堂的，他们所拥有的那些前概念，既可以成为学习新知的基石，也可能构筑起理解的壁垒。因此，教师在设计问题情境之前，务必深入洞察学生的前概念框架，明确其认知起点与潜在障碍。而构建能够映射学生观点与误解的情境，可以有效促进教学对话的深度与广度。

在具体实践前，教师需要细致剖析学生是否已具备接纳新知的必要知识基础与心理准备，并预测他们在学习旅程中可能遭遇的困惑与挑战。基于这些细致入微的分析，教师方能精心策划问题情境，使之不仅贴近学

[①] 刘月霞，郭华．深度学习：走向核心素养（理论普及读本）[M]．北京：教育科学出版社，2018：67．

生生活，更能精准触发其认知冲突。例如，在教授"小数除法"时，一位教师匠心独运，利用超市促销这一贴近学生日常的场景设计问题："日常中，我们常遇超市促销，比如某超市5个面包原价共15元，其面包的单价显而易见。但若超市举行'买5送1'的促销活动，那么，1个面包的实际支付价格是多少呢？"此情境巧妙之处在于，它让学生在运用整数除法这一旧知求解新问题时遭遇障碍——15元无法直接均分为6份，从而自然引出小数除法的必要性。这一过程，不仅是对学生既有认知的挑战，更是引导他们跨越认知障碍，深刻理解小数除法实质的桥梁。

第三，构建的问题情境需紧密贴合学生的日常生活，以此点燃他们浓厚的学习热情与探索欲望。具体而言，问题情境可细化为三大维度：个人日常、职场休闲，以及社区与社会广角。教师在策划时，应首先依据教学内容的特性，精心挑选最贴切的情境类别，随后，结合学生的生活经验与认知发展情况，对所选情境进行个性化与具体化设计。以"图形与几何"教学为例，教师可巧妙融入社会热点问题，让学生在熟悉的社会环境中识别并应用图形知识，从而深化空间观念的培养。此外，在选择情境时，教师还需敏锐洞察学生的认知特点，优先选取那些学生能够产生共鸣、有亲身体验的场景。这样的设计能够直接触动学生的情感与思维，激发他们的好奇心与求知欲，促进知识与学生个人经验的深度融合，为学生运用所学解决生活中的实际问题奠定坚实基础。例如，针对低年级学生，教师可设计围绕购物、旅行、游戏等充满趣味性的生活场景的问题情境；而对于高年级学生，则可适当引入如垃圾分类、环保倡议等具有社会责任感的话题，在培养其数学核心素养与应用能力的同时，也引导他们关注社会议题，增强公民意识与社会责任感。这样的设计，不仅丰富了教学内容，也促进了学生全面发展。

例如，在"小数除法"教学中，有教师设置了"平摊饭钱"的情境。教师先明确了教学的目标，即让学生明白小数除法算理，并在此基础上掌握小数除法竖式计算的步骤；再确定了学情，即学生已掌握了整数除法、小数加减乘等前知识。随后，教师结合教学内容和学生已有知识经验，设计了学生生活中常见的"平摊饭钱"的情境，即"同一宿舍的四位同学计划在暑假期间聚餐一次，并商定这次聚餐费用采取'平摊'的方式。在餐桌上，大家互相交流了作业完成情况、假期出游经历等。结账时，由于甲同学拿了一张100元的钞票，其他同学拿的都是零钱，于是他们商定由甲同学先付款，其他三位同学随后将自己应承担的那部分付给甲同学。最后，甲同学给了服务员100元钱，服务员给他找零3元。请问，其他三位同学应分别付给甲同学多少钱呢？"学生发现用已掌握的有余数的整数除法，并不能解决眼前的问题，需要平分剩下的1元才可以，其中便蕴涵了小数除法的算理。不难发现，教师设置的这一情境可以引起学生对问题的深入讨论和思考。

此外，该情境构建的深远意义在于，它为小学生探索小数除法的运算机理与技巧铺设了坚实的现实基础。小数除法的精髓在于计算单位的细分，这一抽象概念往往令学生感到困惑。然而，通过联系现实生活中的具体数量与计量单位，如货币中的元、角、分，或质量单位千克、长度单位米等，我们可以将抽象的"数"还原为生动可感的"量"。这种具象化的过程，不仅让学生直观感受到计算单位的实际存在，还巧妙地将元、角、分之间的十进制关系与小数数值相联结，为学生搭建了从具体到抽象、从直观到逻辑的桥梁。尤为重要的是，元、角、分单位间的灵活转换，为学生理解小数除法竖式计算中单位转换的复杂过程提供了直观的类比，有效降低了学习难度。这种贴近生活的情境学习，不仅促进了学生对小数除法本质的理解，还激发了他们运用所学知识解决实际问题的兴趣与能力。在这一过程中，学生不仅能够深化对小数除法的理解，还能在解决实际问题中灵活运用知识，实现知识的有效迁移与拓展，提升实践能力和创新思维。

（四）以开放性问题为主的课堂提问类型

在深度学习的视角下审视小学数学课堂提问策略，一个关键切入点在于问题类型的选择，尤其是强调开放性问题的主导地位。开放性问题的设计，旨在打破传统答案的唯一性，鼓励学生跨越既定框架，运用多样化的思考路径来探索、分析和解答问题。这种类型的问题不仅尊重并激发了每个学生的主观能动性，还促使他们深度挖掘自身知识储备，积极参与问题解决过程。在开放式问题的引导下，学生主动从多角度审视问题，尝试不同的解决方案。这一过程中，他们的分析、反思、批判及创造等高阶思维能力得到了有效的锻炼与提升，同时他们的主动分析问题、解决问题的意识与能力也有所增强。相比之下，封闭性问题虽然在某些情境下有助于巩固事实性知识，但往往限制了学生的思维发散，使他们在课堂上处于被动接收状态，难以形成系统的知识网络或灵活运用所学知识解决现实问题的能力。学生在这种模式下获得的往往是孤立的知识点，难以构建高阶思维能力或实现知识的深度迁移。因此，为了促进学生深度学习的发生，培养其高阶思维，教师在设计课堂提问时应有意识地减少封闭性问题的使用频率，转而增加开放性问题的比例。这样做不仅能够促进学生从被动接受转为主动探索，还能促进新旧知识之间的深度交融，使学生在解决实际问题的过程中，不断提升其高阶思维能力和综合素养。

开放性问题便于学生进行深度思考。教师应该在提出开放性问题后给学生留出足够的思考时间，让学生能够充分调动思维，积极思考。开放式问题有助于促进学生拓展思维，使学生发展批判性、综合性、创新性等高阶思维。此外，开放式问题还能为学生创造充分表达观点和想法的机会，促进其深度参与课堂教学。在小学数学教学中设计开放性问题，可以从以下角度入手。

第一，让学生为自己给出的答案提供证据或解释。例如，你得出这个观点的理由是什么呢？

第二，让学生思考多种方法或结论。例如，这个问题还可以如何解答？你还能给出其他方法吗？

第三，让学生针对教师给出的结论，思考使该结论成立的充分条件。例如，设计一个应用题，使其可以用（15+3）÷6来解决。

第四，让学生比较异同。例如，三位数和两位数相乘与两位数与两位数相乘，在计算方法上有什么异同？

第五，让学生在已知条件下，设计解决某些实际问题的方案。例如，小南的爸爸计划将家里的一个房间内墙粉刷成淡绿色，已知内墙墙体高4.5米、宽8米，而一桶定价为98.8元的油漆可以粉刷6平方米墙壁。请你帮助小南的爸爸制订一个油漆购买计划，以满足其粉刷墙壁的需求。

第六，在具体问题情境中使用"假如不是……"等提问。例如，在"三角形内角和"教学中，学生通过"量、撕、折"等方式，经历了从猜想到得出结论的思维过程。随后，教师进一步提出问题："假如不是三角形，而是四边形、五边形，结果还一样吗？"又如，在"异分母分数的加减法"教学中，有教师提出了一系列开放式问题："根据情境中的数学信息，你能提出哪些数学问题？""观察这两个算式，它们和以前所学的分数加、减法有哪些不同？""你能用学过的知识解决这个问题吗？""回顾以上几种方法，你发现了什么？""为什么都用通分的方法解决问题？"……教师通过这些问题，成功点燃了学生思考、探索的热情，激活了学生已有的知识和经验，进而使他们在新知识与旧知识之间建立联系。

第二节　学科本质视角下的课堂提问

特级教师李军说："在教学中，教师要透过表面的知识与技能，让隐含其中的数学思想凸显出来，在掌握知识技能的基础上，让学生感悟数学思想的魅力，掌握数学方法，让学习触及数学本质，给学生一个有'根'的数学。"[①]而运用问题组织课堂教学可激发学生的思维，提高其自主学习、合作探究、创新等各方面的能力，还可触及数学学科本质，真正提高数学学科素养。本节重点关注学科本质视角下课堂提问的设计与实施策

---

① 李军. 把握数学学科的本质[N]. 中国教师报，2020-10-28.

略，希望能为教学实践提供一定参考。

一、数学学科本质

（一）学科本质

孙绵涛教授认为，学科存在于不同的形态中，具体表现为知识形态、组织形态、活动形态等。而学科的知识架构是学科的本质，通常是为了教育和发展的需求，根据对某学科的理解而形成的具有一定范围的体系。除了知识形态这一本质外，学科还包括活动形态、组织形态等非本质属性。[①]学科的组织形态是一门学科知识的组织系统，即一门学科究竟按照什么体系组建结构。从这一形态上来看，学科的改革和发展最终是要形成学科队伍，并体现为学科发展的组织形式。学科的活动形态表现为进行学科研究的人的所有活动样态，以及包含了学科中的科学研究工作、编辑活动、教学活动还有对于知识的思考创新活动。[②]在学科的建立和发展过程中，三者有机统一，共同组成了学科建设、发展和改革的三个方面。

（二）数学本质

深入理解数学学科的本质，是掌握其基础概念与知识的基石，也是驾驭数学课堂教学层次性的关键。

从宏观视角看，数学的本质在《义务教育数学课程标准（2022年版）》中被界定为"研究数量关系和空间形式的科学"，这一界定深植于恩格斯对数学本质的经典阐述之中，揭示了数学作为一门学科，其核心在于构建与理解观念的框架。数学的本质不仅仅在数学知识上有所体现，更多的是在数学文化、思想以及精神上的体现，不仅仅是具体的研究成果，

---

① 孙绵涛. 教育管理学[M]. 北京：人民教育出版社，2006：81.
② 韦冬余. 学科本质的再认识：学科史的视角[J]. 扬州大学学报（高教研究版），2015（2）：10-12.

第七章 他山之石：多维视角下的小学数学课堂提问

更是抽象的、简单的、严谨的。①

在微观层面下，数学则化身为知识传递的媒介，通过细致入微的学习过程，我们能够触及数学知识背后深藏的哲理。日常生活中的数学实践与探索，不仅是对技能的磨炼，更是对思维模式的重塑与问题解决策略的锤炼。因此，微观视角的数学本质，涵盖了对数学概念的深刻领悟、数学思维方式的掌握，以及对数学核心理念的全面把握，这些元素共同构成了数学学科丰富多彩的内涵，促进了个体在数学世界中的深度探索与成长。

二、课程标准下的数学学科本质

要透彻把握课程标准框架下数学学科的核心要义，关键在于深入理解其内在本质，这涵盖了数学概念的精髓、数学思想的精髓、数学思维的模式以及数学精神的追求。在此基础上，我们需紧密贴合小学生学习数学的心理发展轨迹，融入他们丰富多彩的生活经验，从而依循数学课程标准，精心策划教学活动。这要求教师在课堂教学中，不仅设计问题时要体现层次性与多元化，更要全方位激发学生的探究欲望，引导他们主动探索、构建数学知识体系。简而言之，对课程标准下数学学科本质的深刻剖析，是对数学全貌的一次全面审视，它触及了数学概念、数学思想及数学精神等方面的理解。

（一）数学概念

有关数学概念的基本理解包括现实生活中这个概念的原型、概念的用途、通常会用什么符号表达、如何根据这个概念建立类似的概念网络表等。小学数学中包含了大量的概念，如自然数、整数、数字、十进制计数法、计数单位、整数四则混合运算、线段、射线、平面几何、统计等。

例如，在"用字母表示数"的教学中，教师可以结合学生实际生活中的具体情境来理解相关数学概念。教师利用学生们耳熟能详的算数儿歌，

---

① 王苏. 从数学本质出发定位学科内容[J]. 中国校外教育，2012（11）：32.

逐步引导学生理解"用字母表示数"这一概念。具体过程如下。

师：同学们，还记得你们小时候经常唱的那首儿歌吗？"1只青蛙1张嘴，2只眼睛4条腿；2只青蛙2张嘴，4只眼睛8条腿；3只青蛙3张嘴，6只眼睛12条腿……"现在老师想用一句话来概括这首儿歌，你们能说一说下面这几种概括方法哪种是正确的吗？

方法1：x只青蛙x张嘴，x只眼睛x条腿。

方法2：a只青蛙b张嘴，c只眼睛d条腿。

方法3：a只青蛙a张嘴，$a\times2$只眼睛，$a\times4$条腿。

生1：方法1中，如果x代表1，那么这首歌就变成了"1只青蛙1张嘴，1只眼睛1条腿"，这种说法不符合实际。所以方法1的概括是错误的。

（教师针对生1的回答引导学生思考，最终使他们知道在同一个情境中，一个字母只能代表一个数。）

生2：如果a、b、c、d分别代表1、2、3、4，那么这首歌就变成了"1只青蛙2张嘴，3只眼睛4条腿"，这样的说法也是错误的。所以方法2的概括也不正确。

（通过教师的顺势引导，学生们又明白了必须用相同的字母明确表示出数量之间的正确关系。这时候大家一起来分析方法3，就会发现无论赋予a什么数值，都能正确地表示出这些数量之间的关系。）

以上便是解读数学本质的过程，通过这一层次分明的思考、探讨的过程，学生也逐渐明白了如何用字母来表示数。

（二）数学思想

在数学知识的海洋中，掌握其思想方法无疑是触及了其核心与灵魂。在小学数学阶段有诸多数学思想如分类与比较、转化、类比、集合、数形结合等，它们虽未直接显见于教材的字里行间，却如暗流涌动，潜藏于数学知识的深邃脉络之中，成为引领学生探索数学奥秘的隐形灯塔。遗憾的是，传统教学模式往往侧重于机械记忆与题海战术，忽视了数学思想的渗透与启迪，无形中束缚了教学成效的飞跃。

面对课程改革的浪潮与核心素养培育的时代呼唤，小学数学教师亟须转变观念，致力于揭示数学的本质之美，精心设计教学蓝图，使课堂成为数学思想生根发芽的沃土。这意味着教师需具备敏锐的洞察力，捕捉并提炼出潜藏于数学知识背后的思想精髓，将其融入教学的每一个细节，让数学思想在学生的心中生根发芽。

为此，小学数学教师应灵活运用多样化的教学策略，如运用"数格法"直观展现长方形面积的计算逻辑，借助"割补法"巧妙化解不规则图形的面积难题，通过"数形结合法"架起抽象与具象之间的桥梁，使应用题解答过程更加生动有趣。这些教学方法的运用，不仅是对数学知识的传授，更是对学生数学思维能力的深度培育，帮助他们构建起坚实而灵活的数学知识体系，让他们的数学学习之旅充满探索的乐趣与发现的惊喜。

（三）数学思维

在小学数学知识中，蕴藏着丰富而独特的思维方式，诸如概括、比较、类比、不完全归纳等，它们构成了学生数学素养的重要组成部分。传统数学教材往往遵循从概念阐述到定理呈现，再到定理证明的逻辑链条，这一模式虽能有效训练学生的逻辑思维能力，却在一定程度上遮蔽了概念孕育与定理发现的生动过程。因此，激发学生的好奇心与探索欲，引导他们运用归纳、类比、逻辑推理及联想等数学特有的思维工具，去大胆猜想、小心求证，显得尤为重要。

在实际教学中，特别是面对复杂问题时，教师可采取循序渐进的策略，从最简单、最直观的案例切入，将其作为思维跳板，逐步引导学生走向更为复杂的情境。以"轴对称"这一知识点的教学为例，教师不妨先引领学生探索基础而典型的轴对称图形——等腰三角形，通过直观感知与理性分析，确认其轴对称性。随后，鼓励学生运用类比思维，将这一发现推广至更广泛的图形世界，如一般三角形、平行四边形乃至一般四边形、五边形等，让学生在一次又一次的类比、归纳中，深刻理解轴对称图形的本质特征，同时也体验了从具体到抽象、从简单到复杂的认知飞跃过程。这样的教学方式，不仅让数学知识的学习变得有层次、有逻辑，更让学生在探索与发现中感受数学的魅力。

（四）数学精神和魅力

有观点认为，尽管许多学生在踏入社会后可能鲜少直接运用在校期间习得的数学公式与定理，但这并不意味着数学教育就不具价值。实际上，数学所孕育的深层精神与方法论，如逻辑严谨、质疑批判、执着探索等，已深深烙印于学生的心灵深处，成为他们职业生涯及日常生活中不可或缺的宝贵财富。这种精神力量，超越了知识的时效性，持久地指引着他们面对挑战、追求真理。以圆周率的教学为例，它不仅传授了计算技巧，更激发了学生对我国古代数学家（如祖冲之）的敬仰，以及对中华文明璀璨成就的自豪感，从而在情感上拉近了学生与数学的距离。

此外，数学之美往往隐藏于枯燥数字与复杂图形之后，等待着有心人的发掘与欣赏。这种美，不仅是学习与研究数学的驱动力，也是培养学生兴趣与态度的关键。数学的抽象之美，让人在概念间自由穿梭；其严密性，教会我们思维的无懈可击；其简洁性，则展现了大道至简的哲学智慧；而其奇异之处，更是激发了人类无限的好奇心与探索欲。例如，在学习黄金分割比例时，引领学生探索自然界与艺术作品中的和谐之美，便是让学生亲身体验数学之美，感受它如何巧妙地连接着理性与感性、科学与艺术。这一过程不仅是知识的积累，更是心灵的启迪，引导学生踏上一段求真、求美、求简、勇于探索的旅程。

三、学科本质视域下的课堂提问设计与实施

布卢姆的教育目标分类体系将教育目标细化为多个维度，即知识（知

第七章 他山之石：多维视角下的小学数学课堂提问

识掌握)、领会(理解内化)、应用(实践应用)、分析(深度剖析)、综合(创新整合)以及评价(批判评价)，这些层次不仅映射了认知发展的不同阶段，还强调了通过具体行为来展现意识水平的提升。布卢姆进一步指出，这些行为表现跨越了认知、情感以及动作技能三大广阔领域，每个领域内部又精细划分为多个子领域，以便精准设定教学目标。基于此框架，我们聚焦于数学学科的核心本质，结合实际教学场景，深入探讨小学数学课堂中提问的设计与实施，旨在通过精心构思的问题，引领学生深入探索数学奥秘，促进他们在上述三大领域内均衡而深入地发展。

（一）认知层次问题

在小学数学中，认知层次问题是最低层次、最低水平的问题，通常用来确定小学生在数学学习中是否记住了概念、公式、定理以及具体实施等学习内容。在此以"圆的周长"的教学为例，分析认知层次问题的设计和实施。

在教授"圆的周长"这一知识点时，教学聚焦于在学生对正方形、长方形周长及圆的基本认知基础上，深入剖析圆周长概念的起源与推导过程，旨在培养学生准确计算圆周长的能力，并使学生铭记圆周率的近似值。同时，此教学内容还承载着提升学生数学文化素养与激发学生爱国情感的重任，通过圆的学习历程，增强学生的空间想象能力，促进其数学思维的活跃应用。作为后续学习圆面积、圆柱体、圆锥体等复杂几何知识的基石，"圆的周长"不仅是小学生初步涉足几何领域的关键一环，更是构筑其数学知识体系不可或缺的一环。为实现这一教学目标，教师可巧妙设计一系列课堂提问与互动回应环节，引导学生在思考与交流中深化对圆周长概念的理解，逐步构建起坚实的知识框架。

教师先在黑板上画了两个内含圆形的正方形，并假设两个正方形的边长都是60米。要求学生参照板书也画两个正方形，并将其想象为操场。

四何问题与高阶思维

师：沿着这个正方形的操场走一圈，走了多少米？

生：240米。

师：这实际上是什么的长度？

生：正方形操场的周长。

师：如果在这个操场上画一条圆形跑道，可以怎样画？

（学生尝试在纸上画跑道，并展示自己的结果，主要有如图7-2-1和7-2-2所示两种类型。）

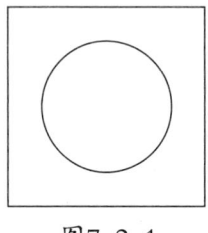

图7-2-1 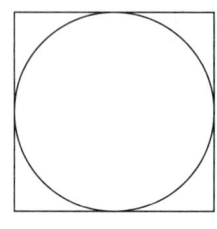　　　　图7-2-2

师：哪条圆形跑道最长？

（几乎所有学生都认为图7-2-2所示的圆形跑道最长。）

师：这样的跑道（图7-2-2）你是怎样画出来的？

生：用圆规在正方形内画一个最大的圆。

师：图7-2-2这个跑道的长度实际上是什么的长度？

生：圆的周长。

师：观察你画的图，想一想其中的圆和正方形有什么关系。

生：圆的直径与正方形的边长相等。

师：那么，圆的周长大概是直径的几倍？

生：2倍多……3倍……

为了验证以上猜想，教师引导学生用"笨办法"测量圆的周长，即用线沿着跑道绕一周，再测量线的长度，得到的便是圆的周长（忽略测量误差）。或者，将纸上的圆形剪下来，拿着它垂直于直尺滚动一圈，看看它经过的长度。

教师通过表格汇总学生得出的数据，并明确告诉学生——圆的周长是圆周率与直径的积，由此引出圆的周长公式为$C=2\pi r=\pi d$。

另外，还可以引入我国古代数学家祖冲之计算圆周率的故事，以引发学生对古人的敬佩、对数学学习和数学探索的兴趣。

在上述教学过程中，教师巧妙地利用学生已掌握的正方形周长概念作为桥梁，引领学生跨越至圆的周长、半径、直径等新知识领域，同时揭示了正方形边长与圆直径之间的内在联系，以及内切圆与正方形之间的微妙关系。这一教学策略，通过精心设计的层层递进问题，不仅激活了学生的旧有知识库，还实现了新旧知识的无缝对接与深度融合。学生在此过程中，不仅掌握了圆的周长、圆的直径、圆周率及周长公式等核心概念，更经历了知识同化的过程，将新知自然而然地融入原有的认知框架中，实现了知识结构的优化与丰富。

值得注意的是，在构建认知层次的问题时，教师需要精准把握学生的知识边界，确保问题设计既不超出其当前理解水平，又能激发其思考潜力。这类问题设计，作为后续更深层次探索的基石，其重要性不言而喻。然而，过度依赖或形式化地应用此类问题，可能会削弱学习的深度与广度。例如，在探讨公因数时，若问题仅停留于概念复述与特例列举，虽能暂时满足记忆需求，却难以触及理解的本质。相反，通过设计如"公因数与公倍数之间的异同及计算方法对比"等具有概括性和启发性的问题，可以促使学生进行更深层次的思考，调动其关联记忆，促进求同存异的高阶思维训练，从而避免学习浮于表面。

（二）技能层次问题

《义务教育数学课程标准（2022年版）》中明确指出，要"实施促进学生发展的教学活动""有效的教学活动是学生学和教师教的统一，学生是学习的主体，教师是学习的组织者、引导者与合作者"。在数学学习中，课堂的讲授与接收固然是基础，但日常的动手实践与问题导向的合作

四何问题与高阶思维

探索同样占据着举足轻重的地位。学生应被给予充裕的时间,沉浸于观察问题的细微之处,通过实验的尝试与错误的磨砺,勇于提出假设,并沿着逻辑的脉络进行推理,直至最终的计算验证与理论证明。这一过程所达到的效果,远非单向的知识灌输所能及,它深刻体现了学生作为学习主体的双重角色:既是独立思考、内化知识的探索者,也是积极互动、共享智慧的合作者。

数学学习之旅,本质上是一场自我发现与团队协作并进的旅程。它不仅仅旨在让学生掌握数学的基本概念与技能,更重要的是,通过这一过程,学生能够习得自主探究的韧劲与合作学习的艺术。学生学会如何独立分析问题,如何创造性地运用所学知识解决问题,更学会了如何在团队中有效沟通,共同面对挑战,寻找最优解。这样的数学教育,才能真正地激发学生的潜能,让他们在掌握数学知识的同时,收获学习方法与社交技能。

在此以"找最大公因数"的教学为例,分析技能层次问题设计和实施。另外需要指出的是,为了更好地调动学生自主探索、合作交流的积极性,案例中采用了翻转课堂的教学方法,所以以下内容将按照翻转课堂的环节进行展示。

1.课前自主学习阶段

围绕"找最大公因数"这一教学目标,为学生精心设计课前预习任务,旨在通过动手操作与深度思考相结合的方式,激发他们的学习兴趣与探索欲。

具体任务包括:(1)要求学生准备一系列特定尺寸的正方形纸片(边长分别为4厘米和6厘米的正方形纸片若干个),以及1个特殊的长方形纸片(其长为12厘米、宽为18厘米)。(2)通过一系列递进式问题引导学生深入思考:①何种尺寸的正方形能完美覆盖长方形,其背后的数学原理是什么?②除了已知的正方形,还有哪些尺寸的正方形也能实现这一目标?请具体列出这些正方形的边长。③在上述所有提及的边长中,哪些数是公因数,哪个数是最大公因数?④通过亲手操作与反思,总结出寻找公因数和最大公因数的有效方法。

此预习过程虽能为学生奠定一定的知识基础,但这些初步认知通常较为表面、片段化且不够清晰。因此,在课堂之上,教师的角色变得尤为重要,教师需要引导学生将这些零散的知识点串联起来,形成系统的知识网络,促进学生对公因数和最大公因数的理解从浅显走向深刻,由模糊变得清晰,从而实现知识的内化与能力的提升。

2.小组合作学习阶段

在小组合作学习阶段,学生以4至6人为一组,在课堂上展开深入的探究式学习。教师将学生合理分组,并引导各小组聚焦特定问题展开热烈讨论,同时,教师作为指导者,穿梭于各小组间,既监督学生的讨论进程,又适时为遇到瓶颈的学生提供思维点拨,确保讨论顺畅无阻。讨论告一段落后,各小组推选代表上台,分享他们集体智慧的结晶——讨论成果与解题策略,这一过程不仅展示了团队合作的力量,也促进了班级内的知识共享。此模式的核心价值在于,它鼓励学生通过合作探究与有效沟通,自主发掘学习过程中的盲点,让学生直面错误,反思其根源,从而在试错与修正中逐步逼近真理,深化理解。具体到数学实践,比如,求解12和18的公因数和最大公因数,学生们被鼓励分享自己的解题方法,无论是列举法、分解因数法还是其他创新策略,每一种尝试都是对思维能力的锻炼,也是对学生个性化学习路径的尊重与展现。

在教学实践中,各学生小组对以上问题的解答主要可以分为以下三种类型。

类型一:为了求出12和18的公因数,运用了曾经学过的分解因数法。

$12=3×4=2×6=1×12$,12的因数有1、2、3、4、6、12。

$18=2×9=3×6=1×18$,18的因数有1、2、3、6、9、18。

分析比较,总结出1、2、3、6是它们的公因数,其中6是最大公因数。

类型二:为了求出12和18的公因数,运用了"短除法",得出12和18的公共质因数是2和3,所以,12和18的公因数是1、2、3、6,其中6是最大公因数。

类型三：为了求出12和18的公因数，根据曾经学过的因数概念运用了"列举法"。得出12的因数有1、2、3、4、6、12，18的因数有1、2、3、6、9、18，所以，12和18的公因数有1、2、3、6，最大公因数是6。

小组合作学习作为一种高效的学习模式，不仅构筑了解决难题的协作桥梁，还成了培养学生沟通倾听技巧、激发创新思维的重要舞台。在这一过程中，学生不仅学会了如何倾听他人意见，更勇于交流个人观点，共同构建出解决问题的创新方案。小组合作学习真正实现了学生角色的转变，使他们从被动接受者转变为问题的主动探索者、解决方案的共创者以及团队合作的积极参与者。而教师，则在这一转变中扮演着多重角色，既是学习任务的精心策划者，也是学生探索过程中的有力支持者、细致观察者、秩序维护者，以及学习成效的积极推动者，共同推动学生自主学习能力的全面提升。

3.开放性练习和总结阶段

教师在设计技能层次的问题时，需超越单纯解决具体难题的层面，转向一个更为深远的目标，即通过精心构思的问题与解答过程，激发学生的创新思维，促使他们探索新知识、掌握新方法。特别是在公因数和最大公因数的教学领域，不仅要确保学生深刻理解这些核心概念，更要通过开放性的总结与练习环节，鼓励他们灵活运用所学知识，自主发现解决问题的新路径，从而在掌握求解技巧的同时，实现认知结构的拓展与升级。这样的教学策略，不仅加深了学生对基础知识的理解，还为他们未来面对更复杂问题时提供了灵活应变的能力。

师：我们总结了三种求最大公因数的方法，下面我们通过做题来体验它们的差异。

问题一：求15和75的最大公因数。

问题二：求64和81的最大公因数。

生1：问题一用分解因数法和列举法比较麻烦，尤其是列举法，比如75的因数有很多，列举时容易漏掉某些数。而短除法比较更高效。

（随后，同学都赞成该生的观点。）

师（总结）：短除法是公因数和最大公因数的最佳求解方法。

师：通过求问题一中的最大公因数，我们还能发现什么？

生2：15和75的最大公因数是15；75是15的3倍。

师：那么我们可以得出什么结论呢？

生3：如果两个数是倍数关系，那么，两个数中较小的数就是这两个数的最大公因数。

（教师表示肯定。）

师（追问）：还有其他结论吗？

生4：如果两个数互质，那么，这两个数的最大公因数是1。

师（追问）：有没有数不能参与到求两个数的公因数和最大公因数中来？

生5：有，0不能。

师（追问）：谁能对本堂课学到的知识点进行总结？

生6：如果a和b（$a<b$，且$a,b\neq 0$）两个数存在倍数关系，那么a是这两个数的最大公因数；如果a和b（$a,b\neq 0$）两个数互质，1是这两个数的最大公因数；求a和b（$a,b\neq 0$）两个数的最大公因数，可以用分解因数法、短除法、列举法三种方法，其中短除法是首选的最佳方法。

（教师表示肯定。）

4.总结

在数学教学里，形式化虽为基础特征，但若过度倚重，一味追求形式化，则容易使学生陷入知其形而昧其神的困境，对数学产生畏惧乃至逃避之心。因此，深入剖析数学问题的内核，追溯其逻辑源头，展现形式化背后的思维火花与学科魅力，显得尤为重要。

在实施技能导向的问题设计时，我们需秉持多维考量的理念。一是课前导学应精准对接学生需求与课程内容精髓，通过情境化的问题设置，让知识以鲜活的面貌呈现，激发学生的探索兴趣。二是洞悉学生的心理动态，营造开放包容的学习氛围，鼓励学生勇于思考、质疑与表达，点燃其内心对未知世界的好奇之火。三是将小组合作学习作为学习旅程中的核心环节，要求教师精心策划，包括科学分组、细致观察、灵活调控，确保合作过程既深入又高效，真正实现知识与能力的共建共享。四是技能层次的问题设计还需超越单纯的知识掌握，致力于培养学生的综合应用能力、分析推理能力，以及勇于探索、敢于创新的冒险精神。教师通过设计能够触发学生创造力的问题，引导他们将所学灵活迁移至新情境，享受知识创造带来的乐趣与成就感。

综上所述，技能层次的学习应紧密围绕布卢姆目标中的"应用"与"分析"维度展开，同时，问题设计应不断求新求变，思考"如何促进知识的有效迁移""如何克服形式化带来的学习障碍""如何融入从简至繁、由易及难的解题策略"等。数学的本质在于思维与方法的深度融合，通过揭示数学本质，展现思考路径，我们可以引领学生跨越思维障碍，实现数学素养的全面提升。

（三）情感层次问题

在新课程改革中，"以人为本"的核心理念被给予了前所未有的重视。这要求教师不仅必须在物理空间上拉近与学生的距离，更需心灵相通，深入探索学生的情感领域与心灵秘境。在课堂教学中，教师需要拥有更加细腻的心思，发掘课堂中能够引起学生兴奋和注意的元素，不浪费一丝有效的信息，并通过对这些兴趣点的发掘激发出学生和教师的共同话

第七章　他山之石：多维视角下的小学数学课堂提问

题，促进二者之间对于学习和情感的探索。①

以一堂人教版四年级下册"轴对称"教学的实例为镜，探讨如何在知识传授中融入情感层次的设计与实施。面对已对轴对称图形有所感知但尚难深刻理解其本质特征的四年级学生，教师巧妙地以平面图形为起点，引领学生从日常生活中的直观印象迈向数学抽象概念的大门。这一过程中，教师不仅解析了轴对称图形的几何属性，更通过具象物体的巧妙引入，如自然界中的对称现象、建筑中的对称美等，使抽象的数学概念生动化、具体化，从而在学生的认知世界中构建起一座连接生活与数学的桥梁。

此教学策略不仅加深了学生对轴对称图形的认知深度，更在无形中拓宽了他们的情感视野，激发了他们对数学美的感悟与追求。这样的教学中，教师不仅是在传授知识，更是在培育学生敏锐的观察力、深刻的思考力以及丰富的情感世界，进而让数学学习成为一场心灵的旅行，而非简单的知识堆砌。

1.游戏导入，激发情感

玩乐与探索是小学生的天性，对此，有位教师巧妙地设计了一堂以"玩"促学的"轴对称图形"探索课。课程伊始，教师引导学生展开一场别开生面的动手实验：拿起教师提前发给大家的白纸，将其对折后在折痕处轻滴一滴墨汁，随后以手指为笔，在墨滴周围轻轻按压，使其晕染。

"想象一下，当你们缓缓展开这张纸时，会发现怎样的奇迹呢？"教师的话语如同魔法咒语，瞬间点燃了学生们的好奇心与想象力。随着纸缓缓展开，一幅幅独一无二的墨印图案跃然纸上，成了学生们思考与讨论的起点。

教师精心挑选了几幅学生作品进行展示，并抛出一个引人深思的问题："这些形态各异的墨印之间，是否隐藏着某种联系？"学生们被这一

---

① 陈瑞辉. 让孩子把话说完：《圆的面积》教学案例与反思[J]. 湖北教育（教育教学），2009（1）：54-55.

提问深深吸引，纷纷投入热烈的讨论之中，不少学生敏锐地捕捉到了这些墨印的共同点——"对称"。

对于这一精准而富有洞察力的回答，教师给予了充分的肯定与赞扬，并适时总结："正是如此，这些墨印虽然形态万千，却都遵循着一个共同的规律——轴对称。它们以折痕为中线，左右两侧如同镜像般完美对称，这便是轴对称图形的魅力所在。而这条神奇的折痕，我们称之为轴线，它是连接两侧对称世界的桥梁。"

通过这样的游戏化引入，学生在轻松愉快的氛围中初步感知了轴对称图形的特征，更激发了他们探索数学奥秘的浓厚兴趣，为后续深入学习对称与轴线概念奠定了基础。

2.动手操作，强化体验

针对小学阶段的学生抽象思维正初步发展而形象思维相对成熟的特点，可在小学数学课堂巧妙地融入动手操作环节，以深化学生对数学知识的体悟与应用。例如，在轴对称图形与对称轴的教学中，教师匠心独运地采用合作学习模式，鼓励学生发挥各自特长，相互学习，共同进步。活动伊始，教师精心准备了一系列包含日常所见图形、数字及字母的素材包，分发给学生，这些元素包括等腰三角形、平行四边形、五角星乃至0、3、8、E、H、M等数字和字母等，它们中蕴含着轴对称的奥秘。

随后，学生们分组而坐，围绕共同目标——识别轴对称图形并标记其对称轴，展开了一场智慧与合作的盛宴。在这一过程中，学生化身为探索者，他们不仅运用视觉识别图形特征，还动手绘制对称轴，将理论知识转化为实践技能。在小组内部，智慧的火花不断碰撞，成员间优势互补，彼此间的交流与启发构建了一个动态的学习生态系统。

最终，几乎所有小组都成功完成了任务，不仅准确无误地辨识出所有轴对称图形，还清晰地标注了它们的对称轴。这一成就不仅仅是知识的累积，更是团队协作、思维发散与情感共鸣的结晶。通过这样的活动，学生不仅增强了数学学习的主动性，还在动手操作中锻炼了空间想象能力，促进了逻辑思维的发展，更在合作中学会了倾听、尊重与共享，为他们的全面发展奠定了坚实的基础。

3.激发想象，延伸情感

数学教学的深远意义，远非应试技能与实际应用的传授，它更肩负着引领学生探索数学背后深厚的人类文化脉络与历史积淀的重任。因此，教师在教学中应倾注更多情感与智慧，为学生搭建起一座通往数学思考的桥梁，拓宽他们的思维疆域，激发他们对数学的探索热情。

例如，在一堂生动的数学课上，教师巧妙地运用多媒体技术向学生展示天安门、泰姬陵、埃菲尔铁塔等世界名胜，以及自然界中的蜻蜓、蝴蝶等多样元素，这些图像不仅展现了正面视角下的事物（如正面视角下的天安门），还涵盖了多种独特视角下的事物（如侧拍、俯拍角度下的天安门），为学生呈现了一场多维度的视觉盛宴。

同时，教师借此契机，引导学生深入探讨了一个饶有趣味的数学概念——"轴对称"。她问道："眼前这些自然界与建筑界的杰作，无一不彰显着轴对称的和谐之美。然而，当这份立体之美被定格为平面图形时，是否依然保持着轴对称的特质呢？尤其是那些从不同视角捕捉的瞬间，它们还能否被视为轴对称图形？"

学生们的思维瞬间被激活，他们积极观察、思考并踊跃发言。其中一位学生给出了精准而全面的回答："通过观察，我们发现从正面拍摄的天安门图片确实保持了轴对称的特性，而那些侧面视角下的天安门图像则失去了这一属性。这说明，即便是现实生活中沿中轴对称的物体，在转化为平面图形时，其轴对称的性质也可能因视角的不同而有所变化。"

这一互动不仅加深了学生对轴对称图形概念的理解，更让他们意识到，数学之美不仅在于其严谨的逻辑与精确的计算，更在于它如何巧妙地连接着现实世界的多样性与复杂性。通过这样的教学方式，教师不仅传授了知识，更激发了学生对于数学世界更深层次的好奇。

可见，通过这种教学过程的革新，教师摒弃了传统的单一讲授模式，转而采用情境再现的方式，让课堂焕发生活光彩，不仅深化了"知识源于生活，复归于生活"的知识学习观念，还让学生在领略生活美好的同时，为课堂增添了无限活力。这一转变彰显了情感投入在教学中的核心价值，教师的心弦与学生产生共鸣时，更能激发学生的正面情绪，激活他们的思维与想象，进而收获理想的教学效果。因此，树立正确的教学导向，加强师生间的情感联结，是提升教学质量不可或缺的要素。

通过深入剖析具体案例我们发现，当学习内容与学生既有知识结构间产生认知冲突时，学生会自然而然地萌生问题意识，但也可能陷入"有目标却不知如何达到目标"的心理困境。此时，问题的设计尤为关键，既需避免过于熟悉或全然陌生的内容，以免削弱学生的探索动力；又需紧扣数学学科精髓，洞悉学生的心理需求，构建层次分明、深度适宜的问题体系。

布卢姆教育目标中的"综合、评价"维度，在情感层次问题设计中体现得尤为明显。它倡导通过多维度、多层次的视角，引导学生深入探究概念、原理、事实及技能之间的内在联系，促进知识体系的重构与升华。这一过程不仅能帮助学生实现知识的融会贯通，更在无形中提升了他们的情感态度价值观及价值判断能力，使之能够举一反三，在更高层次上审视与评价所学，实现个人素养的全面提升。

（四）多层次问题

布卢姆的教育目标分类理论为课堂提问设计提供了坚实的框架，助力教师在教学实践中精准对接不同层次学生的需求，促进他们全方位的能力发展，这与新课改的核心理念不谋而合。然而，在深入学科精髓、构建层次性教学问题的道路上，教师常需克服重重挑战，诸如情境构建的不当、教学方法的滞后以及评价体系的缺失等，这些问题阻碍了学习深度的挖掘与思维活力的激发。

为克服这些障碍，我们需从多维度出发，优化数学层次性问题的设计策略。这涉及创设贴近学生生活的教学情境，让数学知识在真实世界中找到落脚点；通过丰富多样的数学活动，让学生在动手操作中领悟概念、性质与定理的精髓；革新教学方式，采用启发式、探究式等先进理念，激发学生的主动探索欲；同时，教师应扮演好引导者的角色，适度放手，给予学生更多自主思考与解决问题的空间，让课堂成为思维碰撞的舞台。

多层次问题的设计遵循着从基础到应用的自然进阶路径——从定义（概念）的清晰界定，到性质的深入剖析，再到定理的严谨推导，最终指向知识的实践应用。这一过程不仅是知识体系的逐级构建，更是学生思维能力与数学素养的逐步提升。教师需精心设计一系列旨在触及知识核心、激发深层思考的问题，以问题为引领，引导学生在挑战中前行，在解决中领悟，最终体验并内化数学那最纯粹、最本质的思维方式与方法论。如此，方能真正实现教育的深度与广度，培育出具有创新精神与实践能力的未来人才。

1.创设问题情境，巧设核心问题

苏霍姆林斯基认为，人们在生活中会本能地将自己当作发现者和研究者，这是一种固定的需求。也就是说，人类天生具有作为探索者与发现者的内在驱动力，这一需求深刻影响着我们的学习体验。对于学生而言，通过亲身实践获得的知识，相较于书本或他人传授，往往能留下更为深刻而持久的印记。因此，教育者在教学中应致力于构建具体、生动的情境，以激发学生的想象力，鼓励他们自由探索知识的奥秘。为实现这一目标，教师可采用多元化的策略来创设问题情境。

第一，采用差异性比较创设问题情境。例如，在教授"轴对称"概念时，教师可借助天安门这一具象实体与其平面图形之间的对比，引导学生发现两者在轴对称性质上的差异，进而深刻理解"生活对称不等于图形对称"的原理。同时，鼓励学生主动提出问题，培养他们的问题构建能力，使学习过程成为自我发现与创造的旅程。

第二，结合日常生活经验创设问题情境。数学无处不在，教师应巧妙捕捉生活中的数学元素，如利用三角板、红领巾、硬币等日常物品，引导学生观察并识别其中的几何形状，从而感受到数学与生活的紧密联系。这样的教学方式不仅增强了学习的趣味性，也促进了学生对数学知识的直观理解和应用。

第三，利用自主探究活动创设问题情境。通过引导学生动手操作、亲身体验，让他们在探索过程中自主发现规律、构建知识。例如，在"角的初步认识"一课中，当有学生提出"活动角拉成直线后是否仍为角"的疑问时，教师并未直接解答，而是引导学生回归角的定义，通过自我判断与再次探究，最终得出结论。这一过程不仅深化了学生对角的理解，还锻炼了他们的批判性思维与问题解决能力，实现了知识的真正内化与能力的提升。

2.开展教学活动，展现数学过程

构建层次性问题的关键在于激发学生的深层理解与探究兴趣，避免学生仅仅停留于表面的模仿记忆。若教学仅聚焦于形式化的记忆，学生往往只能触及知识的皮毛，难以洞察其内在逻辑与成因，导致理解浮浅或含糊。为深化对数学本质的探索，教学应融入实践操作、自我发现及团队协作等多元化环节，这样的教学策略能有效促进层次性问题的精心设计，使学生不仅知其然，更知其所以然。因此，通过层次性提问展开教学活动，需要注意以下三个方面。

第一，在教学活动中通过明确的指引性教学语言指明探究的方向。鉴于小学生的认知发展阶段及心理特征的独特性，教学活动中的明确导向显得尤为重要。为了避免学生在数学探索的海洋中漫无目的地漂泊，教师应运用精练而富有启发性的教学语言，为学生的学习之旅设定清晰的航标。这意味着，在设计问题时，教师应巧妙融入导向性线索，不仅提出问题，更引导学生主动思考"该从哪里入手"，从而确保他们的学习之旅既有方向又充满发现的乐趣。通过这样的方式，教学活动能够更紧密地贴合学生的认知规律，促进有效学习的发生。

第二，教学活动的开展要能帮助学生发展和提高思维。在课程改革与新课程标准的指引下，小学数学教学正经历一场深刻的变革，从过分聚焦于学习结果的传统模式中抽离，转而关注对学生思维能力的精心培育。这一转变要求我们在教学过程中精心策划层次递进的问题序列，旨在引导学生深入思考，促进思维火花的碰撞与交流，进而在互动与合作中提升数学

第七章 他山之石：多维视角下的小学数学课堂提问

思维的深度与广度。

以"5的倍数"与"3的倍数"为例，我们通过设计差异化的探究路径，不仅揭示了"5的倍数"判断的直观技巧（观察个位数），还引导学生探索"3的倍数"更为复杂的判断逻辑（观察各位数字之和），这一过程本身就是对学生逻辑思维的一次深刻锻炼。

第三，通过多元、生动、有趣的教学活动深化学生的知识体验过程。例如，为了深化学生对"倍"这一核心概念的理解，在教授"倍的认识"时，我们采用了一种融趣味性与教育性于一体的教学策略。通过精心设计的分组活动，利用小红花与小蓝花的直观对比，引导学生在实际操作中逐步构建起"倍"的概念框架。其过程如下。

第一步，认识"倍"。讲台上分别有3朵小红花和小蓝花。

师：小红花和小蓝花谁的数量多？

生：一样多。

师：现在我又拿来1朵小红花（教师拿出1朵小红花，将其与原来的3朵小红花放在一起），小蓝花数量不变，此时，小红花和小蓝花谁的数量多？

生：小红花多，比小蓝花多1朵。

师：如果我再拿来2朵小红花，小蓝花数量不变，那么，小红花和小蓝花谁的数量多？

生：小红花多，比小蓝花多3朵。

师：如果将3朵小花看作1份，小红花有几份？

生：小红花有2份。

师：这就是"小红花是小蓝花的2倍"。

第二步，深化对"倍"的理解。依次将小红花的数量增加到小蓝花的3、4、5倍，继续提问："如果将3朵小蓝花看作1份，小红花是小蓝花的几倍？"通过提问帮助学生深化对"倍"的理解。

277

在上述过程中，从最初的等量认识到逐步增加小红花数量，每一次变化都伴随着问题的巧妙引导，让学生亲自体验"倍"的生成与演变。这种层次分明、逐步深入的教学流程，不仅让"倍"的概念变得生动具体，还巧妙地融入了团队合作与数学思考的乐趣，极大地激发了学生的学习热情与探索欲望。

如此，多元化的教学活动与精心设计的问题链，为学生打造了一个充满挑战与乐趣的数学学习空间，学生在亲身体验与思维碰撞中不断成长，最终实现数学素养与思维能力的全面提升。

3.优化教学方式，激发自主学习动机

当前教育改革的核心聚焦于激发学生的主体性，鼓励他们主动投身于问题的探索与剖析，并通过实践操作来验证理论，这一过程深刻重塑了学生对信息的搜集、处理及分析能力，以及问题解决与团队协作的素养。这一变革促使传统教育模式与教学方法经历了一场深刻的转型，课堂内师生角色的定位亦随之焕然一新。教学上，新的范式强调以学生兴趣为导向，旨在传授学习方法，赋能学生自主学习，进而全面达成各学科的育人目标。

随着互联网的蓬勃发展，信息技术与教育的深度融合催生了诸如翻转课堂、PAD教学等创新教学模式，它们不仅契合了教育现代化的趋势，更在小学数学课堂的应用中展现出了显著成效。这些新兴模式彻底重构了"知识传授"与"知识吸收"的传统流程，将学生的被动接受转变为积极探求，释放了他们被束缚的思维活力与探索热情。在此模式下，学生面对难题时，能够即时利用数字平台与教师及同伴展开互动交流，这种即时反馈与协作机制，相较于传统课堂，无疑提供了更加灵活高效的学习体验与无可比拟的优势。为此，教师应注重学习和研究各种先进的教学方式，并应用于课堂教学中，以激发学生自主学习的动机，锻炼和发展其数学思维。

例如，在运用翻转课堂的教学模式时，需细致考量三个核心层面的策略，以确保其成效最大化。

首先,聚焦于"独立思考,自主作业"的层面,此环节旨在为学生提供广阔的思考空间,鼓励他们独立面对问题,通过自我分析与解答,锤炼其批判性思维与问题解决技巧。问题的设计需兼顾多样性,既考虑学生间的差异性,又融入趣味元素与实操性,以此激发每个学生的潜能,点燃他们深入探索数学奥秘的热情与好奇心。

其次,转向"生生互助,协同合作"的维度,此环节鼓励学生之间建立互助合作的关系,共同探索未知。在协同解决问题的过程中,学生不仅增强了创新思维与问题解决能力,还在相互支持与启发中共享了成功的喜悦。通过实践操作、深入交流与细致分析,学生构建起更加牢固的知识网络,同时体验到团队合作的力量。

最后,步入"集体交流,展示汇报"的殿堂,此环节是学生学习成果的集中展示与反馈阶段,采用多元化评价体系,融合定性、定量及弹性评价,全面而深入地评估学生的学习成效。这一过程中,不同层次的学生均有机会在集体交流中展现自我,通过讨论、质疑与总结,促进知识的深化理解与内化吸收。最终,每个学生都能在这一平台上实现自我超越,共同促进班级学习氛围的活跃与提升。

4.发挥价值引领,了解学生学习倾向

教师在学生的学习中扮演着至关重要的角色,既是组织者,也是促进者与导航者。他们通过精心设计的层次性问题,旨在传授学习策略,点燃学生对数学的热情,激发其内在的探索欲望与合作精神。在这一过程中,教师需发挥其价值导向作用,同时敏锐捕捉不同学习层次学生的需求与倾向,确保教学活动的针对性和有效性。

具体而言,教师应鼓励学生采取自主学习模式,培养他们独立解决问题的能力,让学生成为知识探索旅程中的主角。学生在自主验证疑惑、动手操作、动脑思考、寻求答案的过程中,不仅加深了对知识的理解,更提升了实践能力和创新思维。此外,教师应营造一个开放包容的课堂环境,鼓励学生勇于表达自己的见解,无论是提出疑问、大胆假设,还是面对错误与挑战,都能积极面对并勇于验证。

四何问题与高阶思维

数学学习是一场充满挑战与发现的征途，它教会我们如何在困境中寻找出路，在疑惑中收获顿悟。在小学数学的课堂上，教师有责任让学生在有限的时间内，体验数学探索的乐趣——仿佛穿越时空，亲历数学家们发现新知的辉煌时刻。这一过程，正是一场通过层次分明的探究，逐步揭示学科本质的旅程。

教师的视野决定了目标的高度，他们的教育思想则深刻影响着他们对学生探索的引导深度。通过精妙的教学设计与引导，教师能够激活课堂氛围，激发学生对数学的无限热爱，助力学生在思维的海洋中遨游，并实现数学素养的全面提升和数学思维的升华。

5.注重课堂评价，体现评价的层次性

在层次性问题的教学实践中，对学生的回答进行恰如其分的评价是不可或缺的一环。小学数学教师应扮演起学生成长道路上的监督者与导航者角色，敏锐捕捉学生在解答层次性问题时展现的每一个亮点，通过正向激励策略，既为学习遇阻者点亮希望之灯，也为佼佼者铺设更广阔的进步阶梯。评价策略应涵盖三个维度：首先，融入人文关怀，实施多元化、个性化的评价，让每份努力都能得到认可；其次，注重评价的灵活性与深度，针对个体特点，以真诚之心进行细致入微的反馈；最后，强化评价的导向性与持续性，通过鼓励与追踪，激发学生的持续动力与自我超越意识。

鉴于小学生特有的模仿力强、竞争意识旺盛及表现欲突出的心理特征，我们可巧妙设计奖励机制，例如，采用小组竞赛模式，以小红花累积为激励手段，促进学生的课堂参与度，促使学生积极思考；通过课、周、月的逐级奖励体系，结合学生自评、同伴互评及教师点评，全方位激发学生的数学学习热情，提升学习效果。

同时，面对学生间显著的个体差异，数学教师在实施评价时更应细心考量，确保评价策略既面向全体，又兼顾个别，灵活调整激励措施与语言，确保每个学生都能感受到被关注与鼓励。尤为重要的是，应精准把握激励的时机，即刻对学生的出色表现做出积极反馈，以强化正面效应。

概括而言，深入数学学科本质的课堂设计，旨在培育学生的核心素养与学科素养，倡导深度学习，直达知识内核。在此理念指引下，小学数学层次性问题的设计与实施应遵循以下原则。

一是自主构建。在智能时代浪潮中，知识本身已非终极目标，而是探索未知、解决实际问题的工具。教师应高瞻远瞩，引领学生自主挖掘知识的深层价值，探索问题的根源，通过这一过程，不仅掌握知识，更构建起坚实的数学学科核心素养基础。教师的思维深度，直接影响着学生探索的宽度与深度。

二是深入本质，即强调对学科本质的深刻洞察。这意味着要穿透知识表面的符号迷雾，深入其内在的逻辑结构、方法论基石及深远的思想意义。通过设计阶梯式的学习路径，让学生在真实情境中与知识深度互动，促进其学习品质的升华，挖掘其内在学习动力与深刻体验。在此过程中，揭示数学的本质，展现学生的思考轨迹，不仅掌握数学方法，更在思维方式的转变中，实现数学精神的领悟与飞跃，最终内化为伴随终身的数学素养。

三是实践创新，即注重实践创新与综合应用能力的培养。面对实际问题，鼓励学生运用所学知识进行综合思考、质疑、分析及创新实践。小学数学问题设计应追求层次性与挑战性，从经验积累到思维深化，再到灵活变通，确保问题既贴近学生实际水平，又富有新颖性，以激发其探索欲，展现思维过程。核心素养的培养，实质上是在培养学生的高阶思维能力、深刻与运用能力、实践与创新能力，这些能力将为学生未来的学习与生活奠定坚实基础。

总而言之，小学数学问题设计应超越浅层追求，触及数学学科的灵魂。教师需具备全局视野，深入理解数学体系的内在联系与规律，提炼数学方法与思想精髓，同时融入数学精神的培育。构建完整的学科认知框架，对于提升课堂教学质量、促进学生数学综合素养的全面发展，具有不可估量的价值。

第三节 "双减"视角下的课堂提问

课堂提问作为教学互动中的精髓与灵魂，其卓越性在于其构建了一座桥梁，精妙地连接了教师传授知识与学生接收知识的两端。这些精心设计的提问策略，不仅能够促进师生间及生生间的深度交流，还巧妙地编织起教师、学生与教材三者间紧密的知识网络。课堂提问，这一教学艺术兼科学的实践，是教育舞台上不可或缺的一抹亮色，它要求教师在教学舞台上既有匠人的精准，又具备艺术家的灵感。

在"双减"政策的指引下，探索如何在小学数学课堂中精妙设计与实施提问策略，成了一个亟待教师深入探究的课题。这不仅关乎如何"问得好"，即提问需富有启发性与针对性；也在于"问得巧"，意味着提问应适时适度，能够激发学生的好奇心与探索欲；更在于"问得精"，强调提问的质量而非数量，力求每一问都能直击要害，促进知识的高效传递与内化。如此，课堂提问方能真正成为激活课堂氛围、提升教学效率的催化剂，让教师在教学舞台上游刃有余，学生在知识的海洋中畅游无忧，共同体验学习带来的愉悦感与成就感。

一、"双减"政策

2021年7月，中共中央办公厅、国务院办公厅印发的《关于进一步减轻义务教育阶段学生作业负担和校外培训负担的意见》（简称"双减"政策）中明确指出：义务教育阶段应减轻学生过重作业负担与校外培训负担。简单来说，"双减"政策的主要目的在于减轻学生学习压力和负担。

在数学教学中，减轻学生的学习重压与心理负担，核心在于摒弃那种以剥夺学生休息与娱乐时间为代价的"题海式"训练模式，这种模式往往导致学生身心俱疲。在"双减"政策的宏观指导下，教师角色发生根本性转变，从教学策略的革新入手，追求教学质量的本质提升而非数量的堆砌。

第七章　他山之石：多维视角下的小学数学课堂提问

具体而言，教师应积极拥抱先进的教学理念，精心设计教学活动，力求每一堂课都能以高效能、高质量的标准，激发学生的内在学习动力与兴趣。通过创新教学方法，如引入游戏化学习、项目式学习等，让学生在轻松愉快的氛围中主动探索数学之美，享受学习带来的乐趣。这一过程，不仅是知识的传递，更是学习方式的革命，促使学生从外部驱动的被动学习，自然过渡到内心驱动的主动学习，逐渐形成良好的数学学习习惯和自我驱动力。

最终，我们的目标是让数学教育成为学生自由成长与全面发展的坚实基石，而非束缚其身心发展的枷锁，愿每一个学生都能在数学的海洋中自由翱翔，享受学习，快乐成长。

而要想达到以上目标，就需要教师精心策划课堂教学，优化教学效果，实现高效课堂。实际上，多年来很多学者对高效课堂进行过专门研究和实践，虽然其出发点或研究背景不同，但宗旨是一致的，即通过各种科学合理并符合学生学习与发展的方法提高课堂教学实效。高效课堂，简而言之，是教育领域追求的一种理想状态，它体现在日常教学的每一刻，通过教师的精心设计与引导，激发学生的自主学习潜能，确保在单位教学时间内，学生不仅能高效完成任务，更能实现知识技能的深化、学习方法的掌握、情感态度的正向发展及价值观的积极构建，即"三维目标"的全面融合与提升。

在"双减"政策的大背景下，高效课堂的构建被赋予了更深层次的意义，它不仅是教学方式的革新，更是教育理念的转变。这一过程强调从课前预习的精准导向、课中学习的深度参与，到课后实践的有效反馈，形成一个闭环的高效学习生态系统。课前预习注重激发学生的前置思考，为课堂学习奠定坚实基础；课中则通过丰富的互动与探究，让学生在实践中学习，在学习中成长；课后则鼓励学生将所学知识应用于实际，巩固学习成果，促进知识的内化与迁移。

高效课堂的评判标尺，在于其能否营造充满活力与激情的教学氛围，使师生在相互尊重与合作的基础上，共同探索知识的奥秘。在这样的课堂中，学生不再是被动接受者，而是主动探索者，他们在教师的智慧引领下，积极思考，勇于提问，不断拓宽知识边界，提升综合素养，最终实现教学质量与学生能力的双重飞跃。

二、"双减"视域下小学数学课堂提问的策略

（一）精准设问，激活学生数学思维

课堂提问作为教学互动的关键环节，其设计需严谨而周密。随意的发问往往导致问题质量参差不齐，缺乏明确的导向性和启发性，进而限制了课堂互动的深度，使学生陷入被动接受而非主动探索的境地。低效或无效的提问不仅无法激发课堂活力，还可能成为教学效率的绊脚石，无形中加重了学生的认知负担。

因此，小学数学教师在组织教学活动时，应致力于提升提问的艺术性，力求每个问题都精准而高效。这里的"精"，强调的是问题的直截了当与核心聚焦，即问题应直击教学要点，避免冗余与偏离；"准"，则是指问题需紧扣教学目标，时机恰当，能够精准地引导学生思维走向，促进知识的内化与迁移。

为实现这一目标，教师在课前需进行周密的规划与反思，通过自我设问的方式深入剖析，例如，教师可以这样自问：每个问题的提出旨在解决哪些具体的教学难题？该问题的提出是否具有必要性？其在课堂流程中的位置是否最为适宜？通过这样细致入微的考量与调整，所设计的问题将更加精练、贴切，有效规避了课堂上无效提问的滋生，从而保障了教学活动的高效顺畅，为学生的深度学习创造了更加有利的环境。

以问题的作用为分类标准，常见的课堂提问类型主要有检查性提问、巩固性提问、提示性提问、总结性提问等。无论哪种类型的提问，都是服务于课堂教学的，有助于学生理解知识、拓展思维。

例如，在"乘法结合率"的教学中，教师可以先给出两个算式"15×30×16""15×（30×16）"，并围绕这两个算式提问。这时候，

第七章　他山之石：多维视角下的小学数学课堂提问

可能很多教师会问："仔细观察这两个算式，你发现了什么？"不难发现，这种问题十分笼统，学生容易找不到思考的头绪。因此，这类笼统、模糊的问题无法激发学生思考的积极性，甚至会影响学生学习的热情。

对此，教师可以根据课堂提问精而准的原则，转变一下提问方式。例如：

问题一：请你找出这两个算式的共同点。

问题二：请你找出这两个算式的不同点。

这样的问题更加有针对性。对于问题一，学生知道自己要思考的方向是找到两个算式间的相同之处。所以，学生通常能很快给出答案："两个算式中的数字相同、运算符号相同，结果也相等。"这样，通过提问、思考与交流，学生掌握了两个算式的相同点。

而对于问题二，学生也很容易知道自己要思考的方向是找到二者的不同，引出"运算顺序不同"，即先乘前面两个数或后面两个数，这样学生便初步了解了"乘法结合率"的运算顺序及概念，并初步掌握了运算方法。

这样设计和实施课堂提问，可以利用准确设问引出所学内容，让数学课堂更加流畅自然，还可以让学生的思考更有方向性，激励他们积极思考、解决问题。学生可从中获得更多成就感，进而增强学习自信心。

（二）注意留白，提升学生思维能力

留白本是艺术领域的一种表现手法，是指艺术创作中为了更好地表现作品画面，使章法更为协调精美，而有意识地留出"空白"。西方现代心理学的主要学派之一格式塔心理学认为："任何事物均可被视为完整的结构，而在看到'空白'或'缺陷'的形状时，人们会不自觉地产生一种紧张的'内驱力'去填补和完善。"[1]

---

[1] 常敏，陈国兴. 格式塔心理学视域下的"留白"词汇教学[J]. 英语广场，2024（2）：133-136.

在课堂教学中，教师应娴熟运用"留白"这种精妙的教学手法，深刻洞悉学生的心理认知节奏，适时在课堂上营造出思维的"静谧角落"（即"留白"），以此提升教学质量。传统小学数学课堂常陷入一种误区，即教师急于在提问后填补空白，直接引导答案，压缩了学生独立思考与探索的空间，使得课堂提问成为浮于表面的流程。这种模式长此以往，容易滋长学生的依赖心理，抑制其深度探索的渴望，转而对教师的即时反馈形成依赖，而非主动构建知识网络。

"双减"政策的出台，并非简单削减学习量，其核心在于通过教学方式的革新，促进学习效率的飞跃，保障学习的深度与广度。因此，小学数学教师在实施教学时，特别是在设计课堂提问时，应巧妙融入"留白"策略，让问题成为启迪思维的火种，而非速答竞赛的起点。提问后，教师应慷慨地给予学生思考的时间与自由，鼓励他们独立探索、自主分析，使每一次解答都成为能力跃升的阶梯。这样，学生不仅能在解决问题中体验到成就感，更能在自主学习的过程中，逐渐培育出坚韧不拔的探索精神与高效自主的学习能力，为终身学习奠定坚实的基础。

例如，在教授"分数的初步认识"时，教师可以通过贴近生活的情境巧妙引入："想象一下，爸爸买了4个甜美的桃子，但家中仅有爸爸和聪聪两人，他们各自能分到多少桃子？"这个直观的问题迅速激发了学生的兴趣，他们轻松答出："每人两个。"紧接着，教师话锋一转，设置了一个更具挑战性的问题："若仅有1个桃子，平均分给两人，每人应得多少？又该如何表示呢？"此刻，"把1个桃子平均分给两个人"对于学生是没有太大难度的，但大多数学生会对"如何表示"这一问题显得犹豫，并陷入思考中，而这正是引入分数概念的绝佳时机。通过这样的设疑，学生带着浓厚的兴趣和求知欲进入学习状态，自然提升了课堂的专注度和学习效率。

随后，在讲解分数的基本概念后，教师设计了一个启发性问题："是否将任意一个物体分为两份，其中一份都能用'$\frac{1}{2}$'表示？原因何在？"面对这一提问，学生初时可能不假思索地给予肯定回答。此时，教师巧妙运用"留白"策略，不急于评判，而是给予学生充分的时间自我审视与反思。在这段静默的思考时光里，学生开始深入探究分数的本质——平均分配。不久，有学生提出更为精准的理解："仅仅说'分为两份'是不够的，必须是'平均分成两份'，这样每一份才是整体的'$\frac{1}{2}$'。因为非平均分配的两份，其大小可能不等，自然不能用'$\frac{1}{2}$'来描述。"

这一过程充分展示了"留白"的魅力，它鼓励学生跳出固有思维框架，通过独立思考、分析、探究，最终自主构建知识体系。学生不仅成了知识的主动探索者，其思维能力、解决问题的能力也在这一过程中得到了实质性的锻炼与提升，学习效率自然而然地迈上了新的台阶。

（三）重视评价，提升师生反思能力

课堂教学反思是教育过程中不可或缺的一环。叶澜教授说："一个教师写一辈子教案难以成为名师，但如果写三年反思则有可能成为名师。"可见，教学反思的积累远胜于单纯教案的堆砌，它是通往卓越教学之路的阶梯。教学反思的过程，不仅精炼教师的教学技艺，驱动教学策略的持续优化，更促进了教师个人专业成长的飞跃。在日常教学实践中，教师应主动审视并调整教学方法、理念及评价体系，致力于为学生提供更加科学、高效的学习环境。

在评价维度上，教师应拓宽视野，超越单一的知识与技能评估，深入关注学生的情感、态度、价值观等多维度成长。同时，平衡结果导向与过程评价，重视学生学习能力、团队协作及良好学习习惯的培养，全面促进学生综合素养的提升。

面对"双减"政策的实施，在追求高效课堂的道路上，小学数学教师在自我反思之余，还需激发学生的反思意识与能力。通过引导学生自我审视学习路径与成效，帮助他们清晰识别个人优势与待改进之处，进而在后续学习中采取针对性措施，优化学习策略，提升学习效率，为终身学习奠定坚实的基础。这一过程不仅关乎知识的积累，更是关乎学生自我认知与成长能力培养。

四何问题与高阶思维

以"分数的初步认识"教学为例，在课堂总结阶段，教师可以通过精心设计的问题链，如"本课我们探索了哪些分数知识要点""分数结构包含哪些基本部分""其核心概念是什么""分数是在什么情境下产生的""能否即兴列举几个分数实例"等，引导学生共同回顾并反思学习历程。这一过程实质上是对课堂内容的系统化梳理，旨在帮助学生自我评估知识掌握情况，识别学习盲点，从而进行精准强化。此反思机制不仅巩固了学生的数学基础，还促进了学生良好学习习惯的养成，为学生构建高阶数学思维提供了肥沃土壤。

总之，在"双减"政策背景下，追求课堂教学的质量与效率显得尤为重要。小学数学教师在课堂提问时应注重问题的精准性与启发性，并适时留白，鼓励学生自主探索与思考。同时，教师应不断反思教学实践，激发学生的内在动力，让课堂成为学生主动探索、深刻反思、高效学习的舞台。这样的教学策略的实施，不仅能够提升学生的学习效率与思维能力，还能有效实现"双减"与高效课堂的双重目标，收到事半功倍的效果。

参考文献

一、著作

1. 保罗·哈尔莫斯.我要作数学家[M].马元德，沈永欢，胡作玄，赵慧琪，译.南昌：江西教育出版社，1999：310.

2. 维果茨基.维果茨基全集（第2卷）·高级心理机能的社会起源理论[M].龚浩然，王永，黄秀兰，译.合肥：安徽教育出版社，2016：70-75.

3. 陈英和.认知发展心理学[M].北京：北京师范大学出版社，2013：302.

4. 麦克·格尔森.如何在课堂中使用布卢姆教育目标分类法[M].汪然，译.北京：中国青年出版社，2019：3-4.

5. 安德森.学习、教学和评估的分类学：布卢姆教育目标分类学修订版[M].皮连生，译.上海：华东师范大学出版社，2007：108，117-120，163，164.

6. 罗伯特·斯滕伯格，路易斯·斯皮尔-史渥林.思维教学：培养聪明的学习者[M].赵海燕，译.北京：中国轻工业出版社，2008：17.

7. 丹东尼奥，贝森赫兹.教师怎样提问才有效：课堂提问的艺术[M].宋玲，译.北京：中国轻工业出版社，2015：109.

8. 伊凡·汉耐尔.高效提问：建构批判性思维技能的七步法[M].黄洁华，译.汕头：汕头大学出版社，2003：41.

9. 崔允漷.有效教学[M].上海：华东师范大学出版社，2009：212.

10. 约翰·哈蒂.可见的学习：对800多项关于学业成就的元分析的综合报告[M].彭正梅，邓莉，高原，方补课，译.北京：教育科学出版社，2015：290-293.

11. 埃里克·弗朗西斯.好老师，会提问：如何通过课堂问答提升学生精准认知[M].张昱瑾，译.上海：华东师范大学，2018：77.

12. 宋乃庆，张奠宙.小学数学教育概论[M].北京：高等教育出版社，2008：26.

13. 曾小平，肖栋坡.小学数学课程与教学论[M].北京：北京师范大学出版社，2015：53.

14. 郭要红，李伯春，李伟.数学教学论[M].合肥：安徽人民出版社，2007：247.

15. 郑毓信.国际视角下的小学数学教育[M].北京：人民教育出版社，2004：223.

16. 秦娟.高阶思维教学的核心指向[M].上海：华东师范大学出版社，2021：65，104.

17. 波利亚.怎样解题[M].涂泓，冯承天，译.上海：上海科技教育出版社，2002：56-57，124-125.

18. 彭聃龄.普通心理学[M].北京：北京师范大学出版社，2012：215.

19. 赵国祥.心理学[M].北京：高等教育出版社，2011：199.

20. 郑毓信.数学教育哲学[M].成都：四川教育出版社，2001：331.

21. 宋乃庆，张奠宙，等.小学数学教育概论[M].北京：高等教育出版社，2008：204.

22. 李伯黍.教育心理学[M].上海：华东师范大学出版社，2012：371.

23. 汉斯·弗赖登塔尔.数学教育再探：在中国的讲学[M].刘意竹，等，译.上海：上海教育出版社，1999：89-90.

24. 夸美纽斯.大教学论：教学法解析[M].任钟印，译.北京：人民教育出版社，2006：194.

25. 黎加厚.新教育目标分类学概论[M].上海：上海教育出版社，2010：26.

26. 格兰特·威金斯，杰伊·麦克泰格.追求理解的教学设计[M].闫寒冰，宋雪莲，赖平，译.上海：华东师范大学出版社，2016：56，205.

27. 陈琦，刘儒德.当代教育心理学[M].北京：北京师范大学出版社，2007：73-74.

28. 刘月霞，郭华.深度学习：走向核心素养(理论普及读本)[M].北京：教育科学出版社，2018：67.

29. 孙绵涛.教育管理学[M].北京：人民教育出版社，2006：81.

二、期刊论文

1. 黄翔，童莉，李明振，等.从"四基""四能"到"三会"：一条培养学生数学核心素养的主线[J].数学教育学报，2019（5）：37-40.

2. 孙宏志，解月光，张于.核心素养指向下高阶思维发展的表现性评价设计[J].电化教育研究，2021（9）：91-98.

3. 何晓玲.基于核心素养的小学数学多样化解决问题的策略探究[J].考试周刊，2021（94）：76-78.

4. 周丹.新课改下小学数学课堂提问的现状与思考[J].数学教学通讯，2022（31）：43-44.

5. 常海霞.预设越精心，提问越有效：小学数学课堂提问的有效性分析[J].试题与研究，2023（10）：153-155.

6. 程金华.小学数学课堂提问的现状与思考[J].数学教学通讯，2022（13）：65-66.

7. 林淑芳.小学数学课堂提问的多维分析与教学建议[J].课程教育研究，2018（18）：142.

8. 王小清.小学数学课堂提问类型探究[J].数学大世界（上旬），2020（12）：26.

9. 赵占国，潘劲秀.新手型、专家型小学数学教师课堂提问有效性研究[J].云南教育（小学教师），2022（5）：4-5.

10. 戴盈红.妙问善导，追求高效：浅谈小学数学课堂提问策略[J].数学教学通讯，2022（25）：76-77.

11. 刘芳苹.提升小学数学课堂提问效率的策略探究[J].天天爱科学（教学研究），2023（2）：102-104.

12. 吴张骅.优化小学数学课堂提问策略的实践研究[J].新课程研究，2022（6）：101-103.

13. 陈乌日汉.维果茨基社会文化理论对数学教育的启示[J].数学之友，2023（2）：8-10.

14. 刘敏.元认知策略在小学数学课堂中的应用[J].数学学习与研究，2022（21）：77-79.

15. 张晓君，丁雪梅，程宣霖，等.我国高阶能力培养研究热点与内容聚焦[J].长春师范大学学报，2020（2）：182-186.

16. 苏锡永.浅谈数学教学与高阶思维能力培养[J].考试周刊，2023（12）：69-72.

17. 任松华，傅海伦.思维三元理论指导下的数学高阶思维及培养[J].中小学教师培训，2012（12）：46-47.

18. 孙天山.基于"问题"的高阶思维课堂教学架构研究[J].中学化学教学参考，2016（9）：1-5.

19. 钟志贤.教学设计的宗旨：促进学习者高阶能力发展[J].电化教育研究，2004（11）：13-19.

20. 王胜楠，唐笑敏，王罗那.基于数学抽象素养的思维深刻性培养策略研究[J].中小学数学（高中版），2022（11）：1-4.

21. 金传宝.美国关于老师提问的技巧研究[J].课程·教材·教法，1997（2）：54-57.

22. 左志宏，王敏，席居哲.McCarthy学习风格的分类及其4MAT教学设计系统[J].上海教育科研，2005（10）：69-72.

23. 李玉良，泮桂秋."四何"问题设计引导高阶思维训练[J].基础教育课程，2017（6）：73-75.

24. 纪世元.建构主义学习理论关照下的深度学习探究[J].文学教育（下），2019（12）：42-43.

25. 林兆星.基于认知目标分类学的科学教学问题研究[J].天津师范大学学报（基础教育版），2021（1）：43-47.

26. 徐峰.在语文阅读"进阶教学"中发展学生高阶思维[J].新课程导学，2021（24）：33-34.

27. 邵光华，章建跃.数学概念的分类、特征及其教学探讨[J].课程·教材·教法，2009（7）：47-51.

28. 孔德宇.初中数学概念教学中学生高阶思维培育的研究[J].数学教学通讯，2021（8）：37-38.

29. 徐文彬.数学概念的认识及其教学设计与课堂教学[J].课程·教材·教法，2010（10）：39-44.

30. 鲍建生，黄荣金，易凌峰，等.变式教学研究（续）[J].数学教学，2003（2）：6-10，23.

31. 王映学，张大均.论认知技能获得过程及其教学设计意义[J].现代中小学教育，2018（12）：9-13.

32. 王宽明，郝志军."问题解决"教学：内涵、实践及应用[J].教育探索，2016（3）：14-18.

33. 谭国华.高中数学解题课型及其教学设计[J].中学数学研究（华南师范大学版），2013（15）：12-16.

34. 吴补连，陈惠勇，唐遥.青浦实验与高中数学课程标准的耦合初探：兼谈中国的数学教改实验[J].内江师范学院学报，2022（10）：1-6.

35. 王帅.国外高阶思维及其教学方式[J].上海教育科研，2011（9）：31-34.

36. 钟志贤.促进学习者高阶思维发展的教学设计假设[J].电化教育研究，2004（12）：21-28.

37. 李刚，吕立杰.落实学科核心素养：围绕学科大概念的课程转化设计[J].教育发展研究，2020（Z2）：86-93.

38. 张华.论学科核心素养：兼论信息时代的学科教育[J].华东师范大学学报（教育科学版），2019（1）：55-65，166-167.

39. 金轩竹，马云鹏.小学数学教学中真实情境的理解与设计策略[J].课程教学研究，2018（9）：69-75.

40. 唐恒钧，张维忠，陈碧芬.基于深度理解的问题链教学[J].教育发展研究，2020（4）：53-57.

41. 夏雪梅.在传统课堂中进行指向高阶思维和社会性发展的话语变革[J].华东师范大学学报（教育科学版），2019（5）：105-114.

42. 范建成.基于批判性思维培养的小学数学课堂重构[J].教育科学论坛，2019（32）：24-27.

43. 郭华.如何理解"深度学习"[J].四川师范大学学报（社会科学版），2020（1）：89-95.

44. 韦冬余.学科本质的再认识：学科史的视角[J].扬州大学学报（高教研究版），2015（2）：10-12.

45. 王苏.从数学本质出发定位学科内容[J].中国校外教育，2012（11）：32-32.

46. 陈瑞辉.让孩子把话说完：《圆的面积》教学案例与反思[J].湖北教育（教育教学），2009（1）：54-55.

47. 常敏，陈国兴.格式塔心理学视域下的"留白"词汇教学[J].英语广场，2024（1）：35-37.

48. 杨九诠.好的问题与好的提问[N].中国教育报，2016-03-23.

49. 李军.把握数学学科的本质[N].中国教师报，2020-10-28.

三、学位论文

1. 吴娜.小学数学教师课堂提问的现状研究：以包头市A小学五年级为例[D].包头：内蒙古科技大学包头师范学院，2022.

2. 任忠雪.小学数学课堂有效提问的现状和策略研究[D].哈尔滨：哈尔滨师范大学，2023.

3. 常代代.小学数学教师课堂提问的现状调查研究[D].石家庄：河北师范大学，2020.

4. 任忠雪.小学数学课堂有效提问的现状和策略研究[D].哈尔滨：哈尔滨师范大学，2023.

5. 周娜.小学数学课堂提问现状调查研究：以T市S小学为例[D].天水：天水师范学院，2022.

6. 陈珊.小学生STEAM素养测评模型构建研究[D].重庆：西南大学，2021.

7. 刘丽霞.支架式教学设计及其应用研究：以七年级数学上册为例[D].赣州：赣南师范大学，2021.

8. 宁依敏.深度学习与数学高阶思维的关系：问卷编制与调查研究[D].桂林：广西师范大学，2023.

9. 李美芳.促进教师评估与支持幼儿数学过程性能力的行动研究[D].上海：华东师范大学，2022.

10. 纪世元.指向小学生高阶思维发展的课堂问答行为观察研究[D].宁波：宁波大学，2021.

11. 汪茂华.高阶思维能力评价研究[D].上海：华东师范大学，2018.

12. 纪世元.指向小学生高阶思维发展的课堂问答行为观察研究[D].宁波：宁波大学，2021.

13. 张敏.培养小学生高层次数学思维的研究[D].苏州：苏州大学，2020.

14. 周超.数学高层次思维的界定及评价研究[D].苏州：苏州大学，2003.

15. 张利福.高中数学课堂"六何"提问模式研究[D].桂林：广西师范大学，2018.

16. 邓会玲.基于自然学习模式（4MAT）的高中化学概念教学设计及实践研究[D].贵州：贵州师范大学，2023.

17. 王琴.4MAT教学模式在高中生物学教学中的应用效果研究[D].南昌：江西师范大学，2022.

18. 牛宝荣.成长型思维模式指导下的课堂教学评价语改进研究[D].南京：南京师范大学，2021.

19. 井长玲.数学课堂提问中教师等待时间与学生回答的关系研究：以两位初中数学教师的单元课堂教学为例[D]北京：中央民族大学，2022.

20. 李善良.现代认知观下的数学概念学习与教学理论研究[D].南京：南京师范大学，2002.

21. 李志彦.初中数学教学中探究能力培养研究：以石家庄市十七中为例[D].河北：河北师范大学，2012.

22. 于俊杰.基于高阶思维能力培养的高中数学教学策略研究[D].济南：山东师范大学，2021.

23. 降伟岩.小学数学解决问题教学的现状及策略[D].长春：东北师范大学，2010.

24. 安丹诺.小学数学"问题解决导向式"教学模式的应用研究[D].南

京：南京师范大学，2018.

25. 付云菲.弗赖登塔尔的数学教育思想研究[D].呼和浩特：内蒙古师范大学，2013.

26. 郭靖文.在小学数学概念教学中培养学生高阶思维能力的研究[D].厦门：集美大学，2022.